中国特色高水平高职学校项目建设成果

建筑工程技术档案

JIANZHU GONGCHENG JISHU DANGAN

主　编◎曹　洋
副主编◎杜丽敏
主　审◎葛贝德

中国铁道出版社有限公司
CHINA RAILWAY PUBLISHING HOUSE CO., LTD.

内 容 简 介

本书依据高等职业院校（含职业本科）建筑工程技术专业人才培养目标和定位要求，结合建筑工程技术档案建立的工作过程编写，包括施工管理资料和施工技术资料整理、施工物资资料和施工检测资料编制、施工测量资料和施工记录资料编制、施工质量验收资料和单位（子单位）工程竣工验收资料归档等 4 个学习情境，每个学习情境下设 2 个工作任务。

本书适合作为高等职业院校（含职业本科）建筑工程技术专业教材，也可作为建筑工程技术档案编写的职业技能培训教材，还可供从事建筑工程资料管理、建筑工程施工的企业技术人员参考。

图书在版编目（CIP）数据

建筑工程技术档案 / 曹洋主编. -- 北京 : 中国铁道出版社有限公司, 2025. 2. --（中国特色高水平高职学校项目建设成果）. -- ISBN 978-7-113-31896-3

Ⅰ. G275.3

中国国家版本馆 CIP 数据核字第 2025HM7974 号

书　　名：建筑工程技术档案
作　　者：曹　洋

策　　划：祁　云　何红艳　　**编辑部电话：**（010）63560043
责任编辑：何红艳　许　璐
封面设计：刘　颖
责任校对：安海燕
责任印制：赵星辰

出版发行：中国铁道出版社有限公司（100054，北京市西城区右安门西街 8 号）
网　　址：https://www.tdpress.com/51eds
印　　刷：北京联兴盛业印刷股份有限公司
版　　次：2025 年 2 月第 1 版　2025 年 2 月第 1 次印刷
开　　本：880 mm×1 230 mm 1/16　**印张：**15　**字数：**465 千
书　　号：ISBN 978-7-113-31896-3
定　　价：49.00 元

中国特色高水平高职学校项目建设成果系列教材编审委员会

本书编委会

主　编：曹　洋（哈尔滨职业技术大学）

副主编：杜丽敏（哈尔滨职业技术大学）

参　编：李晓光（哈尔滨职业技术大学）
陶仕博（吉林建筑大学）
徐岩峰（黑龙江省林业设计研究院）
马效民（哈尔滨职业技术大学）
崔　巍（哈尔滨职业技术大学）
刁　玲（黑龙江省五建建筑工程有限责任公司）

主　审：葛贝德（哈尔滨职业技术大学）

编写说明

实施中国特色高水平高职学校和专业建设计划（简称“双高计划”）是教育部、财政部为建设一批引领改革、支撑发展、中国特色、世界水平的高等职业学校和骨干专业（群）而做出的重大决策。哈尔滨职业技术大学（原哈尔滨职业技术学院）入选“双高计划”建设单位。为了切实有效落实“双高计划”，学校对中国特色高水平学校建设进行顶层设计，编制了站位高端、理念领先的建设方案和任务书，并扎实开展了人才培养高地、特色专业群、高水平师资队伍与校企合作等项目建设，借鉴国际先进的教育教学理念，开发中国特色、国际水准的专业标准与规范，深入推动“三教”改革，组建模块化教学创新团队，实施“课程思政”，开展“课堂革命”，校企双元开发活页式、工作手册式、新形态教材。为适应智能时代先进教学手段应用，学校加大优质在线资源的建设，丰富教材的信息化载体，为开发优质特色教材奠定基础。

按照教育部印发的《职业院校教材管理办法》要求，教材编写总体思路是：依据学校双高建设方案中教材建设规划、国家相关专业教学标准、专业相关职业标准及职业技能等级标准，服务学生成长成才和就业创业，以立德树人为根本任务，融入课程思政，对接相关产业发展需求，将企业应用的新技术、新工艺和新规范融入教材之中。教材编写遵循技术技能人才成长规律和学生认知特点，适应相关专业人才培养模式创新和课程体系优化的需要，注重以真实生产项目、典型工作任务及典型工作案例等为载体开发教材内容体系，实现理论与实践有机融合，满足“做中学、做中教”的需要。

本系列教材是哈尔滨职业技术大学中国特色高水平高职学校项目建设的重要成果之一，也是哈尔滨职业技术大学教材建设和教法改革成效的集中体现。教材体例新颖，具有以下特色：

第一，教材研发团队组建创新。按照学校教材建设统一要求，遴选教学经验丰富、课程改革成效突出的专业教师担任主编，邀请相关企业作为联合建设单位，形成了一支学校、行业、企业高水平专业人才参与的开发团队，共同参与教材编写。

第二，教材内容整体构建创新。精准对接国家专业教学标准、职业标准、职业技能等级标准确定教材内容体系，参照行业企业标准，有机融入新技术、新工艺、新规范，构建基于职业岗位工作需要的体现真实工作任务、流程的内容体系。

第三，教材编写模式形式创新。与课程改革相配套，按照“工作过程系统化”“项目＋任务式”“任务驱动式”“CDIO式”四类课程改革需要设计四大教材编写模式，创新新形态、活页式及工作手册式教材三大编写形式。

第四，教材编写实施载体创新。依据本专业教学标准和人才培养方案要求，在深入企业调研、岗位工作任务和职业能力分析基础上，按照“做中学、做中教”的编写思路，以企业典型工作任务为载体进行教学内容设计，将企业真实工作任务、真实业务流程、真实生产过程纳入教材之中。开发了教学内容配套的教学资源①，满足教师线上线下混合式教学的需要，本教材配套资源同时在相关平台上线，可随时下载相应资源，满足学生在线自主学习课程的需要。

第五，教材评价体系构建创新。从培养学生良好的职业道德、综合职业能力与创新创业能力出发，设计并构建评价体系，注重过程考核和学生、教师、企业等参与的多元评价，在学生技能评价上借助社会评价组织的“1＋X”考核评价标准和成绩认定结果进行学分认定，每部教材均根据专业特点设计了综合评价标准。

为确保教材质量，哈尔滨职业技术大学组建了中国特色高水平高职学校项目建设成果系列教材编审委员会，教材编审委员会由职业教育专家和企业技术专家组成。学校组织了专业与课程专题研究组，对教材持续进行培训、指导、回访等跟踪服务，有常态化质量监控机制，能够为修订完善教材提供稳定支持，确保教材的质量。

本系列教材是在学校骨干院校教材建设的基础上，经过几轮修订，融入课程思政内容和课堂革命理念，既具积累之深厚，又具改革之创新，凝聚了校企合作编写团队的集体智慧。本系列教材的出版，充分展示了课程改革成果，为更好地推进中国特色高水平高职学校项目建设做出积极贡献！

哈尔滨职业技术大学中国特色高水平高职
学校项目建设成果系列教材编审委员会
2025 年 1 月

① 2024 年 6 月，教育部批复同意以哈尔滨职业技术学院为基础设立哈尔滨职业技术大学（教发函〔2024〕119 号）。本书配套教学资源均是在此之前开发的，故署名均为“哈尔滨职业技术学院”。

前 言

视频

“建筑工程技术档案”课程介绍

《建筑工程技术档案》是高等职业院校(含职业本科)建筑工程技术专业的“建筑工程技术档案”核心课程的配套教材。建筑工程技术档案编写和管理是贯穿于建筑施工全过程的一项工作。本书根据高职院校的培养目标,按照高职院校教学改革和课程改革的要求,以企业调研为基础,确定工作任务,明确课程目标,制定课程设计的标准;以能力培养为主线,与企业合作进行课程的开发和设计。

本书以培养学生具备资料员岗位的职业能力为目标,使学生在掌握基本操作技能的基础上,着重培养编写和管理工程技术档案的能力,以及现场分析解决问题的能力。本书设计的理念与思路遵循学生职业能力成长的特点,以真实的建筑工程技术档案管理工作任务为主线,以工作过程为导向,以任务驱动为手段,为学生未来进行建筑施工中的档案管理工作做准备。

本书的特色与创新包括如下几个方面:

1. 采用“学习情境—工作任务”式结构形式。本书打破了传统知识体系章节的结构形式,与建筑施工企业合作,校企合作开发了全新的以建筑工程技术档案与施工管理人员的工作任务为载体的任务结构形式;教材设计的教学模式对接岗位工作模式,开发了利于学生自主学习的任务、资讯、计划、决策、作业、检查、评价、反思等八个环节进行能力训练,使学生通过完成真实的工作任务掌握工作流程,实现学习过程与工作过程一致。

2. 全面融入行业技术标准、素质教育与能力培养。将建筑施工行业工程技术标准和学生就业岗位的资料员职业资格标准融入教材中,突出了职业道德和职业能力培养。通过学生自主学习,在完成学习性工作任务中训练学生知识、技能、思政、劳动教育和职业素养方面的综合职业能力,锻炼学生分析问题、解决问题的能力,注重多种教学方法和学习方法的组合使用,将素质教育与能力培养融入教材。

3. 采用新型式设计引导学生学习工作过程系统化。本书的设计逻辑是以“学生学习为中心”,其情境导入、学习目标、工作任务、任务单、资讯思维导图、课前自学、自学自测、任务实施、工作单、评价单、课后反思等内容均是以工作过程系统化为指导原则,融知识点、技能点和思政点于情境导入、任务描述、资讯思维导图、自学自测、任务实施。本书可以按照完成工作任务的需要摘取活页式内容,实现教材教学功能的有机拆分与实时聚合。

4. 配套教学资源丰富。本书相配套的“建筑工程技术档案”课程在学银在线(超星泛雅网络课程平台)上线,每年更新资源15%左右。配套教学资源主要包括微课视频等,读者可扫描书中二维码或登录中国铁道出版社教育资源数字化平台获取。

本书共设4个学习情境8个学习性工作任务,参考教学时数为60~72学时。

本书由哈尔滨职业技术大学曹洋担任主编,哈尔滨职业技术大学杜丽敏担任副主编,参加编写的还有哈尔滨职业技术大学李晓光、吉林建筑大学陶仕博、黑龙江省林业设计研究院徐岩峰、哈尔滨职业技术大学马效民和崔巍、黑龙江省五建建筑工程有限责任公司刁玲。具体编写分工如下:曹洋负责制订编写提纲及统稿工作,并编写学习情境1、学习情境3;杜丽敏辅助主编完成教材任务工单的实践性、操作性审核,以及编写学习情境2任务1;李晓光编写学习情境2任务2;陶仕博编写学习情境4任务1;马效民和刁玲编写学习情境四任务2;崔巍和徐岩峰负责编写附录。全书由哈尔滨职业技术大学葛贝德主审,主审对各位编者提出了很多专业技术性修改建议。在此特别感谢哈尔滨职业技术大学中国特色高水平高职学校项目建设成果系列教材编审委员会及其专家给予教材编写的指导和大力帮助。

由于编者的业务水平和经验之限,书中难免有不妥之处,恳请指正。

编　者

2024年11月

目 录

学习情境1

施工管理资料和施工技术资料整理

学习指南

情境导入

上海中心大厦占地面积3.04万m^2，总建筑面积为55.88万m^2。地上建筑面积约为37.97万m^2，地下建筑面积约17.92万m^2（包括地下停车库面积约1万m^2，2 000个停车位）。整个结构形式为筒中筒结构，主楼高127层，结构高度约为565.6 m，而建筑高度将达到632 m。公司组建施工合同段项目部并入场，项目经理与建设单位（业主）、监理单位进行了工程项目的各项工作对接，项目生产副经理组织开展项目部及施工现场的临建、开工生产准备工作，项目总工程师（技术负责人）组织工程技术人员开展图纸会审、踏勘现场、施工组织及技术方案制定，建设现场工程检测试验室，包括检试验设备的安装、调试、鉴定等工作，同时组织人员会同监理单位、建设单位、设计单位完成建筑工程档案资料建立和管理工作。工程资料建档工作是与工程进度各阶段同步的，为工程建设的顺利开展和备案提供数据资料保障。

学习目标

1. 知识目标

(1)说出施工管理资料和施工技术资料编制的依据，按规范编制资料；

(2)列出每个参加建设单位的资料分类、编号及正确表式等知识；

(3)总结施工管理资料和施工技术资料的编写方法，并正确整理出材料内容。

2. 能力目标

(1)能够在工程规范中查找和选用相关工程数据；

(2)能够根据工程施工图完成施工管理资料和施工技术资料的整理和列表；

(3)能够独立完成施工管理资料和施工技术资料的编写。

3. 素质目标

(1)培养学生具有爱国情怀及民族自豪感；

(2)培养学生团队协作意识和与人沟通的能力；

(3)培养学生具有精益求精的工匠精神；

(4)培养学生在学习中不断提升自身职业素养；

(5)培养学生树立起严谨认真、吃苦耐劳、诚实守信的工作作风。

工作任务

任务1　施工管理资料整理　　　参考学时：课内6学时（课外1.5学时）

任务2　施工技术资料整理　　　参考学时：课内8学时（课外2学时）

任务1　施工管理资料整理

任　务　单

<table>
<tr><td>学习情境1</td><td colspan="3">施工管理资料和施工技术资料整理</td><td>任务1</td><td colspan="2">施工管理资料整理</td></tr>
<tr><td colspan="4">任务学时</td><td colspan="3">课内6学时(课外1.5学时)</td></tr>
<tr><td colspan="7">布置任务</td></tr>
<tr><td>任务目标</td><td colspan="6">1. 能够正确对建设单位资料、监理单位资料和施工单位资料进行分类、编号；
2. 能够掌握施工管理资料的编制依据并做到灵活应用；
3. 能够学会施工管理资料的编写方法；
4. 能够独立完成施工管理资料的相关列表的编写；
5. 能够在完成任务过程中锻炼职业素养，做到对待工作严谨认真，能够吃苦耐劳、主动承担，并主动帮助小组其他成员，有团队意识，诚实守信。</td></tr>
<tr><td>任务描述</td><td colspan="6">在工程项目筹建开始后，建筑工程技术档案就开始与建筑工程的建设同步进行，建设单位、监理单位、勘察单位、设计单位和施工单位联合开展工作，工程各参建单位将工程资料的形成和积累纳入工程建设管理的各个环节和有关人员的职责范围内，编写和整理施工管理资料，完成施工现场质量管理检查记录、施工日记、工程开(停/复)工报告及审批表。</td></tr>
<tr><td rowspan="2">学时安排</td><td>资讯</td><td>计划</td><td>决策</td><td>实施</td><td>检查</td><td>评价</td></tr>
<tr><td>2学时
(课外1.5学时)</td><td>0.5学时</td><td>0.5学时</td><td>2学时</td><td>0.5学时</td><td>0.5学时</td></tr>
<tr><td>对学生学习及成果的要求</td><td colspan="6">1. 每名同学均能按照资讯思维导图自主学习，并完成课前自学的问题训练和自学自测；
2. 严格遵守课堂纪律，学习态度认真、端正，能够正确评价自己和同学在本任务中的素质表现；
3. 每位同学必须积极动手并参与小组讨论，承担施工管理资料编写和整理的工作，做到能够积极主动不推诿，能够与小组成员合作完成工作任务；
4. 每位同学均需独立或在小组同学的帮助下完成技能训练工作单，并提请检查、签认，对提出的建议或有错误务必及时修改；
5. 每组必须提交建筑工程施工管理资料工作的报告工单，并提请教师进行小组评价，小组成员分享小组评价分数或等级；
6. 每名同学均完成任务反思，以小组为单位提交。</td></tr>
</table>

资讯思维导图

- 施工管理资料整理
  - 知识点
    - 建筑工程资料相关知识
      - 问题1：建筑工程资料的特征是什么？
      - 问题2：建筑工程资料的编制依据是什么？
      - 问题3：建筑工程资料是如何分类和编号的？
      - 问题4：参建各方工程资料的管理职责内容是什么？
      - 问题5：建设单位文件资料包括哪些内容及表式？
      - 问题6：工程中需要监理单位建立哪些文件资料？
      - 问题7：施工单位文件资料管理规定和内容是什么？
    - 施工现场质量管理检查记录
      - 问题1：施工现场质量管理检查记录的规定和要求是什么？
      - 问题2：施工现场质量管理检查记录表头如何填写？
      - 问题3：施工现场质量管理检查记录检查项目有哪些？
    - 建设工程特殊工种上岗证审查表
      - 问题1：建设工程中的特殊工种有哪几种？
      - 问题2：特殊工种上岗证审查表的样式和编写内容是什么？
    - 施工日志
      - 问题1：施工日志编写的规定和要求是什么？
      - 问题2：施工日志主要内容包括什么？
    - 工程开（停/复）工报告
      - 问题1：申请开工应具备的条件是什么？
      - 问题2：开工报审的一般程序是什么？
      - 问题3：工程开工报告编写的规定与要求是什么？
      - 问题4：工程复工申请的审查程序包括什么？
      - 问题5：工程停/复工报告编写的规定与要求是什么？
  - 技能点
    - 查取施工管理工程信息
    - 编写施二现场质量管理检查记录和施工日记
    - 编写工程开（停/复）工报告及审批表
  - 职业素养
    - 培养学生爱国情怀及民族自豪感
    - 培养学生团队协作意识和与人沟通的能力
    - 培养学生具有精益求精的工匠精神
    - 培养学生在学习中不断提升自身职业素养
    - 培养学生树立起严谨认真、吃苦耐劳、诚实守信的工作作风

课前自学

知识点1　建筑工程资料相关知识

建筑工程技术档案来源于建筑工程技术资料，它开始就应与建筑工程建设同步进行。其主要任务是在工程建设过程中对技术活动和工程质量进行真实记载，并随着工程进展逐步收集、整编、审定、积累起来。工程一旦竣工，这些技术资料经过整理后即移交给技术档案管理部门和建设单位归档，使其更好地为施工生产和经营服务。

建筑工程技术档案的归档工作与建筑产品的关系十分密切，如：施工组织设计、技术交底记录、技术措施等记载了施工组织情况和技术活动情况；隐蔽工程记录、工程测量记录等则记载了工程施工的实际情况；分部分项工程质量检查记录反映了工程施工的实际质量；而原材料的出厂合格证，构件、门窗等半成品的出厂证明则是反映建筑材料质量的原始凭证；图纸会审记录、设计变更等是作为施工依据、对施工图纸的修正和补充等。

一、建筑工程资料管理的必要性

（一）工程资料管理的规定

做好建筑工程资料管理工作，是认真贯彻《建设工程文件归档规范》(GB/T 50328—2014)，切实加强建设资料的规范化管理，提高工程管理水平，确保工程质量的具体体现。

（二）工程质量保证的条件

建筑工程资料是城建档案的重要组成部分，是工程竣工验收，评定工程质量优劣、结构及安全可靠程度，认定工程质量等级的必需条件。因此必须加强管理，使其能够全面客观地反映工程的实际状况。

（三）工程质量保证的依据

建筑工程资料是对工程质量及安全事故的处理，以及对工程进行检查、维修、管理、使用、改建、扩建、工程结算、决算、审计的重要依据。

（四）工程资料管理的作用

加强工程资料管理可以督促每个单位和个人按照标准、规范和规程进行工作。工程资料不符合有关规定和要求的，不得进行竣工验收。施工过程中工程资料的验收必须与工程质量验收同步进行。

（五）工程资料管理的意义

施工过程中工程资料的保存管理应按有关程序和约定执行，工程竣工后，参建的各方应对工程资料归档保存，为未来的建设提供参考，积累经验，是指导未来工程的重要信息。

因此，凡在中华人民共和国行政区域内，无论是参与新建、改建还是扩建的建设、勘察、设计、监理和施工单位，均应做好工程资料的管理工作。

二、建筑工程资料的特征

（一）复杂性

由于建筑工程建设的周期长，建设过程中阶段性和季节性较强，并且建筑材料种类繁多，生产工艺又比较复杂，因此，影响建筑工程的因素多样，这就必然导致建筑工程文件和档案资料具有一定的复杂性。

（二）随机性

由于建筑工程文件档案资料产生于工程建设的整个过程之中，无论是在工程的立项审批、勘察设计，还是在开工准备、施工、监理或竣工验收等各个阶段和环节，都会产生各种文件和档案资料。尤其是在影响建筑工程的因素发生变化时，还会随机产生一些由于具体事件而引发的特定文件和档案资料，因此文件和档案资料还具有一定的随机性。

(三)时效性

有时工程文件和档案一经生成,就必须及时传达到有关部门,否则如果有关单位或部门不予认可,将会产生严重的后果。因此建筑工程文件和档案资料具有很强的时效性。另外,随着施工工艺水平、新材料以及管理水平不断提高,文件和档案资料的价值也会随着时间的推移而衰减,但文件和档案资料仍可以被借鉴、继承、积累经验。

(四)真实性

建设工程文件和档案资料只有全面真实地反映项目的各类信息,包括发生的事故和存在的隐患,才具有实用价值。否则一旦引用会起到误导作用,造成难以想象的后果。因此,建设工程文件和档案资料必须真实全面反映工程的实际情况,来不得片面和虚假。

(五)综合性

由于建设工程项目常常是综合的系统的工程,涉及多个专业,多个工种的协同工作才能完成。比如,环境评价、安全评价、建筑、市政、园林、公用、消防、智能、电力、电信、环境工程、声学、美学等多种学科,并同时综合了组织协调、合同、造价、进度、质量、安全等诸多方面的工作内容。可见,建设工程文件和档案资料是多个专业和单位的文件档案资料的集成,具有很强的综合性。

忆一忆

建筑工程项目建设过程包括什么?

______

______

______

三、建筑工程资料的编制依据

工程资料在编制过程中应符合国家以及地方现行的工程建设的法律、法规、规范、标准和有关规定。

(1)《中华人民共和国建筑法》。

(2)《建设工程质量管理条例》。

(3)《建设工程文件归档规范》(GB/T 50328—2014)。

(4)各地方现行的《建筑工程施工质量验收标准》《建筑工程资料管理标准》《建筑安装工程技术操作规程》《城市建设档案管理办法》及其他等。

查一查

《黑龙江省建筑工程资料管理标准》(DB23/T 1019—2020)中建筑工程资料的编制依据是什么?

______

______

______

四、建筑工程资料的分类与编号

(一)分类

建筑工程资料的分类是按照文件资料的来源、类别、形成的先后顺序以及收集和整理单位的不同来进行分类的,以便于资料的收集、整理、组卷。

建筑工程资料从整体上划分为四大类,即分为建设开发资料、监理资料、施工资料和竣工图。其中,建设开发资料即建设单位在工程建设过程中形成的文件,分为工程准备文件和竣工验收等文件。监理资料即监理单位在工程设计、施工等监理过程中形成的资料。施工资料即施工单位在工程施工过程中形成的资料。竣工图即工程竣工验收后，真实反映建设工程项目施工结果的图样。

具体内容包括以下几方面：

(1)按形成单位分为：建设(开发)资料、勘察资料、设计资料、监理资料、施工资料等。分别反映建设单位、勘察单位、设计单位、监理单位、施工单位在工程建设中的相关情况。

(2)按专业性质分为：土建工程、水暖工程、电气工程、智能建筑、通风与空调工程、电梯安装工程、建筑燃气工程、室外工程(包括室外安装、室外建筑环境等)等工程资料。

(3)按形成时间分为：工程开工前期工程资料、施工阶段工程资料、工程竣工验收资料等。

(4)按建筑部位分为：基础分部工程、主体分部工程、装饰分部工程、屋面分部工程；水暖分部工程、电气分部工程、智能建筑工程；通风与空调分部工程、电梯分部工程、建筑燃气分部工程等工程资料。

(二)编号

建筑工程资料的编号分别用A、B、C、D表示，其中，A为建设开发资料；B为监理资料；C为施工资料；D为竣工图。

建筑工程资料的分类、编号、提供单位、保存时间及内容整理详见附录A，其中施工资料的分类应根据类别和专业系统来划分，其分类、整理和保存应执行国家及行业现行法律、法规、规范、标准及地方有关规定。

想一想

建筑工程资料是如何进行分类和编号的？

五、参建各方工程资料的管理职责

(一)通用职责

(1)工程资料的形成应符合国家相关法律、法规、施工质量验收标准和规范、工程合同与设计文件等规定。

(2)工程各参建单位应将工程资料的形成和积累纳入工程建设管理的各个环节和有关人员的职责范围。

(3)工程资料应随工程进度同步收集、整理并按规定移交。

(4)工程资料应实行分级管理，由建设、勘察、设计、监理、施工单位主管(技术)负责人组织本单位工程资料的全过程管理工作。建设过程中工程资料的收集、整理和审核工作应由专业技术人员负责，并按规定取得相应的岗位资格。

(5)工程各参建单位应确保各自资料的真实、有效、完整和齐全，不得对工程资料进行涂改、伪造、随意抽撤或损毁、丢失等；否则，应按有关规定予以处罚，情节严重的，应依法追究法律责任。

(二)建设单位职责

(1)负责建设开发资料的管理工作，并设专人进行收集、整理和归档。

(2)在工程招标及与参建各方签订合同或协议时，应对工程资料和工程档案的编制责任、套数、费用、质量和移交期限等提出明确要求。

(3)必须向参与工程建设的勘察、设计、施工、监理等单位提供与建设工程有关的所需工程资料。

(4)由建设单位采购的建筑材料、构配件和设备，建设单位应保证建筑材料、构配件和设备符合设计文件和合同要求，并保证相关质量证明文件的完整、真实和有效。

(5)负责监督和检查各参建单位工程资料的形成、积累和立卷工作；也可委托监理单位检查工程资料的形成、积累和立卷工作。

(6)对需建设单位签字的工程资料应及时签署意见。

(7)收集和汇总勘察、设计、监理和施工等单位立卷归档的工程资料。

(8)负责竣工图的编制、组卷,并向城建档案馆办理移交手续。

(9)工程开工前负责与城建档案馆签订“建设工程竣工档案责任书”;工程竣工验收前,对列入城建档案馆接收范围的工程档案,负责提请城建档案馆对工程档案进行预验收;未取得“建设工程竣工档案预验收意见”的,不得组织工程竣工验收。

(10)建设单位应在工程竣工验收后三个月内将一套符合规定的工程档案原件移交城建档案馆。

(三)勘察、设计单位职责

(1)按合同和规范要求提供勘察、设计文件。

(2)对需勘察、设计单位签字的工程资料应签署意见。

(3)工程竣工验收,应签署工程质量检查报告。

(四)监理单位职责

(1)负责监理资料的管理工作,并设专业技术人员对监理资料进行收集、整理和归档。

(2)负责对施工单位报送的施工资料进行审查、签字。

(3)按照合同约定,在勘察、设计阶段,对勘察、设计文件的形成、积累、立卷和归档工作进行监督、检查;在施工阶段,对施工资料的形成、积累、立卷和归档进行监督、检查,使施工资料的完整性、准确性、真实性符合有关规定。

(4)列入城建档案馆接收范围的监理资料,监理单位应在工程竣工验收后移交建设单位。

(五)施工单位职责

(1)负责施工资料的管理工作,实行技术负责人负责制,逐级建立健全施工资料管理岗位责任制。

(2)负责汇总各分包单位编制的施工资料。分包单位应负责其分包范围内施工资料的收集和整理,并对施工资料的真实性、完整性和有效性负责。

(3)在工程竣工验收前,负责施工资料的整理、汇总和立卷。

(4)按照合同要求的套数负责编制施工资料,自行保存一套,其他移交建设单位。

(六)城建档案馆职责

(1)负责建筑工程档案的接收、收集、保管和利用等日常管理工作。

(2)负责对建筑工程档案的编制、整理、归档工作进行监督、检查。

(3)负责组织专业技术人员,对国家和省重点工程项目建设过程中的工程档案的编制、整理、归档工作进行指导。

(4)工程开工前负责与建设单位签订“建设工程竣工档案责任书”;工程竣工验收前,负责对列入城建档案馆接收范围的建筑工程档案进行预验收,并出具“建设工程竣工档案预验收意见”。

(5)工程竣工后三个月内,负责对工程档案进行正式验收;合格后,接收进馆,发放“工程项目竣工档案合格证”。

(七)施工单位资料员职责

1. 岗位职责

(1)负责施工单位内部及与建设单位、勘察单位、设计单位、监理单位、材料及设备供应单位、分包单位、其他有关部门之间的文件及资料的收发、传达、管理等工作,应进行规范管理,做到及时收发、认真传达、妥善管理、准确无误。

(2)负责所涉及的工程图纸的收发、登记、传阅、借阅、整理、组卷、保管、移交、归档。

(3)参与施工生产管理,做好各类文件资料的及时收集、核查、登记、传阅、借阅、整理、保管等工作。

(4)负责施工资料的分类、组卷、归档、移交工作。

(5)及时检索和查询、收集、整理、传阅、保存有关工程管理方面的信息。

(6)处理好各种公共关系。

2. 收集工程资料的原则

(1)及时参与原则。施工单位文件资料的收集、管理工作必需纳入整个工程项目管理的全过程,资料员应该参加有关工程的技术、质量、安全、协调等各方面的会议,并应经常深入施工工程现场,了解施工动态,及时准确地掌握工程施工管理方面全面的信息,便于施工资料的及时收集、整理和核对。

(2)保持同步原则。资料的收集工作与工程施工的每一道工序密切相关,必须与工程的施工同步进行,以保证文件资料的准确性和时效性。

(3)认真把关原则。与项目经理、施工技术负责人密切配合,严把文件资料的质量关。无论是对企业内部还是对相关单位之间往来的文件资料,都应认真核查、校对,发现问题及时纠正。

3. 文件资料的管理工作

(1)整理分类。施工资料必须按要求及时进行整理、分类。

(2)存放保管。施工单位及项目经理部应配置适当的房间、器具(如文件筐、文件夹、文件盒、文件柜)等来存放文件资料。并加强管理和增强防范意识,做好“防火、防盗、防露、防虫、防光、防尘”等工作。

(3)严格履行借阅手续。应建立健全完善的关于文件及资料的收集、分类、整理、保存、传阅、借阅、查阅等制度,严格按照规定的程序办理,避免文件资料的丢失和损坏。

(4)及时组卷、保管、移交、归档。整理后的文件应及时组卷,按照合同和有关规定,及时把需要建设单位、施工单位、城建档案馆保存收藏的竣工资料,分别进行移交,完好归档。

4. 处理好各种公共关系

(1)处理好与项目经理之间责任承包关系。

(2)处理好与技术负责人之间的业务直接领导与被领导关系。

(3)处理好与技术员、施工员、材料员、质量员、安全员、造价员等之间的关系。

(4)处理好与项目经理部及公司主管部门之间的局部与整体之间的关系。

(5)处理好与勘察单位、设计单位之间的业务往来关系。

(6)处理好与监理单位之间的监理与被监理的关系。

(7)处理好与城建档案管理部门之间的监督、指导与被监督、指导的关系。

忆一忆

参建各方工程资料的管理的主要职责是什么?

____

____

____

六、建设单位文件资料(A类)的管理

(一)管理规定

(1)新建、改建、扩建的建设项目,建设单位均必须按照基本建设程序开展工作,配备专职或兼职档案资料管理人员。档案资料管理人员负责及时收集基本建设程序各个环节所形成的文件资料,并按类别、形成时间进行登记、立卷、保管,工程竣工后按规定进行移交。

(2)建设开发资料必须按有关行政主管部门的规定和要求进行申报、审批,并保证资料完整、手续齐全。

(3)工程竣工验收应由建设单位组织勘察、设计、监理、施工等有关单位进行,并形成竣工验收资料。

(4)工程竣工后,建设单位应负责工程竣工备案的申报工作。按照关于竣工备案的有关规定,提交完整的竣工备案文件,报当地竣工备案管理部门备案。

(二)立项文件

(1)发改部门批准的立项文件(A1-1)。它是由发展改革部门批准的该项目的立项文件,由建设单位负责收集、提供。

(2)项目建议书(A1-2)。它是由建设单位自行编制或委托其他有相应资质的咨询或设计单位编制并申报的文件,由建设单位负责收集、提供。

(3)立项会议纪要(A1-3)。它是由建设单位或其上级主管部门就该项目召开立项研究会议所形成的纪要文件,由组织会议的单位负责提供。

(4)项目建议书的批复文件(A1-4)。它是建设单位的上级主管单位或国家有关主管部门(一般是发展改革部门),对该项目建议书的批复文件,由负责批复的主管部门提供。

(5)可行性研究报告及附件(A1-5)。它是由建设单位自行编制或委托具有相应资质的工程咨询、设计单位编制的研究报告,由编制单位提供。

(6)项目评估研究资料(A1-6)。它是由建设单位或主管部门(一般是发展改革部门)组织会议,对该项目的可行性研究报告进行评估论证之后所形成的资料,由组织评估的单位负责提供,建设单位负责收集。

(7)可行性报告的批复文件(A1-7)。它是由发展改革部门对该项目的可行性研究报告做出的批复文件。

(8)初步设计审批文件(A1-8)。由发展改革部门组织,对该项目初步设计进行审查之后所形成的批复文件。

(9)专家对项目的有关建议文件(A1-9)。它是由建设单位或有关部门组织专家会议,所形成的有关建议性方面的文件,由组织的单位提供,建设单位负责收集。

(10)年度计划审批文件或年度计划备案材料(A1-10)。它是由建设单位组织自行编制或由其有关主管部门批准的计划文件。

(三)建设规划用地文件

(1)建设项目选址意见书(A2-1)。由建设单位提出申请,规划部门批准的文件。

(2)规划线测量图(航测图)(A2-2)。建设单位到规划主管部门办理的,由规划部门提供的相关图纸文件。

(3)建设项目用地定位通知书(A2-3)。建设单位到规划部门办理的用地定位通知书,由规划部门提供。

(4)建设用地规划许可证及附图(A2-4)。建设单位到规划部门办理的,由规划部门提供。

(5)建设用地预审(A2-5)。建设单位到国土资源部门办理,由国土资源部门提供。

(6)征(占)用土地的批准文件和使用国有土地的批准意见(A2-6)。由具有相应批准权限的政府批准形成,由国土资源部门批准的文件。

(7)建设用地批准书(A2-7)。建设单位到国土资源部门办理,由国土资源部门负责提供。

(8)土地使用证(A2-8)。建设单位到有相应权限的国土资源部门办理,由批准部门提供。

(9)拆迁安置方案及有关协议(A2-9)。由相关部门负责提供。

(四)勘察设计文件

(1)工程地质(水文)勘察报告(A3-1)。建设单位委托勘察单位进行勘查,由勘查单位编制而成的文件,勘察单位负责提供。

(2)设计方案(报批图)(A3-2)。由设计单位负责制定,规划部门审批后确定。

(3)审定设计方案(报批图)的审查意见(A3-3)。分别由人防、环保、交通、园林、市政、电力、电信、卫生、消防等部门提出审批意见。由负责审查的部门负责提供。

(4)建筑工程规划许可证、附件及附图(A3-4)。由建设单位到规划部门办理,规划部门负责提供。

(5)初步设计图及说明(A3-5)。由设计单位负责编制形成并提供。

(6)施工图设计及说明(A3-6)。由设计单位负责编制形成并提供。

(7)设计计算书(A3-7)。由设计单位负责编制形成并提供。

(8)施工图审查合格证书(A3-8)。由施工图审查机构对设计的施工图进行审查,合格后发给的合格证书,由施工图审查机构提供。

(五)工程招投标及合同文件

(1)勘察、设计、施工、监理等各种招投标文件及中标通知书(A4-1～A4-4)。招标文件由建设单位自行编制或委托具有相应资质的招标代理机构编制,投标文件分别由勘察、设计、监理、施工单位编制,中标通知书由建设单位或招标代理机构编制而成,监管部门备案。由编制单位负责提供。

(2)勘察、设计、监理、施工合同文件(A4-5～A4-8)。由建设单位分别与勘察、设计、监理、施工单位协商签订而成,并到建设主管部门备案。由参与签订的单位负责提供。

(六)工程开工文件

(1)验线合格文件(A5-1)。由规划部门进行验线审查后形成的文件,由规划部门负责提供。

(2)建筑工程竣工档案责任书(A5-2)。由城建档案馆与建设单位签订而成,当地城建档案馆负责提供统一格式的责任书。

(3)工程质量监督手续(A5-3)。建设单位到质量监督机构办理履行工程质量监督的手续,由质量监督机构负责提供。

(4)建筑工程施工许可证(A5-4)。由建设单位到建设行政主管部门办理工程施工许可,建设行政主管部门负责提供。

(七)工程竣工验收及备案文件

(1)建设工程竣工档案预验收意见(A7-1)。由负责编制的单位申报,城建档案馆进行预验收,而后形成意见。由城建档案馆提供。

(2)规划、消防、环保等部门出具的认可文件或准许使用文件(A7-2)。它是分别由各参与验收的单位出具文件。

(3)房屋建筑工程质量保修书(A7-3)。由建设单位与施工单位经过协商后签订文件。

(4)单位工程竣工验收备案表(A7-4)。单位工程竣工验收合格后,由建设单位负责到质检监督部门办理。

(5)单位工程竣工验收报告(A7-5)。由建设单位负责提供。

(八)其他文件

(1)建筑工程概况表(A8-1)。由建设单位向城建档案馆移交工程档案时填写的表格。

(2)工程竣工总结(A8-2)。由建设单位编制的综合性总结,简要介绍工程建设的全过程,建设单位可根据以下要求编写工程竣工总结。

①概述:介绍工程立项的依据和建设目的;工程概况,包括工程位置、规模、数量、概算[包括征(占)用土地、拆迁、补偿费]、结算、决算等;工程设计、工程监理、工程施工招投标情况。

②施工情况:介绍设计单位、设计内容、工程设计特点及建筑新材料;开、竣工日期,施工管理、技术、质量等方面情况;质量事故及处理情况;建筑红线内的市政公用工程施工情况(包括给排水、电力、通信、热力、燃气等)及道路、绿化施工情况。

③工程质量及经验教训:工程质量鉴定意见和评价;工程遗留问题及处理意见。

④其他需要说明的问题:对于组织工程竣工验收会的工程,可将验收会上的工程竣工报告作为工程竣工总结。

(3)工程开工前、施工过程中、竣工时录像及照片(A8-3)。建设单位收集、提供。

(4)住宅使用说明书(A8-4)。由施工单位负责提供。

查一查

需要管理的建设单位文件资料(A类)包括什么内容？其表式是怎样的？

七、监理单位文件资料(B类)的管理

监理单位文件资料的管理是指监理工程师受建设单位的委托，在其进行监理工作期间，对工程建设实施过程中所形成的与监理相关的文件进行收集、积累、加工整理、组卷、归档和检索利用等进行的一系列工作。

监理单位的管理对象是监理文件资料，其是工程建设监理信息的主要载体之一。建设工程监理文件资料管理的主要内容包括：监理文件资料的收发与登录，监理文件资料的传阅及发文，监理文件资料的分类存放，监理文件资料的借阅、更改与作废。

(一)管理规定

(1)按照合同约定审核勘察、设计文件。

(2)对施工单位报送的施工资料进行审查，使施工资料完整、准确，合格后予以签认。

(二)建立管理资料

1. 监理规划

"监理规划"应在签订监理合同、收到施工合同、施工组织计划、设计图纸文件后1个月内，由总监理工程师主持专业监理工程师参加编制完成，并必须经过监理单位和建设单位审核批准。"监理规划"(表B1-01)的内容包括：工程项目特征(如工程名称、建设地点、建设规模等)，工程相关单位名录(如建设单位、勘察单位、设计单位、施工单位、分包单位等)，监理工作的主要依据，监理范围和目标，工程的进度、质量、造价、安全控制，旁站监理方案，合同及其他事项管理，项目监理机构的组织形式、人员构成及职责分工，项目监理部资源配置一览表，监理工作的程序、工作方法、措施、管理制度等。

2. 监理实施细则

对于技术比较复杂、专业性较强的工程建设项目，还应由专业监理工程师负责编制"监理实施细则"，并经总监理工程师审核批准。"监理实施细则"(表B1-02)包括专业工程特点、监理工作的流程、监理工作的控制要点及目标值、监理工作的方法及措施等。

3. 监理月报

"监理月报"(表B1-03)的内容一般可根据工程建设规模的大小来决定汇总内容的详细程度。具体如下：

(1)工程概况：如当月的工程概况、当月施工的基本情况。

(2)当月工程的形象进度。

(3)工程进度：天气对施工的影响情况、当月实际完成情况与计划进度的比较、对进度完成情况及采取措施的效果。

(4)工程质量与安全：当月工程质量及安全情况，当月采取的工程质量、安全方面的措施及效果。

(5)工程质量与工程款支付：工程质量的审核情况、工程款审批情况及当月支付情况、工程款支付情况分析、当月采取的措施及效果。

4. 监理会议纪要

"监理会议纪要"(表B-04)应由项目监理部根据会议记录整理，经过总监理工程师审阅，并经过与会各方代表会签，再发至有关参建各方，并应做好签收手续。

监理例会是参建各方为了相互沟通情况、交流信息、协调处理、研究解决各自在合同履约过程中存在

的方方面面问题的一种主要协调方式，其会议要由监理部根据会议记录整理，内容主要包括：

(1)例会的地点与时间。

(2)会议主持人。

(3)与会人员的姓名、单位、职务。

(4)例会的主要内容、决议事项，及其负责落实的单位、负责人与时限要求。

(5)其他事项。

如果例会中对重大问题有不同意见时，应将各方的主要观点，特别是相互对立的意见记入“其他事项”中，会议纪要内容必须真实准确、简明扼要。

5. 监理工作日志

“监理工作日志”(表 B1-05)以项目监理工作为记载对象，自该项目监理工作开始起至该项目监理工作结束止，应由专人负责逐日如实记载。主要记录：

(1)每日人员、材料、构配件、设备的变化情况。

(2)每日施工的具体部位、工序的质量、进度情况、材料使用情况、抽检、复检情况，施工程序执行情况，人员、设备的安排情况等。

(3)对于发现的施工问题，当时是否要求施工单位及时纠正，是否发了监理通知单。

(4)施工单位提出的问题，监理人员的答复等。

(5)每日的施工进度执行情况，索赔情况，安全文明施工情况。

(6)记录发生争议时各方的相同和不同意见以及协调情况。

(7)每日天气和温度情况，天气和温度对工序质量的影响及采取的措施情况。

6. 监理工作总结(专题、阶段和竣工)

监理工作总结可分为专题总结、阶段总结和竣工总结。施工阶段监理工作结束后，监理单位应向建设单位提交项目监理工作竣工总结，是否写专题总结、阶段总结可视情况而定。“监理工作总结”(表 B1-06)的内容包括工程概况、监理组织机构、监理人员和投入的监理设施、监理合同履行情况、监理工作成效、施工过程中出现的问题及处理情况和建议，必要时还可以附上工程照片或录像等。

“监理工作总结”应由总监理工程师主持编写并批准，然后报送建设单位和本监理单位。

7. 工程技术文件报审

施工单位编写的工程技术文件，须经施工单位相关部门审批后，填写“工程技术文件报审表”(表 B01-07)报项目监理部。总监理工程师组织专业监理工程师审查，填写审查意见，由总监理工程师签署审核结论。

8. 分包单位资格报审

施工总承包单位应选择具有承担分包工程施工资质和能力的单位，填写“分包单位资格报审表”(表 B1-08)报项目监理部，专业监理工程师审查总承包单位报送的分包单位有关资质资料，符合有关规定后，报总监理工程师审批。

9. 监理通知

当监理工程师或总监理工程师发现施工过程中存在一定问题时，总监理工程师签发“监理通知”(表 B1-09)。

10. 监理通知回复单

施工单位在接到“监理通知”之后，根据通知中提到的问题，认真分析、制定措施、及时整改，并把整改的结果填写“监理通知回复单”(表 B1-10)，经项目经理签字，项目经理部盖章后，报项目监理部复查。

11. 工作联系单

“工作联系单”(表 B1-11)用于工程有关各方面之间传递意见、决定、通知、要求等信息。

12. 工程变更单

“工程变更单”(表 B1-12)用于工程变更。工程一旦发生变更，往往会增加或减少费用，此时应由施工单位填写"工程变更单",报给项目监理部。项目监理部进行审核,并与施工单位及建设单位协商后,由总监理工程师签认,建设单位批准。当工程变更与设计有关时,尚需设计代表签字。

13. 竣工移交证书

工程竣工验收完成后,由项目总监理工程师和建设单位代表共同签署"竣工移交证书"(表 B1-13)并加盖监理单位、建设单位公章。

想一想

监理单位建立的管理资料包括几种?其表式是怎样的?

______

______

______

八、施工单位文件资料(C 类)的管理

(一)管理规定

(1)施工资料应实行报验、报审管理。施工过程中形成的资料应按报验、报审程序,通过施工单位有关部门审核后,报送建设(监理)单位。

(2)施工资料的报验、报审应有时限性要求。工程相关各单位宜在合同中约定报验、报审时间,并约定应承担的责任。当无约定时,施工资料的申报、审批应遵守有关规定,并不得影响正常施工。

(3)工程有分包时,总承包单位应在与分包单位签订的分包合同中明确施工资料的提交份数、时间、质量要求等。分包方在工程完工时,将施工资料按约定及时移交总承包单位。

(二)内容

施工资料(C)分为 9 小类,即 C1 ~ C9。其中,C1 为施工管理资料(通用);C2 为施工技术资料(通用);C3 为施工物资资料(分专业);C4 为施工测量记录;C5 为施工记录;C6 为隐蔽工程检查验收记录;C7 为施工检测资料;C8 为施工质量验收记录;C9 为单位(子单位)工程竣工验收资料。

忆一忆

施工单位文件资料的管理规定和内容是什么?

______

______

______

知识点 2　施工现场质量管理检查记录

施工管理资料是在施工过程中形成的反映工程组织和监督等情况的资料通称,是施工单位制定的管理制度,控制质量、安全、工期的措施,以及对人员、物资的管理等资料。包括:施工现场质量管理检查记录、企业资质证书及相关专业人员岗位证书、见证取样和送检管理资料、施工日志等。

施工单位项目经理部应建立质量责任制度及现场管理制度,健全质量管理体系,具备施工技术标准,审查资质证书、施工图、地质勘察资料和施工技术文件等,按《黑龙江省建筑工程施工质量验收标准统一标准》(DB23/724—2017)的规定填写"施工现场质量管理检查记录",报项目总监理工程师(或建设单位项目负责人)审核确认。

一、规定与要求

(1)填表时间是在开工之前,由施工单位按规定填写"施工现场质量管理检查记录"(见工程案例表

C1-01)，并将有关文件的原件或复印件附在后面，报项目总监理工程师（或建设单位项目负责人）检查，经总监理工程师（或建设单位项目负责人）验收核查，并作出检查结论。结论应明确，不应采用模糊用语。之后，返还施工单位，并签字认可。

（2）当项目管理有重大调整时，应重新填写。

（3）施工单位、监理单位各保存一份。

二、填写内容

（一）表头

工程名称：填写工程的全称，应与合同或招投标文件中的一致。

施工许可证：即填写开工许可证编号（建设单位办理）。

各参建单位：即建设单位、设计单位、监理单位及施工单位。应填写各单位名称的全称，并与合同文件或协议书中的签章单位及公章上的名称一致。

各参建单位项目负责人：应填写合同或协议书上的签字人或签字人以文字形式委托的代表。工程完工后竣工验收备案表中的单位项目负责人应与此一致。监理工程师必须具有任职资格证书，且专业对口。

（二）检查项目

检查记录中序号1、2、4、9、11制度类项目，填写内容可将制度名称或编号填入，并将原件或复印件作为附页供检查。

1. 现场施工质量管理制度

内容：图纸会审、设计交底、技术交底、施工组织设计编制审批程序、工序交接、工程质量检查评定制度、质量例会制度、质量与经济挂钩制度、工程质量奖惩制度（月评比奖惩制度）以及质量问题处理制度等。

2. 质量责任制

内容：质量负责人的分工，各项质量责任的落实规定，定期检查及有关人员奖惩制度等。

3. 分包方资质与分包单位管理制度

内容：列表说明各分包单位的资质情况及管理制度。分包单位应具有相应资质，资质应在其承包业务范围内，总包单位应有管理分包单位的制度。

4. 施工图审查情况

内容：重点查建设行政主管部门出具的施工图审查批准书及审查机构出具的审查报告（建设单位办理，如果图纸是分批交出的，施工图审查可分段进行）

5. 地质勘察资料

内容：有勘察资质的单位出具正式的地质勘察报告，资料齐全。

6. 施工组织设计、施工方案及审批

内容：施工组织设计、施工方案是否经审批，以及审批时间。应由施工单位编制，监理（建设）单位审批，编制、审批程序齐全。

7. 施工技术标准

内容：所执行的国家标准、地方标准、行业标准及企业自定标准的名称、编号。是操作的依据和保证工程质量的基础，承建企业应编制不低于国家质量验收规范的操作规程等企业标准。

8. 工程质量检验制度、原材料检测制度及施工检查制度等

内容：原材料构配件、设备进场检验制度；施工过程的检验制度（试验报告）；竣工后的抽查检测，包括抽测项目、时间、单位等（可以单独作为一个计划，也可以在施工组织设计中作为一项内容）。

9. 搅拌站及计量设置

内容：主要说明设置在工地搅拌站的计量设施的精确度、管理制度等内容（预拌混凝土、安装专业无此项内容）。

10. 现场材料、设备存放与管理

内容:根据材料、设备性能制订管理制度,建立相应的库房等。如有无施工平面图设计、有无现场材料、设备存放与管理制度。

思一思

施工现场质量管理检查记录的填写内容是什么?

知识点3 建设工程特殊工种上岗证审查表

国务院颁布的《建设工程安全生产管理条例》中明确规定:为保证安全生产,特殊工种的从业人员必须持"特种作业操作证"方可上岗。因此,建设工程特殊工种上岗证必须经过审查。建设工程中的特殊工种包括电工、电焊工、架子工、塔吊指挥、塔吊司机、塔吊司索工、垂直运输机司机、卷扬机手、搅拌机(搅拌站)手等。

工程开工前,由施工单位填写"建设工程特殊工种上岗证审查表",并附相应证书复印件,报监理单位审核。

钢结构 B-2

建设工程特殊工种上岗证审查表

施工单位名称:×××建设工程公司　　　　工程名称:×××单位太阳能钢结构工程

序号	姓名	性别	工种	发证部门及编号				复审期限	备注
				建设行业证	发证日期	劳动部门证	发证日期		

填表人:

查一查

特殊工种上岗证审查表的样式和编写内容是什么？

知识点4　施工日志

施工日志是对施工过程中有关技术管理、质量管理及施工活动的原始记录，是编制施工文件、积累资料、总结施工经验的重要依据。因此必须及时、准确、完整地记录当日施工活动的情况，日志要具备连续性、可追溯性。

一、规定与要求

(一)施工日志表制

由施工单位项目经理部按专业指定专人负责逐日填写“施工日志”，并保存。

施　工　日　志

表 A9　　　　　　　　　　　　　　　　　　　　　　　　　　　　　编号：

<table>
<tr><td>日期</td><td colspan="2">年　月　日</td><td>施工部位</td><td colspan="2"></td></tr>
<tr><td>天气状况</td><td></td><td>风力</td><td></td><td>最高/最低温度</td><td></td></tr>
<tr><td>突发事件</td><td colspan="5"></td></tr>
<tr><td colspan="6">生产情况记录：(施工项目内容、机械作业、班组工作、生产存在问题)</td></tr>
<tr><td colspan="6">技术质量安全工作记录：(技术质量安全活动、技术质量安全问题、检查验收情况等)</td></tr>
<tr><td>项目负责人</td><td colspan="2"></td><td>记录人</td><td colspan="2"></td></tr>
</table>

本表由施工单位填写，建设单位、施工单位、城建档案馆各保存一份。

(二)施工日志记录方式

施工日志应以单位工程为记载对象，记录从工程开工之日起至工程竣工止的技术质量管理和生产经营活动，并保证记录内容真实、连续和完整。

(三)施工日志书写

必须保证字迹清晰、内容齐全，由各专业负责人签字。

二、填写内容

施工日志填写内容应根据工程实际情况确定，一般应含工程概况、当日生产情况、技术质量安全情况、施工中发生的问题及处理情况、各专业配合情况、安全生产情况等。其主要内容包括：

（一）生产经营方面

施工项目、施工部位、施工内容、施工班组、施工机械、施工方法、施工进度及施工中所存在的问题（如变更设计、施工与设计图不符情况、变更施工方法、工程质量事故及其处理情况等）。

（二）技术质量安全管理方面

技术质量安全措施的制定情况、贯彻实施情况、检查情况、验收情况及有无技术质量安全方面的事故情况等。

练一练

施工日志是如何编写的？

知识点5 工程开（停/复）工报告

一、工程开工报告

施工单位在完成施工准备工作，并在建设单位取得施工许可证，满足开工条件后，即可填写“工程开工报告”及“工程开工报审表”，向监理（建设）单位提出开工申请，报监理（建设）单位审批。

（一）申请开工应具备的条件

（1）已具备测量定位所需的基准线、高程点等控制点。

（2）部分材料、机具及劳动力已组织进场，并已对其进行了技术安全教育。

（3）施工现场已达到“四通一平”。

（4）临时设施已搭设，并满足施工要求。

（二）工程开工报审的一般程序

（1）施工单位自查认为施工准备工作已完成，具备开工条件时，向项目监理机构报送“工程开工报审表”及相关资料。

（2）专业监理工程师审核施工单位报送的“工程开工报审表”及相关资料，现场核查各项准备工作的落实情况，报项目总监理工程师审批。

（3）项目总监理工程师根据专业监理工程师的审核，签署审查意见，具备开工条件时按“委托监理合同”的授权报建设单位备案或审批。

（三）规定与要求

（1）整个项目一次开工，只填报一次；如工程项目中含有多个单位工程且开工时间不同，则每单位工程都应填报一次。

（2）开工的各种证明材料：施工单位应将“建设工程施工许可证”（复印件）、施工组织设计（方案）、施工测量放线资料、现场主要管理人员和特殊工种人员资格证和上岗证、现场管理人员\机具\施工员进场情况、工程主要材料落实情况以及施工现场道路、水、电、通信等是否已达到开工条件等证明文件作为附件同时报送。

（3）总监理工程师签发“工程开工报审表”后报建设单位备案，如“委托监理合同”中需建设单位批准，项目总监审核后报建设单位，由建设单位批准。工程开工时间要根据施工合同填写，工期自批准开工之日起计算，在开工报告报审表中要填写具备开工的条件。

（4）“工程开工报审表”除委托监理合同中注明需建设单位批准外，均由总监理工程师最终签发。

（四）“工程开工报审表”填表说明

视频

“工程开工报审表”的编制

1. 工程名称

指相应的建设项目或单位工程名称，应与施工图的工程名称一致。

2. 审查意见

总监理工程师应指定专业监理工程师对施工单位的准备情况进行检查，除检查所报内容外，还应对施工现场临时设施是否满足开工要求、地下障碍物是否清除或查明、测量控桩位置是否经项目监理机构审查确认等进行检查，并逐项记录检查结果，报项目总监理工程师审核。总监理工程师确认具备开工条件时签署同意开工时间，并报告建设单位，否则，应简要指出不符合开工条件要求之处。

练一练

“工程开工报审表”是如何填报的？

二、工程停/复工报告

施工过程中由于某些原因而导致工程需要停工时，施工单位应填写停工报告及报审表。停工后，经采取措施，停工因素不存在而重新具备施工条件时，施工单位应填写复工报告及报审表。

（一）工程复工申请的审查程序

（1）施工单位按“工程暂停令”的要求，自查符合复工条件，则向项目监理机构报送“工程复工报审表”及其附件。

（2）总监理工程师应及时指定监理工程师进行审查，工程暂停是由非施工单位原因引起时，签认“工程复工报审表”时，只需要看引起暂停施工的原因是否还存在；工程暂停是由施工单位的原因引起时，复工审查时不仅要审查其停工因素是否消除，还要审查其是否查清了导致停工因素产生的原因和制定了针对性的整改措施、预防措施，还要复核其各项措施是否得到贯彻落实。

（3）总监理工程师根据审查情况，应当在收到“工程复工报审表”后 48 h 内完成对复工申请的审批。项目监理机构未在收到承包人复工申请后 48 h（或施工合同规定时间）内提出审查意见，施工单位可自行复工。

（二）规定与要求

（1）工程暂停原因消失，施工单位即可向项目监理机构申请复工。

（2）对项目监理机构不同意复工的“复工报审”，施工单位按要求完成后仍用该表报审。

（3）施工单位填写“工程停/复工报告”及“工程停/复工报审表”，报监理（建设）单位审批。

（4）工程的停/复工时间要根据施工现场实际的停/复时间来填写，在停/复工报告中要详细填写停/复工的原因、时间。

练一练

“工程停/复工报审表”是如何填报的？

工 程 案 例

工程开/复工报审表

B3-01　　　　　　　　　　　　　　　　　　　　　　　　　　　　　　　　　　　　　(A7 监)

工程名称	×××工程	编　号	01

致：哈尔滨×××建设工程监理有限公司（监理单位）

根据合同约定，我×××方已完成了开/复工的各项准备工作，具备了开/复工条件，特此申请施工，请核查并批准开/复工。

附件：具备的开/复工条件：

1. 施工组织设计（方案）已审批；
2. 劳动力按计划已进场；
3. 主要人员、材料、设备进场；
4. 施工现场道路、水电、通信等已达到开工条件；
5. 开工前的各项手续已办妥。

特此申报开工，请批准。

施工单位名称：×××建筑工程公司　　　项目经理（签字）：　　　　　　　年　月　日

审查意见：

（1）施工现场主要管理人员和特殊工种人员资格证、上岗证符合要求。

（2）施工组织设计已批准。

（3）主要人员（项目经理、专业技术管理人员等）已进场，部分材料已进场。

（4）施工现场道路、水电、通信已达到开工要求。

综上所述，工程已符合开工条件，同意开工。

监理工程师（签字）：×××

年　月　日

审批结论：同意开工。

监理单位名称：哈尔滨×××建设工程监理有限公司　　　总监理工程师（签字）：×××

年　月　日

工程开工报告

哈建施 00

<table>
<tr><td colspan="2">建设单位</td><td colspan="2">哈尔滨×××房地产开发有限公司</td><td colspan="4">计划、设计、规划批准文号</td></tr>
<tr><td colspan="2">监理单位</td><td colspan="2">哈尔滨××建设工程监理有限公司</td><td colspan="4" rowspan="4">×××××××××</td></tr>
<tr><td colspan="2">设计单位</td><td colspan="2">黑龙江省×××设计院</td></tr>
<tr><td colspan="2">施工单位</td><td colspan="2">哈尔滨×××建筑工程公司</td></tr>
<tr><td colspan="2">工程名称</td><td colspan="2">×××工程</td></tr>
<tr><td colspan="2">建筑面积</td><td>26 889 m²</td><td>工程结构</td><td>剪力墙</td><td>层数</td><td colspan="2">地下1层，地上23层</td></tr>
<tr><td colspan="2">总投资</td><td colspan="2">3 922（万元）</td><td>每年投资</td><td colspan="3">1 961 万元</td></tr>
<tr><td colspan="2">承包形式</td><td colspan="2">包工包料</td><td>每平方米造价</td><td colspan="3">1 900 元</td></tr>
<tr><td rowspan="2">计划工期</td><td>开工</td><td colspan="2">年　月　日</td><td colspan="2" rowspan="2">工程地址</td><td colspan="2" rowspan="2">哈尔滨市道里区×××</td></tr>
<tr><td>竣工</td><td colspan="2">年　月　日</td></tr>
<tr><td colspan="2">建设单位
（甲方）</td><td colspan="2">哈尔滨×××房地产开发有限公司
（章）</td><td colspan="2">施工单位
（乙方）</td><td colspan="2">黑龙江省安装工程公司
（章）</td></tr>
<tr><td colspan="2">审查
机关意见</td><td colspan="6"></td></tr>
<tr><td colspan="2">批准
机关意见</td><td colspan="6"></td></tr>
<tr><td colspan="2">备　注</td><td colspan="6"></td></tr>
</table>

工程停/复工报告

C1-04

<table>
<tr><td>工程名称</td><td>××××××</td><td>施工单位</td><td>××××××开发总公司</td></tr>
<tr><td>停/复工
日　期</td><td>年　月　日</td><td>预计/实际
停工日期</td><td>年　月　日至　　年　月　日</td></tr>
<tr><td colspan="4">停工原因/复工条件：
随着气温逐步的下降，哈尔滨最低气温已不满足施工需要，本工程即停止施工，进入冬停阶段。
为了确保工程质量，对用户负责，现决定停止对该工程的施工，并对已完工程按《越冬防护施工技术措施》及建设、监理单位要求对本工程做好了越冬保护措施。
特此报告，申请停工。</td></tr>
</table>

建设单位审批意见	监理单位审批意见	施工单位意见
（公章） 建设单位项目 负责人签字： 年　月　日	（公章） 项目总监理工程师 签字： 年　月　日	项目经理 签字： 年　月　日

工程停工报审表

工程名称：哈尔滨×××工程　　　　编号：

<table>
<tr><td>致：哈尔滨×××建设工程监理公司
我方承担的＿＿××××××＿＿工程，鉴于季节已进入冬季，根据施工安排我方不进行冬季施工，现场已清理完毕，具备停工条件，特此申请停工，请检查并签发停工指令。
附件：
1. 工程停工报告
2. 越冬维护措施

承包单位（章）＿＿＿＿＿＿　项目经理＿＿＿＿＿＿　日期＿年＿月＿日</td></tr>
<tr><td>审查意见：

项目监理机构＿＿＿＿＿＿　总监理工程师＿＿＿＿＿＿　日期＿年＿月＿日</td></tr>
</table>

施工现场质量管理检查记录

C1-01

<table>
<tr><td>工程名称</td><td colspan="3">哈尔滨×××工程</td><td>施工许可证</td><td>×××</td></tr>
<tr><td>建设单位</td><td colspan="3">哈尔滨×××房地产综合开发有限责任公司</td><td>项目负责人</td><td>×××</td></tr>
<tr><td>设计单位</td><td colspan="3">哈尔滨×××建筑设计有限公司</td><td>项目负责人</td><td>×××</td></tr>
<tr><td>勘察单位</td><td colspan="3">哈尔滨×××勘察研究院</td><td>项目负责人</td><td>×××</td></tr>
<tr><td>监理单位</td><td colspan="3">哈尔滨×××建设工程监理有限公司</td><td>总监理工程师</td><td>×××</td></tr>
<tr><td>施工单位</td><td>哈尔滨××建筑工程公司</td><td>项目经理</td><td>×××</td><td>项目技术负责人</td><td>×××</td></tr>
<tr><td>序</td><td colspan="2">项　　目</td><td colspan="3">检　查　意　见</td></tr>
<tr><td>1</td><td colspan="2">施工质量管理制度</td><td colspan="3">质量例会制度；月评比及奖罚制度；三检及交接制度；质量与经济挂钩制度</td></tr>
<tr><td>2</td><td colspan="2">质量责任制</td><td colspan="3">岗位责任制；设计交底会制度；技术交底制度；挂牌制度</td></tr>
<tr><td>3</td><td colspan="2">主要专业工种操作上岗证书</td><td colspan="3">主要专业工种上岗证书齐全、有效，符合要求</td></tr>
</table>

4	分包方资质与分包单位管理制度	对分包方资质审查,满足施工要求,总包对分包单位制定的管理制度可行
5	施工图审查情况	施工图审查批准书及审查报告,符合要求
6	地质勘察资料	地质报告(报告编号:＊＊＊),符合要求
7	施工组织设计、施工方案及审批	施工组织设计及施工方案编制、审核、批准齐全
8	施工技术标准	企业自定标准4项,其余采用国家、行业标准
9	工程质量检验制度	原材料、构配件检验和试验制度;施工检验制度;抽测项目的检测计划,分项工程质量三检制度
10	搅拌站及计量设置	施工现场不设搅拌站
11	现场材料、设备存放与管理	按材料、设备性能要求制定了管理措施、制度,其存放按施工组织设计平面图布置
检查结论: 总监理工程师 (建设单位项目负责人):　　　　年　月　日		

自学自测

一、单选题(只有1个正确答案,每题10分)

1. 建筑工程资料的特征是(　　)。

A. 可靠性　　B. 单一性　　C. 时效性　　D. 流动性

2. 发展改革部门批准的项目的立项文件,由(　　)负责收集、提供。

A. 施工单位　　B. 建设单位　　C. 监理单位　　D. 设计单位

3. 建设单位到规划主管部门办理的,由规划部门提供的相关图纸文件是(　　)。

A. 规划图　　B. 施工图

C. 测量图　　D. 规划线测量图(航测图)

4. 工程一旦发生变更,应由施工单位填写"工程变更单",报给(　　)。

A. 项目监理部　　B. 建设单位

C. 设计单位　　D. 质量管理部门

二、多选题(有至少2个正确答案,每题10分)

1. 建设(开发)资料、勘察资料、设计资料、监理资料、施工资料分别反映(　　)在工程建设中的相关情况。

A. 建设单位　　B. 质量监督单位　　C. 设计单位　　D. 施工单位

E. 勘察单位

2. 建筑工程资料的编号分别用A、B、C、D表示(　　)。

A. 施工图资料　　B. 建设开发资料

C. 监理资料　　D. 施工资料

E. 竣工图

3. “监理规划”内容的工程项目特征包括(　　)。

A. 工程名称　　B. 建筑面积　　C. 建筑规划　　D. 建设规模

E. 建设地点

4. 施工单位文件资料的管理规定(　　)。

A. 工程质量与安全　　B. 资料报审管理

C. 报审有时限性　　D. 分包时质量要求

E. 方法、措施、管理制度

三、判断题(对的划“√”,错的划“×”,每题5分)

1. 由监理单位按规定填写“施工现场质量管理检查记录”。(　　)
2. 分包单位具有相应资质,施工期间总包单位可以让分包单位自行管理的分包工程。(　　)
3. 为保证安全生产,特殊工种的从业人员必须持“特种作业操作证”方可上岗。(　　)
4. 工程暂停原因消失,施工单位即可向项目监理机构申请复工。(　　)

任务实施

根据实际工程的建筑工程档案资料管理工作需求,参建各方资料管理的工作程序包括如下步骤:

一、建立工程技术档案准备工作

参建各方根据本工程建设顺序和工程资料的管理职责,会同工程技术人员一起了解并熟悉工程施工图纸,掌握设计意图后,提前按各自职责准备工程资料,建立工程档案,提前做好工作计划,包括建设单位准备开发资料的管理;勘察、设计单位准备设计资料的管理;监理单位准备监理资料的管理;施工单位准备施工资料的管理;工作人员做好组织分工。

二、分析决策及明确责任

根据整个建设项目管理资料整理要求,建设单位、监理单位、设计单位及施工单位会要求整个建设项目各参建方根据自己的管理职责和角色编写工程技术档案资料,责任分工明确,做好管理资料档案和施工资料档案的分类立卷和归档工作,为指导整个施工过程做好充分准备。

三、管理资料整理记录

工程资料应实行分级记录管理,由建设、勘察、设计、监理、施工单位主管(技术)负责人组织本单位工程资料的全过程管理工作。建设过程中工程资料的收集、整理和审核工作应由专业技术人员负责,应确保各自资料的真实、有效、完整和齐全,不得对工程资料进行涂改、伪造、随意抽撤或损毁、丢失等。

四、及时进行补充资料工作

由于建筑工程文件档案资料产生于工程建设的整个过程之中,无论是在工程的立项审批、勘察设计,还是在开工准备、施工、监理或竣工验收等各个阶段和环节,都会产生各种文件和档案资料,所以随着工程进展要逐步收集、整编、审定、积累起来,用以指导后续工作的进行。

五、整理资料形成工程技术档案系列表格

建筑工程技术档案是按照文件资料的来源、类别、形成的先后顺序来收集、整理、组卷的,最终形成一系列工程档案表格和记录,工程一旦竣工,这些技术资料经过整理后即移交给技术档案管理部门和建设单位归档,使其更好地为施工生产和经营服务。又为未来的建设提供参考,积累经验,是指导未来工程的重要信息。

工 作 单

计 划 单

<table>
<tr><td>学习情境1</td><td>施工管理资料和施工技术资料整理</td><td>任务1</td><td colspan="2">施工管理资料整理</td></tr>
<tr><td>工作方式</td><td colspan="2">组内讨论、团结协作共同制定计划：小组成员进行工作讨论，确定工作步骤</td><td>计划学时</td><td>0.5 学时</td></tr>
<tr><td>完成人</td><td colspan="4">1. ________ 2. ________ 3. ________ 4. ________ 5. ________ 6. ________</td></tr>
<tr><td colspan="5">计划依据：1. 某工程施工图纸； 2. 施工段落的技术资料和相关表格。</td></tr>
<tr><td>序号</td><td>计 划 步 骤</td><td colspan="3">具体工作内容描述</td></tr>
<tr><td>1</td><td>准备工作
（准备工具、材料，谁去做?）</td><td colspan="3"></td></tr>
<tr><td>2</td><td>组织分工
（成立组织，人员具体都完成什么?）</td><td colspan="3"></td></tr>
<tr><td>3</td><td>整理管理资料
（都整理什么内容?）</td><td colspan="3"></td></tr>
<tr><td>4</td><td>工程表格编写
（怎么编写？要素有哪些）</td><td colspan="3"></td></tr>
<tr><td>5</td><td>补充资料工作
（谁去补充？都补充什么?）</td><td colspan="3"></td></tr>
<tr><td>6</td><td>归档资料
（谁负责？整理什么?）</td><td colspan="3"></td></tr>
<tr><td>制定计划说明</td><td colspan="4">（写出制定计划中人员为完成任务的主要建议或可以借鉴的建议、需要解释的某一方面）</td></tr>
</table>

决 策 单

<table>
<tr><td>学习情境 1</td><td>施工管理资料和施工技术资料整理</td><td>任务 1</td><td colspan="3">施工管理资料整理</td></tr>
<tr><td colspan="3">决 策 学 时</td><td colspan="3">0.5 学时</td></tr>
<tr><td colspan="6">决策目的：本施工段落编写工程技术档案是哪些，并确定其必要性。</td></tr>
<tr><td rowspan="7">工程管理资料</td><td rowspan="2">管理资料编号</td><td colspan="2">资 料 类 别</td><td rowspan="2">必要</td><td rowspan="2">非必要
（可说明原因）</td></tr>
<tr><td>管理资料</td><td>施工资料</td></tr>
<tr><td></td><td></td><td></td><td></td><td></td></tr>
<tr><td></td><td></td><td></td><td></td><td></td></tr>
<tr><td></td><td></td><td></td><td></td><td></td></tr>
<tr><td></td><td></td><td></td><td></td><td></td></tr>
<tr><td></td><td></td><td></td><td></td><td></td></tr>
<tr><td>决策方案描述</td><td colspan="5">（本施工段落编写和管理的工程技术档案都是什么？最差方案是什么？描述清楚，未来指导建筑工程技术的实际工作。）</td></tr>
</table>

作 业 单

学习情境1	施工管理资料和施工技术资料整理	任务1	施工管理资料整理
参加工程资料管理人员	第　　组	开始时间：	
	签名：	结束时间：	
序号	工作内容记录 （编写工程技术档案资料的实际工作）	分　工 （负责人）	
1			
2			
3			
4			
5			
6			
7			
8			
9			
10			
11			
12			
小结	主要描述完成的成果及是否达到目标	存在的问题	

整理记录单

<table>
<tr><td>学习情境 1</td><td colspan="2">施工管理资料和施工技术资料整理</td><td>任务 1</td><td colspan="2">施工管理资料整理</td></tr>
<tr><td>完成人姓名</td><td></td><td>组别</td><td></td><td>完成日期</td><td></td></tr>
<tr><td colspan="6">工程施工管理资料(手写):</td></tr>
<tr><td>施工现场质量管理检查记录</td><td colspan="5"></td></tr>
<tr><td>建设工程特殊工种上岗证审查表</td><td colspan="5"></td></tr>
<tr><td>施工日记</td><td colspan="5"></td></tr>
<tr><td>工程开/复工报审表</td><td colspan="5"></td></tr>
<tr><td>工程开(停/复)工报告</td><td colspan="5"></td></tr>
<tr><td>检查人(签字)</td><td></td><td>检查存在的问题</td><td></td><td>检查时间</td><td></td></tr>
</table>

表格记录单（如多页可复印）

<table>
<tr><td>学习情境 1</td><td colspan="2">施工管理资料和施工技术资料整理</td><td>任务 1</td><td colspan="2">施工管理资料整理</td></tr>
<tr><td>完成人姓名</td><td></td><td>组别</td><td></td><td>完成日期</td><td></td></tr>
<tr><td colspan="6">给定施工区段（手写）：</td></tr>
<tr><td>施工区段
工程管理
资料说明
或描述</td><td colspan="5"></td></tr>
<tr><td>表格</td><td colspan="5"></td></tr>
<tr><td>检查人
（签字）</td><td></td><td>检查存在
的问题</td><td></td><td>检查时间</td><td></td></tr>
</table>

检 查 单

<table>
<tr><td colspan="2">学习情境 1</td><td>施工管理资料和施工技术资料整理</td><td>任务 1</td><td colspan="5">施工管理资料整理</td></tr>
<tr><td colspan="2">检查学时</td><td colspan="2">课内 0.5 学时</td><td colspan="5">第　　组</td></tr>
<tr><td colspan="2">检查目的及方式</td><td colspan="7">教师过程监控小组的工作情况，如检查等级为不合格，小组需要整改，并拿出整改说明。</td></tr>
<tr><td rowspan="2">序号</td><td rowspan="2">检查项目</td><td rowspan="2" colspan="2">检 查 标 准</td><td colspan="5">检查结果分级①
（在检查相应的分级框内划“√”）</td></tr>
<tr><td>优秀</td><td>良好</td><td>中等</td><td>合格</td><td>不合格</td></tr>
<tr><td>1</td><td>准备工作</td><td colspan="2">资源是否已查到、材料是否准备完整</td><td></td><td></td><td></td><td></td><td></td></tr>
<tr><td>2</td><td>分工情况</td><td colspan="2">安排是否合理、全面，分工是否明确</td><td></td><td></td><td></td><td></td><td></td></tr>
<tr><td>3</td><td>工作态度</td><td colspan="2">小组工作是否积极主动、全员参与</td><td></td><td></td><td></td><td></td><td></td></tr>
<tr><td>4</td><td>纪律出勤</td><td colspan="2">是否按时完成负责的工作内容、遵守工作纪律</td><td></td><td></td><td></td><td></td><td></td></tr>
<tr><td>5</td><td>团队合作</td><td colspan="2">是否相互协作、互相帮助、成员是否听从指挥</td><td></td><td></td><td></td><td></td><td></td></tr>
<tr><td>6</td><td>创新意识</td><td colspan="2">任务完成不照搬照抄，看问题具有独到见解、创新思维</td><td></td><td></td><td></td><td></td><td></td></tr>
<tr><td>7</td><td>完成效率</td><td colspan="2">工作单是否记录完整，是否按照计划完成任务</td><td></td><td></td><td></td><td></td><td></td></tr>
<tr><td>8</td><td>完成质量</td><td colspan="2">工作单填写是否准确，记录单检查及修改是否达标</td><td></td><td></td><td></td><td></td><td></td></tr>
<tr><td>检查评语</td><td colspan="6"></td><td colspan="2">教师签字：</td></tr>
</table>

① 优秀(90 分以上)，良好(80～89 分)，中等(70～79 分)，合格(60～69 分)，不合格(60 分以下)。

评　价　单

1. 小组工作评价单

学习情境1	施工管理资料和施工技术资料整理		任务1	施工管理资料整理		
评 价 学 时			课内 0.5 学时			
班　级			第　　组			
考核情境	考核内容及要求	分值（100）	小组自评（10%）	小组互评（20%）	教师评价（70%）	实得分（∑）
汇报展示（20）	演讲资源利用	5				
	演讲表达和非语言技巧应用	5				
	团队成员补充配合程度	5				
	时间与完整性	5				
质量评价（40）	工作完整性	10				
	工作质量	5				
	报告完整性	25				
团队情感（25）	核心价值观	5				
	创新性	5				
	参与率	5				
	合作性	5				
	劳动态度	5				
安全文明（10）	工作过程中的安全保障情况	5				
	工具正确使用和保养、放置规范	5				
工作效率（5）	能够在要求的时间内完成，每超时5分钟扣1分	5				

2. 小组成员素质评价单

学习情境1	施工管理资料和施工技术资料整理		任务1	施工管理资料整理				
班　　级		第　　组	成员姓名					
评分说明	每个小组成员评价分为自评和小组其他成员评价两部分，取平均值计算，作为该小组成员的任务评价个人分数。评价项目共设计5个，依据评分标准给予合理量化打分。小组成员自评分后，要找小组其他成员不记名方式打分。							
评分项目	评　分　标　准	自评分	成员1评分	成员2评分	成员3评分	成员4评分	成员5评分	
核心价值观（20分）	思想及行动是否符合社会主义核心价值观							
工作态度（20分）	是否按时完成负责的工作内容、遵守纪律，是否积极主动参与小组工作，是否全过程参与，是否吃苦耐劳，是否具有工匠精神							
交流沟通（20分）	是否能良好地表达自己的观点，是否能倾听他人的观点							
团队合作（20分）	是否与小组成员合作完成任务，做到相互协作、互相帮助、听从指挥							
创新意识（20分）	看问题是否能独立思考，提出独到见解，是否能够创新思维，解决遇到的问题							
最终小组成员得分								

课后反思

学习情境1	施工管理资料和施工技术资料整理		任务1	施工管理资料整理
班　级		第　组	成员姓名	
情感反思	通过对本任务的学习和实训，你认为自己在社会主义核心价值观、职业素养、学习和工作态度等方面有哪些需要提高的部分？			
知识反思	通过对本任务的学习，你掌握了哪些知识点？请画出思维导图。			
技能反思	在完成本任务的学习和实训过程中，你主要掌握了哪些技能？			
方法反思	在完成本任务的学习和实训过程中，你主要掌握了哪些分析和解决问题的方法？			

任务 2　施工技术资料整理

任　务　单

<table>
<tr><td>学习情境 1</td><td colspan="3">施工管理资料和施工技术资料整理</td><td>任务 2</td><td colspan="2">施工技术资料整理</td></tr>
<tr><td colspan="4">任 务 学 时</td><td colspan="3">课内 8 学时(课外 2 学时)</td></tr>
<tr><td colspan="7">布 置 任 务</td></tr>
<tr><td>任务目标</td><td colspan="6">1. 能够在施工技术资料建档过程中建立相关列表并灵活应用规范;
2. 能够学会单位工程施工组织设计的编写及报审程序;
3. 能够掌握专项施工方案的范围及编写内容;
4. 能够编写工程技术质量交底记录;
5. 能够编写图纸会审记录;
6. 能够学会收集、整理设计变更;
7. 能够在完成任务过程中锻炼职业素养,做到对待工作严谨认真,能够吃苦耐劳、主动承担,并主动帮助小组其他成员,有团队意识,诚实守信。</td></tr>
<tr><td>任务描述</td><td colspan="6">在工程项目施工开始后,在施工过程中形成的施工技术资料,是施工单位用以指导正确、规范、科学施工的重要文件,也是反映工程变更情况的正式文件。施工技术资料包括单位工程施工组织设计(套表)、技术交底文件、设计变更文件等内容。编写工程技术文件报审表、施工组织设计修改审批表、工程技术文件报审表、技术(质量)交底记录表和设计变更通知单等,目的是使施工人员对工程特点、技术质量要求、施工方法与措施等方面有一个较详细的了解,以便于科学组织施工,避免技术质量等事故的发生,起到有效指导现场施工的重要作用。</td></tr>
<tr><td rowspan="2">学时安排</td><td>资讯</td><td>计划</td><td>决策</td><td>实施</td><td>检查</td><td>评价</td></tr>
<tr><td>2 学时
(课外 2 学时)</td><td>0. 5 学时</td><td>0. 5 学时</td><td>3 学时</td><td>1 学时</td><td>1 学时</td></tr>
<tr><td>对学生学习及成果的要求</td><td colspan="6">1. 每名同学均能按照资讯思维导图自主学习,并完成课前自学的问题训练和自学自测;
2. 严格遵守课堂纪律,学习态度认真、端正,能够正确评价自己和同学在本任务中的素质表现;
3. 每位同学必须积极参与小组工作,承担施工技术资料整理和编写的相应劳动工作,做到能够积极主动不推诿,能够与小组成员合作完成工作任务;
4. 每位同学均需独立或在小组同学的帮助下完成技能训练工作单,并提请检查、签认,对提出的建议或有错误务必及时修改;
5. 每组必须完成全部整理施工技术资料工作的报告工单,并提请教师进行小组评价,小组成员分享小组评价分数或等级;
6. 每名同学均完成任务反思,以小组为单位提交。</td></tr>
</table>

资讯思维导图

- 施工技术资料整理
  - 知识点
    - 单位工程施工组织设计
      - 问题1：单位（子单位）工程施工组织设计（方案）的基本内容包括什么？
      - 问题2：施工组织设计的规定与要求是什么？
      - 问题3：施工组织设计的审批内容有哪些？
      - 问题4：如何编写施工组织设计修改审批表？
    - 施工方案
      - 问题1：哪些工序应编制专项施工方案？
      - 问题2：如何填写“工程技术文件报审表”并实施？
    - 技术、质量交底记录
      - 问题1：技术、质量交底的规定与要求有哪些？
      - 问题2：技术、质量交底主要包括的内容有哪些？
      - 问题3：交底工作的注意事项是什么？
    - 设计变更文件
      - 问题1：图纸会审的程序分几个阶段？
      - 问题2：图纸会审侧重于哪几个方面？
      - 问题3：如何正确填写“图纸会审记录”？
      - 问题4：“设计变更通知单”编写要求是什么？
      - 问题5：“工程洽商记录”和“设计变更通知单”填写内容的区别？
  - 技能点
    - 熟悉施工技术资料的表式
    - 编写施工组织设计修改审批表
    - 编写工程技术文件报审表及报审流程
    - 编写技术、质量交底记录
    - 收集、整理设计变更并填写设计变更文件
  - 职业素养
    - 培养学生爱国情怀及民族自豪感
    - 培养学生团队协作意识和与人沟通的能力
    - 培养学生具有执着专注、一丝不苟的工匠精神
    - 培养学生在学习中不断提升自身职业素质
    - 培养学生树立起严谨认真、吃苦耐劳、诚实守信的工作作风

课前自学

施工技术资料是在施工过程中形成的，是施工单位用以指导正确、规范、科学施工的重要文件，也是反映工程变更情况的正式文件。施工技术资料包括单位工程施工组织设计（套表）、技术交底文件、设计变更文件等内容。

知识点1　单位工程施工组织设计

一、单位工程施工组织设计

施工组织设计是建筑施工企业组织大规模现代化施工生产的技术、经济、组织和管理的综合性文件，施工单位在正式施工前须编制单位（子单位）工程施工组织设计。

单位（子单位）工程施工组织设计（方案）的基本内容包括：工程概况；施工部署；施工进度计划及施工进度表；施工平面布置图；施工准备工作计划；施工方案（主要项目施工方法）；季节性施工方案；质量、安全、文明施工各项保证措施等。其中，施工方案是单位（子单位）工程施工组织设计的核心内容。

二、施工组织设计的规定与要求

(一)针对性

在认真会审图纸的基础上,开工前由预算、施工、技术、质量、安全、物资等各管理部门共同编制施工组织设计,内容要齐全、科学、合理,对本工程特点要具有针对性。

(二)流程性

应按专业(土建工程、水暖工程、电气工程)、分部工程或分项工程来编制施工组织设计,经施工单位相关部门审核,由总工程师审批后,填写“工程技术文件报审表”(表B1-07),报监理单位审定实施。

(三)指导性

施工组织设计要编制及时,审批及时,真正起到指导现场施工的作用。

三、施工组织设计的审批

单位(子单位)工程施工组织设计编制完成后,应及时报送上一级技术管理部门审批。

(一)项目经理部审批

项目负责人(或项目经理)、技术负责人、质量负责人、安全负责人审核并签字盖章。

(二)公司审批

技术部门负责人、质量部门负责人、安全部门负责人、生产部门负责人、总工程师审核并签字盖章。

(三)施工组织设计修改审批表

单位工程施工过程中,当其施工条件、总体施工部署、重大设计变更或主要施工方法发生变化时,项目负责人或项目技术负责人应组织相关人员对单位工程施工组织设计进行修改和补充,报送原审核人审核,原审批人审批后形成“施工组织设计修改审批表”,并进行相关交底。

施工组织设计修改审批表

C2-01-3

<table>
<tr><td colspan="2">工程名称</td><td colspan="2"></td><td>工程编号</td><td></td></tr>
<tr><td colspan="2">施工单位</td><td colspan="2"></td><td>修改项目</td><td></td></tr>
<tr><td colspan="6">修改内容:</td></tr>
<tr><td>项目部审批</td><td>项目负责人:
技术负责人:
质量负责人:
安全负责人:
年 月 日</td><td>公司审批</td><td>技术部门负责人:
质量部门负责人:
安全部门负责人:
生产部门负责人:
总工程师:
年 月 日</td><td>监理审批</td><td>监理工程师:
总监理工程师(建设单位项目负责人):
年 月 日</td></tr>
</table>

答一答

施工组织设计的审批内容是什么？

____

____

____

知识点2　施工方案

视频 编写单位工程施工方案

主要分部(子分部)、分项工程、重点部位、技术复杂或采用新技术的关键工序应编制专项施工方案，冬、雨季施工应编制冬、雨季施工方案。施工方案应经施工单位相关部门审核。

由总工程师审批后填写“工程技术文件报审表”，报监理单位审定实施。施工方案可采用单位工程施工组织设计等相关用表。

工程技术文件报审表

工程名称	××××主井井筒基岩段施工作业规程			
致______________(□监理部/□项目部经理/□建设单位)： 现上报关于______________工程技术管理文件，请予审定。				
序号	类别	编制人	审批人	页数
1	□施工组织设计			
2	□专项施工方案			
3	□安全技术措施			
4	□施工作业规程			
承包人(全称及盖章)：中煤第五建设有限公司第三十一工程处 项目经理(签名)： 日期：　年　月　日				
监理部意见：		建设单位/项目经理部意见：		
□同意　□修改后再报，理由附后		□同意　□修改后再报，理由附后		
□重新编制，理由附后		□重新编制，理由附后		
专业监理工程师(签名)： 日期：　年　月　日		项目管理工程师(签名)： 日期：　年　月　日		
总监理工程师(签名)：		建设单位负责人/项目经理(签名)：		
监理部(全称及盖章:)		建设单位/项目经理(全称及盖章)：		
日期：　年　月　日		日期：　年　月　日		

忆一忆

一项工程中包括哪些施工方案项目？

知识点3　技术、质量交底记录

技术、质量交底是施工过程中一项重要的技术质量管理活动，是对施工图、设计变更、施工技术规范、施工质量验收标准、操作规程、施工组织设计、施工方案、分项工程施工操作技术以及新技术施工方法等进行具体要求与指导。其目的是使施工人员对工程特点、技术质量要求、施工方法与措施等方面有一个较详细的了解，以便于科学地组织施工，避免技术质量等事故的发生。

一、规定与要求

（一）签字确认

技术、质量交底由总工程师、技术质量部门负责人、项目技术负责人、有关技术质量人员及施工人员分别负责，并由交底人和被交底人签字确认。

（二）技术质量交底

应按设计图纸、标准图集、现行施工及验收规范、施工组织设计的要求进行。

二、交底内容

技术、质量交底主要包括：施工组织设计交底、专项施工方案技术交底、分项工程施工技术交底、“四新”（新材料、新产品、新技术、新工艺）技术交底和设计变更技术交底等。具体如下：

（一）关键技术

关键性技术对存在问题的解决。

（二）特殊工程部位

特殊工程部位的技术处理细节及其注意事项。

（三）“四新”技术

新技术、新工艺、新结构施工技术要求与实施方案及其注意事项。

（四）施工组织设计

进度要求、施工部署、施工机械、劳动力安排和组织。

（五）单位间协作

总包和分包单位之间相互协作配合关系及其有关问题、施工质量标准和安全技术等。

三、注意事项

（一）内容和深度

要有针对性，全面、准确、及时，并突出重点。

（二）重大复杂工程

重点工程、大型工程、技术复杂的工程，应由企业技术负责人对有关科室工程技术负责人进行技术交底。

(三)“一级”交底

工程技术负责人对项目经理部技术负责人进行技术交底。

(四)“二级”交底

技术负责人对专业工长交底。

(五)“三级”交底

专业工长对班组长按工种进行分部、分项工程技术交底。

(六)“四级”交底

班组长对工人进行交底。

想一想

技术、质量交底的规定和内容是什么?

知识点4　设计变更文件

建设工程中设计变更文件包括图纸会审记录、设计变更通知单、技术联系通知单、工程洽商记录等。

一、图纸会审记录

视频

图纸会审

工程开工前,由建设单位组织,邀请设计单位、监理单位和施工单位等单位的相关技术人员进行施工图纸会审,由施工单位负责进行记录、整理、汇总,填写“图纸会审记录”。通过图纸会审可以使各参建单位特别是施工单位熟悉设计图纸,领会设计意图,掌握工程特点及难点,找出需要解决的技术难题并拟定解决方案,从而将因设计缺陷而存在的问题消灭在施工之前,为施工创造良好的条件。

(一)图纸会审的程序

图纸会审的程序包括学习、初审、会审和综合会审四个阶段,其中,学习、初审、会审三个阶段属于施工单位内部全面自审阶段,综合会审才是真正意义上的图纸会审。

(1)在自审阶段,施工单位接到施工图后,组织有关人员进行学习。通过阅读图纸熟悉施工图纸的内容和要求,弄清设计意图和要求,明确工艺流程、建筑物结构特点以及建筑规模等;结合施工条件,进行全面自审,并将对施工图中的疑问和有关建议记载下来整理归类,以便综合会审时一并提出,报建设(监理)单位并由其转交设计单位进行设计交底准备。

(2)综合会审即工程中的施工图纸会审。先由设计单位进行设计交底,然后各参建单位相关技术人员按专业分组进行图纸会审。主要由施工单位工程技术人员提出问题,由设计单位专业设计人员解答疑问。对提出的问题应记录准确、详细;分组会审完成后再进行各专业间的综合协调,避免出现矛盾和遗漏,澄清设计中存在的问题,从而保证工程建设的顺利进行。

(二)图纸会审的内容

图纸会审应侧重于以下几个方面:

(1)设计是否完整,是否有该交代而没交代的地方,如该出详图而没出详图、该标索引的地方而没标索引符号等。

(2)施工图纸交代得是否清楚,如尺寸、标高、材料标号、位置、空间关系以及有无施工图纸之间互相矛盾"错、漏、碰"的地方等。

(3)设计方案是否合理可行,是否与实际施工条件相符,是否满足建筑功能的要求,是否满足结构安全的要求,是否满足工艺流程的要求等。

(4)设计方案与施工条件协调方面的有关问题等。

(三)"图纸会审记录"的形成

"图纸会审记录"是图纸会审的结果,是图纸会审过程中各方达成一致的意见、决定、标准、变更等原始记录,由施工单位专人负责协调整理,并打印成文,经参与会审的各方确认无误后,签字、盖章方为有效,并视为设计文件的一部分或补充,与正式设计文件具有同等效力。

学一学

"图纸会审记录"的内容和填报方式。

二、设计变更通知单、技术联系通知单及工程洽商记录

工程开工前所发生的变更可通过"图纸会审记录"来体现,开工后再有变更事宜发生,则需要通过"设计变更通知单""技术联系(通知)单""工程洽商记录"来协调;参与工程的各参建单位均可根据工程的实际情况提出工程变更。

(一)"设计变更通知单"

(1)该通知单是由设计单位发出,经设计专业负责人以及建设(监理)和施工单位的相关负责人签认。转签后建设单位、监理单位、施工单位、城建档案馆各保存一份。

(2)设计单位应及时下达"设计变更通知单",且内容翔实,必要时应附图,并逐条注明应修改图纸的图号。

(3)由建设单位提出设计变更时,必须经设计单位同意。

(4)不同专业的设计变更应分别办理,不得办理在同一份设计变更通知单上。

(5)通知单须经项目总监理工程师(建设单位)审定后,方可转交施工单位实施。

(6)"设计变更通知单"是施工图纸的补充和修改的记载,是现场施工的依据。

(二)技术联系(通知)单

"技术联系(通知)单"只是用于施工单位与建设、设计、监理等单位进行一般性技术联系与处理的文件,涉及设计单位的,设计单位在空白处盖章,并需各方经协商同意签字后方可生效,其作用相当于"设计变更通知单"。

"技术联系(通知)单"应由施工单位填写,要求应写明需解决或交代的具体内容。

(三)工程洽商记录

工程中,由于某些原因而需要对原设计方案的部分内容进行修改,因而需要各参建单位共同商讨以提出更为合理的设计方案,这个商讨的过程即为工程洽商。

"工程洽商记录"是用以记录工程洽商的时间、内容、过程和结果的施工资料,由施工单位、建设单位或监理单位其中一方发出,经设计专业负责人以及建设、监理和施工单位的相关负责人签认。涉及设计变更时,由设计单位出具"设计变更通知单";涉及图纸修改的,必须注明应修改图纸的图号。

工程案例

技术(质量)交底记录

C2-03

工程名称	×××住宅	交底项目	机械挖土
工程编号		交底日期	年　月　日

内　容:

一、设计要求:本工程设计桩顶标高为详见图纸。

二、规范、规程标准要求:

1. 土方开挖前,按照施工方案的要求,将施工区域内的地上、地下障碍物清除和处理完毕。

2. 对现场布置的控制点、水准点及中心桩等进行效核并保护。

3. 场地表面要清理平整,做好排水坡度,在施工区域内,要挖临时性排水沟。

4. 夜间施工时,合理安排工序,防止错挖或超挖。施工场地要根据需要安装照明设施,在危险地段要设置明显标志。

5. 在机械施工无法作业的部位和修整边坡坡度、清理槽底等,均应配备人工进行。

三、工艺流程:

确定开挖的顺序和坡度→分段分层平均下挖→修坡和清底。

四、施工方法:

1. 采用反铲挖土机,以倒退行驶的方法进行开挖。自卸汽车配置在挖土机的两侧装运土。

2. 挖掘机采用分段平行挖掘,向两侧的运输汽车装土,使回转角在30°~60°之间,确保工效。

3. 在开挖过程中,要随时检查槽壁和边坡的状态。深度大于1.5 m时,根据土质变化情况,做好支撑准备,以防坍陷。

4. 开挖基坑不得挖至设计标高以下,暂留土层20 cm左右,以便在抄平后由人工挖出。

5. 在机械施工挖不到的土方,要配合人工随时进行挖掘,并用手推车把土运到机械能挖到的地方,以便及时用机械挖走。

6. 修帮和清底。在距槽底设计标高50 cm槽帮处,抄出水平线,钉上小木橛,然后用人工将暂留土层挖走。同时由两端轴线引桩拉通线,检查距槽边尺寸,确定槽宽标准,以此修整槽边。最后清除槽底土方。

7. 槽底修理铲平后,进行质量检查验收。

8. 定位标准桩和标准水准点要定期复测和检查是否正确。

9. 每工作人员都必须由项目部指定技术人员做好施工记录,并严格按公司程序文件要求,建立交接班制,将当班施工情况及发现的问题向下一班组交接清楚并向项目部及时汇报,便于极早正确处理遗留问题。

五、施工技术要点:

挖土深度控制好(做好排水工作)。

六、质量通病:

1. 基底超挖,开挖时基槽不得超过基底标高。

2. 基底未保护,基槽开挖后应尽量减少对基土的扰动。如遇基底不能及时施工时。可在基底标高以上预留30 cm,土层开挖,待做基础时再挖。

3. 开挖的深度和坡度,除应考虑结构尺寸外,应根据施工需要增加工作坡度。

七、质量标准:

1. 桩基、基槽、基底的土质必须符合设计要求,严禁扰动。

2. 允许偏差:

标高:±0,-50(mm)　　长度,宽度:-0

八、成品保护:

1. 对定位标准桩、轴线引桩、标准水准点、龙门板等,挖运土时不得碰撞。

2. 土方开挖时,应防止相邻近已有建筑物、道路、管线等发生下沉或变形。

3. 施工中如发现有文物或古墓等,应妥善保护,并应立即报请当地有关部门处理后,方可继续施工。

接受人:　　　　　　　　　　交底人:×××

图纸会审记录

C2-05

工程名称		×××工程		会审范围	建筑、结构
主持人		×××		日　　期	年　月　日
参加人员	建设单位		×××	设计单位	×××
	监理单位		×××	施工单位	×××
序号	图号	提出问题		处理意见	
1	GS-09	图中，－2.45～－1.4 m平面图中TL1与6-6剖面图中TL2位置相同，名称不符，以哪个为准？		以6-6剖面中TL2为准	
2	GS-09	图中，6-6剖面2.4 m处缓台梁与JS-14图中缓台梁，以哪个为准？		GS-09图中6-6剖面为准	
建设单位 代表(盖章)		监理单位 代表(盖章)		设计单位 代表(盖章)	施工单位 代表(盖章)

技术联系(通知)单

C2-08

工程名称	××办公楼	编　　号	
施工单位	×××建筑工程公司	日　　期	年　月　日
事　　项	钢筋等强度代换		

提出内容：

JS-1图中，主梁原腰筋4ϕ12钢筋由2ϕ16钢筋等强度代换；Ⓐa～Ⓑa轴之间负弯矩钢筋原ϕ12@200由ϕ10@150代换。

建设单位意见：	监理单位意见：	施工单位意见：
（公章）	（公章）	（公章）
建设单位代表签字：	监理工程师签字：	技术负责人签字：

设计变更通知单

鲁JJ-014

工程名称		×××有限公司2#3#公寓楼	专业名称	建筑与结构工程
设计单位名称		×××建筑设计院	日期	年　月　日
序号	图号	变更内容		
1	结施-1	应甲方要求做以下变更： 1. 原设计中地14改为地15； 2. 一层阳台窗窗台高度为90 cm，其阳台窗宽度不变，高度减小； 3. 原设计中楼梯栏杆06J403-1中A4型改为不锈钢楼梯栏杆； 4. 原设计中阳台固定窗改为塑钢中空推拉窗，尺寸不变，详见图集L99J605。		

设计变更提出单位					
施工单位	项目经理： 技术负责人： （公章）	建设监理单位	专业技术负责人： （专业监理工程师）： 项目负责人： （总监理工程师）： （公章）	设计单位	专业设计人员： 设计项目负责人： （公章）

×××省建设工程质量监督总站监制

工程洽商记录

编号：

<table>
<tr><td colspan="2">工程名称</td><td>××市××景观绿化工程</td><td>专业名称</td><td colspan="2">结构</td></tr>
<tr><td colspan="2">提出单位名称</td><td>××市××绿化公司</td><td>日　期</td><td colspan="2">年　月　日</td></tr>
<tr><td colspan="2">内容摘要</td><td colspan="4">根据勘察、设计验槽要求，部分地基需深挖处理回填级配砂石</td></tr>
<tr><td>序号</td><td>图号</td><td colspan="4">洽商内容</td></tr>
<tr><td>1</td><td>结施1、结施2</td><td colspan="4">根据勘察、设计验槽要求，本工程主楼地基北侧基槽在原设计标高 −7.350 m 基础上下挖 600 mm，宽度为 2.2 m，挖后回填级配砂石并人工夯实，相应工程量为：人工下挖土方：85.8 m³；人工倒运级配砂石：85.8 m³；人工回填实级配砂石：85.8 m³。
详细处理情况见地基处理示意图。</td></tr>
<tr><td rowspan="2">签字栏</td><td>建设单位</td><td>监理单位</td><td>设计单位</td><td colspan="2">施工单位</td></tr>
<tr><td>×××</td><td>×××</td><td>×××</td><td colspan="2">×××</td></tr>
</table>

1. 本表由建设单位、监理单位、施工单位、城建档案馆各保存一份。
2. 涉及图纸修改的必须注明应修改图纸的图号。
3. 不可将不同专业的工程洽商办理在同一份洽商上。
4. "专业名称"栏应按专业填写，如建筑、结构、给排水、电气、通风空调等。

自学自测

一、单选题（只有1个正确答案，每题10分）

1. 由（　　）审批后，填写"工程技术文件报审表"，报监理单位审定实施。
   A. 监理工程师　　B. 项目经理
   C. 建设单位项目负责人　　D. 总工程师
2. 单位工程施工过程中，当其施工条件、总体施工部署、重大设计变更或主要施工方法发生变化时，（　　）应组织相关人员对单位工程施工组织设计进行修改和补充。
   A. 建设单位负责人　　B. 项目技术负责人
   C. 监理单位负责人　　D. 施工单位负责人
3. 由总工程师审批后填写"工程技术文件报审表"，报（　　）审定实施。
   A. 建设单位　　B. 设计单位　　C. 监理单位　　D. 施工单位
4. 工程开工前，由建设单位组织，邀请设计单位、监理单位和施工单位等单位的相关技术人员进行（　　）会审，由施工单位负责进行记录、整理、汇总，填写会审记录。
   A. 施工图纸　　B. 技术资料　　C. 质量方案　　D. 设计文件

二、多选题（有至少2个正确答案，每题10分）

1. 单位（子单位）工程施工组织设计（方案）的基本内容包括（　　）。
   A. 施工部署　　B. 施工设计图　　C. 施工平面布置图　　D. 施工预算
   E. 施工方案
2. 施工组织设计需经项目经理部审批，由（　　）审核并签字盖章。
   A. 项目监理人　　B. 技术负责人　　C. 项目负责人　　D. 质量负责人
   E. 安全负责人
3. 应编制专项施工方案的项目有（　　）。
   A. 分项工程　　B. 采用新技术的关键工序

C. 主体工程　　D. 重点部位

E. 装饰装修工程

4. 技术、质量交底中的"四新"指的是(　　)。

A. 新材料　　B. 新产品　　C. 新设计　　D. 新技术

E. 新工艺

三、判断题(对的划"√",错的划"×",每题5分)

1. 专业工长对班组长按工种进行分部、分项工程技术交底。(　　)
2. 图纸会审的程序包括学习、初审、会审和综合会审四个阶段。(　　)
3. 图纸会审记录由设计单位专人负责协调整理,确认无误后签字、盖章方为有效。(　　)
4. 由建设单位提出设计变更时,必须经施工单位同意。(　　)

任务实施

实际工程的施工技术资料是在施工过程中形成的,是施工单位指导正确、规范、科学施工的重要文件,反映工程管理工作的需求,施工技术资料整理的工作程序包括如下步骤:

一、施工技术资料准备工作

施工单位依据工程建设顺序和管理职责,提前做好工作计划,建立施工技术资料档案,包括单位工程施工组织设计、施工组织设计审批表、施工组织设计修改审批表、施工方法与技术措施、暂设工程和设施计划、施工准备工作计划、工程量一览表、施工进度计划、施工现场平面布置图(基础、主体、装饰阶段)、施工方案、技术、质量交底记录等系列表单。

二、技术资料编写方案分析决策

施工单位根据施工技术资料表单的整理是否完整、编写是否规范、整理熟练度、编写掌握程度和工作效率的高低来选择技术资料收集和整理的最佳方案,最终需技术部门负责人、质量部门负责人、安全部门负责人、生产部门负责人、总工程师审核。

三、施工技术资料的整理和编写工作

在认真会审图纸的基础上,开工前由预算、施工、技术、质量、安全、物资等各管理部门共同编制施工组织设计,内容要齐全、科学、合理,对本工程特点要具有针对性。对于主要分部(子分部)、分项工程、重点部位、技术复杂或采用新技术的关键工序应编制专项施工方案,冬、雨季施工应编制冬、雨季施工方案。技术质量交底资料应按设计图纸、标准图集、现行施工及验收规范、施工组织设计的要求进行编写。建筑工程中设计变更文件包括编写图纸会审记录、设计变更通知单、工程洽商记录、技术联系通知单等。

四、施工技术资料审核工作

单位(子单位)工程施工组织设计编制完成后,应由项目经理部、公司进行审批。施工方案应经施工单位相关部门审核。技术、质量交底由总工程师、技术质量部门负责人、项目技术负责人、有关技术质量人员及施工人员分别负责,并由交底人和被交底人签字确认。工程开工前,由建设单位组织,邀请设计单位、监理单位和施工单位等单位的相关技术人员进行施工图纸会审,找出技术难题并在施工之前解决。

五、施工技术资料立卷和归档工作

施工技术资料经收集、整理、组卷,最终形成一系列施工技术档案表格和记录,在工程施工中对施工组织进度、施工方案、工程技术质量问题起着至关重要的指导作用,是保证工程质量和进度的重要支撑。

工　作　单

计 划 单

学习情境1	施工管理资料和施工技术资料整理	任务2	施工技术资料整理
工作方式	组内讨论、团结协作共同制定计划:小组成员进行工作讨论,确定工作步骤。	计划学时	0.5学时
完成人	1. ______ 2. ______ 3. ______ 4. ______ 5. ______ 6. ______		
计划依据:1. 施工管理资料表格; 2. 分配的施工段落。			

序号	计 划 步 骤	具体工作内容描述
1	准备工作 (准备工具、材料,谁去做?)	
2	组织分工 (成立组织,人员具体都完成什么?)	
3	施工技术资料 编写方案(各有何特点?)	
4	施工技术资料 (都记录什么内容?)	
5	整理资料 (谁负责? 整理什么?)	
6	施工技术资料归档 (谁负责? 要素是什么?)	
制定计划说明	(写出制定计划中人员为完成任务的主要建议或可以借鉴的建议、需要解释的某一方面)	

决 策 单

<table>
<tr><td>学习情境 1</td><td colspan="2">施工管理资料和施工技术资料整理</td><td>任务 2</td><td>施工技术资料整理</td></tr>
<tr><td colspan="3">决 策 学 时</td><td colspan="2">0.5 学时</td></tr>
<tr><td colspan="5">决策目的:确定本小组认为最优的施工技术资料整理方案。</td></tr>
<tr><td rowspan="7">施工技术资料整理方案优劣比对</td><td colspan="2">施工技术资料整理方案特点</td><td rowspan="2">比 对 项 目</td><td rowspan="2">确定最优方案（划√）</td></tr>
<tr><td>方案名称 1:</td><td>方案名称 2:</td></tr>
<tr><td></td><td></td><td>施工技术资料整理是否完整</td><td rowspan="6">方案 1 优□
方案 2 优□</td></tr>
<tr><td></td><td></td><td>编写各种表格是否规范</td></tr>
<tr><td></td><td></td><td>施工技术资料整理熟练度</td></tr>
<tr><td></td><td></td><td>工程资料编写掌握程度</td></tr>
<tr><td></td><td></td><td>工作效率的高低</td></tr>
<tr><td colspan="2">方案 1 施工技术资料整理</td><td colspan="2">方案 2 施工技术资料整理</td></tr>
</table>

作 业 单

<table>
<tr><td>学习情境1</td><td>施工管理资料和施工技术资料整理</td><td>任务2</td><td>施工技术资料整理</td></tr>
<tr><td rowspan="2">参加人员</td><td colspan="2">第　　　组</td><td>开始时间：</td></tr>
<tr><td colspan="2">签名：</td><td>结束时间：</td></tr>
<tr><td>序号</td><td colspan="2">工作内容记录
（根据实施的具体工作记录，包括存在的问题及解决方法）</td><td>分　　工
（负责人）</td></tr>
<tr><td>1</td><td colspan="2"></td><td></td></tr>
<tr><td>2</td><td colspan="2"></td><td></td></tr>
<tr><td>3</td><td colspan="2"></td><td></td></tr>
<tr><td>4</td><td colspan="2"></td><td></td></tr>
<tr><td>5</td><td colspan="2"></td><td></td></tr>
<tr><td>6</td><td colspan="2"></td><td></td></tr>
<tr><td>7</td><td colspan="2"></td><td></td></tr>
<tr><td>8</td><td colspan="2"></td><td></td></tr>
<tr><td>9</td><td colspan="2"></td><td></td></tr>
<tr><td>10</td><td colspan="2"></td><td></td></tr>
<tr><td>11</td><td colspan="2"></td><td></td></tr>
<tr><td>12</td><td colspan="2"></td><td></td></tr>
<tr><td rowspan="2">小结</td><td colspan="2">主要描述完成的成果及是否达到目标</td><td>存在的问题</td></tr>
<tr><td colspan="2"></td><td></td></tr>
</table>

整理记录单

<table>
<tr><td>学习情境1</td><td colspan="2">施工管理资料和施工技术资料整理</td><td>任务2</td><td colspan="2">施工技术资料整理</td></tr>
<tr><td>完成人姓名</td><td></td><td>组别</td><td></td><td>完成日期</td><td></td></tr>
<tr><td colspan="6">工程施工技术档案资料(手写):</td></tr>
<tr><td>施工组织
设计修改
审批表</td><td colspan="5"></td></tr>
<tr><td>工程技术
文件
报审表</td><td colspan="5"></td></tr>
<tr><td>技术
(质量)
交底记录</td><td colspan="5"></td></tr>
<tr><td>图纸会审
记录、技术
联系
(通知)单</td><td colspan="5"></td></tr>
<tr><td>设计变更
通知单</td><td colspan="5"></td></tr>
<tr><td>检查人
(签字)</td><td></td><td>检查存在
的问题</td><td></td><td>检查时间</td><td></td></tr>
</table>

表格记录单(如多页可复印)

<table>
<tr><td>学习情境1</td><td colspan="2">施工管理资料和施工技术资料整理</td><td>任务2</td><td colspan="2">施工技术资料整理</td></tr>
<tr><td>完成人姓名</td><td></td><td>组别</td><td></td><td>完成日期</td><td></td></tr>
<tr><td colspan="6">给定施工区段(手写):</td></tr>
<tr><td>施工区段工程技术资料说明或描述</td><td colspan="5"></td></tr>
<tr><td>表格</td><td colspan="5"></td></tr>
<tr><td>检查人(签字)</td><td></td><td>检查存在的问题</td><td></td><td>检查时间</td><td></td></tr>
</table>

检 查 单

学习情境1		施工管理资料和施工技术资料整理	任务2	施工技术资料整理			
检查学时		课内0.5学时		第　　组			
检查目的及方式		教师过程监控小组的工作情况，如检查等级为不合格小组需要整改，并拿出整改说明。					
序号	检查项目	检 查 标 准	检查结果分级 （在检查相应的分级框内划“√”）				
			优秀	良好	中等	合格	不合格
1	准备工作	资源是否已查到、材料是否准备完整					
2	分工情况	安排是否合理、全面，分工是否明确					
3	工作态度	小组工作是否积极主动、全员参与					
4	纪律出勤	是否按时完成负责的工作内容、遵守工作纪律					
5	团队合作	是否相互协作、互相帮助、成员是否听从指挥					
6	创新意识	任务完成不照搬照抄，看问题具有独到见解、创新思维					
7	完成效率	工作单是否记录完整，是否按照计划完成任务					
8	完成质量	工作单填写是否准确，记录单检查及修改是否达标					
检查评语						教师签字：	

评　价　单

1. 小组工作评价单

学习情境1	施工管理资料和施工技术资料整理		任务2	施工技术资料整理		
评 价 学 时			课内0.5学时			
班　级			第　组			
考核情境	考核内容及要求	分值（100）	小组自评（10%）	小组互评（20%）	教师评价（70%）	实得分（∑）
汇报展示（20）	演讲资源利用	5				
	演讲表达和非语言技巧应用	5				
	团队成员补充配合程度	5				
	时间与完整性	5				
质量评价（40）	工作完整性	10				
	工作质量	5				
	报告完整性	25				
团队情感（25）	核心价值观	5				
	创新性	5				
	参与率	5				
	合作性	5				
	劳动态度	5				
安全文明（10）	工作过程中的安全保障情况	5				
	工具正确使用和保养、放置规范	5				
工作效率（5）	能够在要求的时间内完成，每超时5分钟扣1分	5				

2. 小组成员素质评价单

<table>
<tr><td>学习情境 1</td><td colspan="3">施工管理资料和施工技术资料整理</td><td>任务 2</td><td colspan="3">施工技术资料整理</td></tr>
<tr><td>班　　级</td><td colspan="2"></td><td>第　　组</td><td>成员姓名</td><td colspan="3"></td></tr>
<tr><td>评分说明</td><td colspan="7">每个小组成员评价分为自评和小组其他成员评价两部分,取平均值计算,作为该小组成员的任务评价个人分数。评价项目共设计 5 个,依据评分标准给予合理量化打分。小组成员自评分后,要找小组其他成员不记名方式打分。</td></tr>
<tr><td>评分项目</td><td>评 分 标 准</td><td>自评分</td><td>成员 1 评分</td><td>成员 2 评分</td><td>成员 3 评分</td><td>成员 4 评分</td><td>成员 5 评分</td></tr>
<tr><td>核心价值观(20 分)</td><td>思想及行动是否符合社会主义核心价值观</td><td></td><td></td><td></td><td></td><td></td><td></td></tr>
<tr><td>工作态度(20 分)</td><td>是否按时完成负责的工作内容、遵守纪律,是否积极主动参与小组工作,是否全过程参与,是否吃苦耐劳,是否具有工匠精神</td><td></td><td></td><td></td><td></td><td></td><td></td></tr>
<tr><td>交流沟通(20 分)</td><td>是否能良好地表达自己的观点,是否能倾听他人的观点</td><td></td><td></td><td></td><td></td><td></td><td></td></tr>
<tr><td>团队合作(20 分)</td><td>是否与小组成员合作完成任务,做到相互协作、互相帮助、听从指挥</td><td></td><td></td><td></td><td></td><td></td><td></td></tr>
<tr><td>创新意识(20 分)</td><td>看问题是否能独立思考,提出独到见解,是否能够创新思维,解决遇到的问题</td><td></td><td></td><td></td><td></td><td></td><td></td></tr>
<tr><td>最终小组成员得分</td><td colspan="7"></td></tr>
</table>

课 后 反 思

学习情境 1	施工管理资料和施工技术资料整理		任务 2	施工技术资料整理
班　　级		第　　组	成员姓名	
情感反思	通过对本任务的学习和实训，你认为自己在社会主义核心价值观、职业素养、学习和工作态度等方面有哪些需要提高的部分？			
知识反思	通过对本任务的学习，你掌握了哪些知识点？请画出思维导图。			
技能反思	在完成本任务的学习和实训过程中，你主要掌握了哪些技能？			
方法反思	在完成本任务的学习和实训过程中，你主要掌握了哪些分析和解决问题的方法？			

学习情境2 施工物资资料和施工检测资料编制

学习指南

情境导入

某学院综合实验楼，位于学院东南角，工程总建筑面积为19 982 m^2，北楼为六层，南楼为五层，建筑总高度为25.80 m。北楼东西长88.70 m，南北宽17.70 m；南楼南北长66.80 m，东西宽43.80 m；北楼层高均为3.6 m，南楼底层高6.00 m，二层高4.80 m，三至五层为3.60 m，工程的±0.000相当于绝对高程为5.45 m，综合实验楼结构设计使用年限50年。工程项目部根据建筑工程预算书或工程量清单编制物资进场批次计划，签订供货合同，供应单位会根据供货合同要求组织工程物资进场并提交相关质量证明文件，项目部对进场物资、材料、设备进行验收，并填写验收单。经过抽样复试和开箱检查合格后，项目部向监理工程师呈报物资材料报验资料，最后形成的系列记录和报告，由建设（监理）单位审核后，在工程中正式使用。

学习目标

1. 知识目标

（1）列出原材料、构配件进场检验记录的编写内容；

（2）总结“现场检测见证送检委托单”和各类“试样委托单”的填写方法；

（3）编写出厂质量证明文件和材料试验报告表单。

2. 能力目标

（1）能够正确使用《黑龙江省建筑工程资料管理标准》（DB23/T 1019—2020）；

（2）能够正确阅读施工图纸，完成建筑工程的施工物资资料和施工检测资料的编写任务；

（3）能够独立完成原材料、构配件的进场检验、试验和施工检验资料的编写任务。

3. 素质目标

（1）培养学生具有百折不挠、精益求精的精神；

（2）培养学生具有执着专注、一丝不苟的工匠精神；

（3）培养学生树立职业质量意识和安全意识；

（4）培养学生爱岗敬业、吃苦耐劳、能团结协作、互相帮助。

工作任务

任务1	施工物资资料编制	参考学时：课内8学时（课外2学时）
任务2	施工检测资料编制	参考学时：课内8学时（课外2学时）

任务1　施工物资资料编制

任　务　单

<table>
<tr><td>学习情境 2</td><td colspan="3">施工物资资料和施工检测资料编制</td><td>任务 1</td><td colspan="2">施工物资资料编制</td></tr>
<tr><td colspan="4">任 务 学 时</td><td colspan="3">课内 8 学时(课外 2 学时)</td></tr>
<tr><td colspan="7">布 置 任 务</td></tr>
<tr><td>任务目标</td><td colspan="6">1. 能够掌握原材料、构配件进场试验的内容、规定和试验项目类别;
2. 能够掌握有见证取样、送检的内容和规定;
3. 学会“试样委托单”的填写方法;
4. 能够完成出厂质量证明文件和材料试验报告表单的编写;
5. 能够学习行业规范,提高标准意识,培养工匠精神;
6. 能够在完成任务过程中锻炼职业素养,做到对待工作严谨认真,能够吃苦耐劳、主动承担,并主动帮助小组其他成员,有团队意识,诚实守信。</td></tr>
<tr><td>任务描述</td><td colspan="6">在工程施工中,为了保证工程质量,要编写整理好所使用物质材料的质量和性能指标的证明文件和相关配套文件,以此满足施工生产的需要,减少库存积压和浪费,降低工程项目施工成本,其中包括材料、构配件进场检验记录,见证取样和复检等。</td></tr>
<tr><td rowspan="2">学时安排</td><td>评价</td><td>资讯</td><td>计划</td><td>决策</td><td>实施</td><td>检查</td></tr>
<tr><td>2 学时
(课外 2 学时)</td><td>0.5 学时</td><td>0.5 学时</td><td>3 学时</td><td>1 学时</td><td>1 学时</td></tr>
<tr><td>对学生学习及成果的要求</td><td colspan="6">1. 每名同学均能按照资讯思维导图自主学习,并完成课前自学的问题训练和自学自测;
2. 严格遵守课堂纪律,学习态度认真、端正,能够正确评价自己和同学在本任务中的素质表现;
3. 每位同学必须积极动手并参与小组讨论,承担施工物资资料编制和整理的工作,做到能够积极主动不推诿,能够与小组成员合作完成工作任务;
4. 每位同学均需独立或在小组同学的帮助下完成技能训练工作单,并提请检查、签认,对提出的建议或有错误务必及时修改;
5. 每组必须提交施工物资资料的报告工单,并提请教师进行小组评价,小组成分享小组评价分数或等级;
6. 每名同学均完成任务反思,以小组为单位提交。</td></tr>
</table>

资讯思维导图

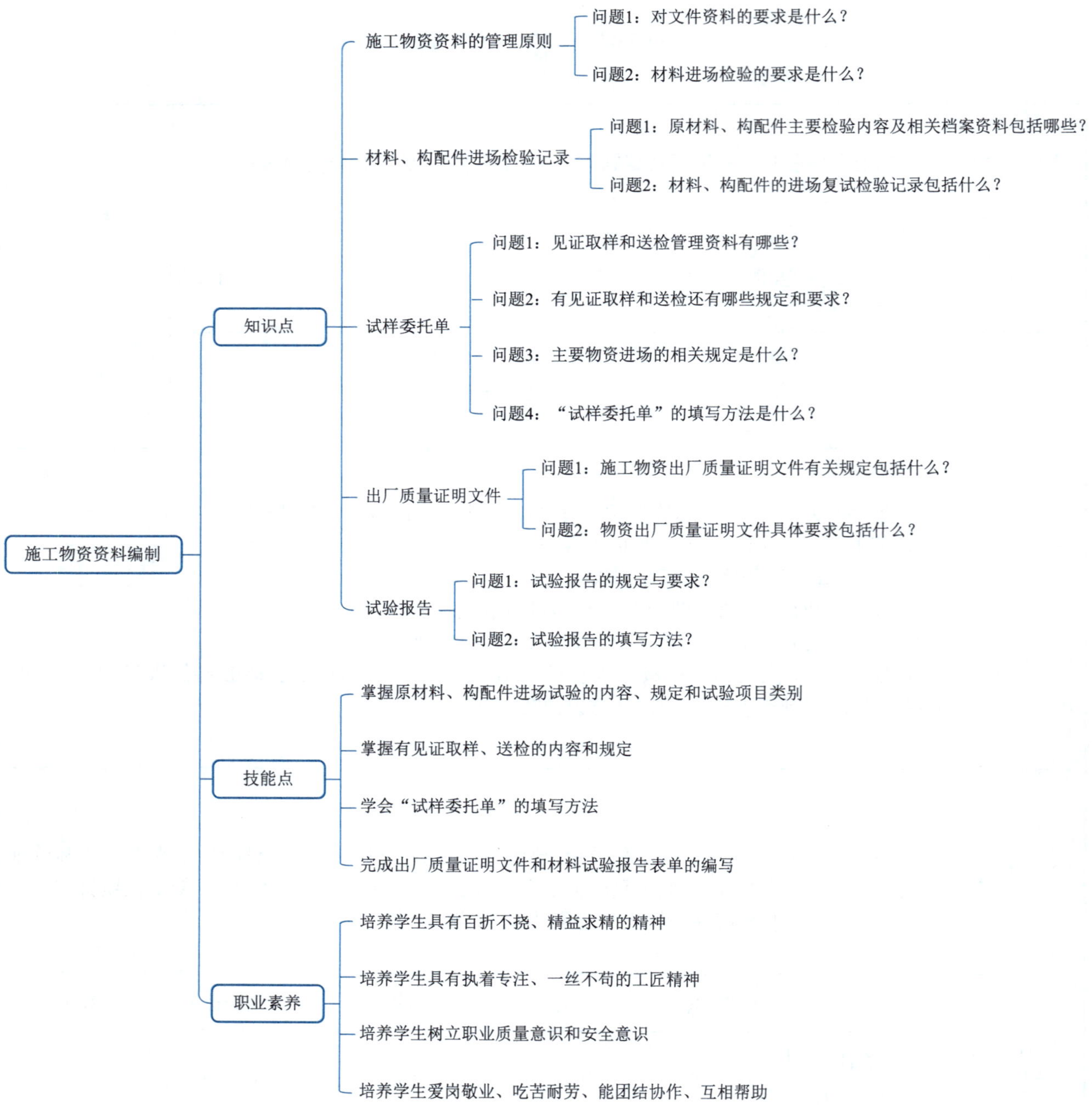

课前自学

知识点1　施工物资资料的管理原则

工程中施工物资主要包括建筑材料、成品、半成品、构配件、器具、设备及附件等。要保证建筑工程质量，首先必须保证组成建筑工程的施工物资的质量。施工物资资料是反映工程所用物资质量和性能指标等的各种证明文件和相关配套文件（如使用说明书、安装维修文件等）的统称，如施工物资的出厂质量证明文件、材料与构配件进厂检验记录、试样委托单及试验报告以及设备开箱检验记录等。因此，建立相应的施工物资资料管理制度是保障工程质量的根本前提。

一、对文件资料的要求

(一)质量证明文件要求

建筑工程所使用的工程物资均应有出厂质量证明文件,包括产品合格证、出厂检验(试验)报告、产品生产许可证和质量保证书等。质量证明文件应反映工程物资的品种、规格、数量、性能指标等,并与实际进场物资相符。当无法或不便提供质量证明文件原件时,复印件亦可。复印件必须清晰可辨认,其内容应与原件一致,并应加盖原件存放单位公章,注明原件存放处,有经办人签字和时间等。若为传真件时,则要求按质量证明文件为复印件时的做法处理。

(二)安全和环保材料检验要求

涉及结构安全和使用功能的材料需要代换且改变了设计要求时,必须有设计单位签署的认可文件。涉及安全、卫生、环保的物资应有相应资质等级检测单位的检测报告,如压力容器、消防设备、生活供水设备、卫生洁具等。

(三)新材料新产品检验要求

凡使用的新材料、新产品,应由具备鉴定资格的单位或部门出具鉴定证书,同时具有产品质量标准和试验要求,使用前应按其质量标准和试验要求进行试验或检验。新材料、新产品还应提供安装、维修、使用和工艺标准等相关技术文件。

(四)进口材料检验要求

进口材料和设备等应有商检证明(国家认证委员会公布的强制[CCC]产品除外)、中文版的质量证明文件、性能检测报告以及中文版的安装、维修、使用、试验要求等技术文件。

二、对进场检验的要求

建筑工程采用的主要材料、半成品、成品、构配件、器具、设备等应实行进场验收,做进场检验记录;涉及安全、功能的有关物资应按工程施工质量验收规范及相关规定进行复试和有见证取样送检,及时提供相应试(检)验报告。

忆一忆

建筑工程项目的施工物资包括哪些?

____

____

____

知识点2　材料、构配件进场检验记录

土建工程施工物资主要有:钢筋(材)、水泥、砂与碎(卵石)、砖与砌块、外加剂、掺和料、防水材料、预制构件、轻集料、木结构工程物资、建筑节能物资、装饰装修物资等。

主要物资进场后,施工单位和供货单位(必要时监理单位和建设单位参加)应共同对其进行检验,并填写“材料、构配件进场检验记录”,具体详见工程案例。

一、主要检验内容

(一)规格

原材料、构配件的品种、规格、型号是否满足设计和施工单位计划要求。

(二)外观质量

原材料、构配件外观质量是否满足设计要求和规范要求。

(三)质量证明文件

原材料、构配件出厂质量证明文件是否齐全、清楚,合格的质量证明文件应满足以下条件:

(1)质量证明文件包括合格证、试验报告、检测报告、质量认证书等。

(2)特定产品核准证。

(3)质量证明文件的时间应有效。

(4)质量证明文件一般应为原件,若质量证明文件为复印件时,应加盖原件存放单位的公章,经办人名章,注明原件存放处。

(四)进口材料

主要检验进口物资商检证,中文版质量证明,安装使用、维修说明书。

二、材料、构配件的进场复试

对原材料、构配件检验合格后,填写“材料、构配件进场检验记录”;凡按规定须进场做二次复试的建筑材料、构配件以及在进场检验时发现其质量有疑义时,要在见证人见证下由取样员按规定进行取样,并填写“试样委托单”送检测单位试验。由检测单位试验报告结论决定该施工物资是否可以在工程建设上使用。

思一思

材料、构配件进场检验记录的填写内容是什么?

____

____

____

知识点3　试样委托单

视频

混凝土试样委托单

采用监理监督的工程,其原材料、构配件的取样,要在监理单位的见证员监督下取样,实行有见证取样和送检,通过“试样委托单”履行手续;没有采用监理监督的工程,其原材料、构配件的试样为普通送检。表格的填写方法一样。

一、有见证取样和送检

有见证取样和送检是确保工程结构安全和质量,体现施工检查、检验的公正性、真实性、准确性的重要管理制度。依据《房屋建筑工程和市政基础设施工程实行见证取样和送检的规定》(建字〔2000〕211号)和《建筑工程检测试验技术管理规范》(JGJ 190—2022),以及《建筑施工企业试验室管理规定》,为确保建设工程中所用建筑材料检测数据的可靠性,改变取样环节,减少制约机制,有效控制材质,特规定:凡进入建设工程施工现场、混凝土构件厂和商品混凝土厂所用的建筑材料,包括:钢材(含焊接件)、水泥、混凝土、砂、石(卵、碎)、砖、砂浆、沥青、外墙面砖等,必须实行见证取样和送检制度。各级工程质量监督站和工程质量检测中心,应对建设工程现场建筑材料有见证取样和送检工作进行指导和监督。

施工单位在工程建设单位委派的见证人现场见证下,对已进入施工现场的建筑材料(产品),按规定进行取样送至有资格的工程质量检测单位进行检验,称为有见证取样和送检。单位工程见证取样是指在施工试验中随机抽取,不得另外进行。

涉及结构安全的试块、试件和材料见证取样和送检的数量不得低于有关技术标准中规定；每个项目需涵盖建设工程全过程，均衡取样（按施工部署、进度及工程量确定），做好记录；应将各种有试验、见证检验等原始记录，按其类别如施工物资资料、施工记录和施工试验记录进行分类收集、汇总整理；有见证取样和送检的各项目，凡未按规定送检或送检次数达不到要求的，其工程质量应由有相应资质等级的检测单位进行检测确定；单位工程施工前，施工单位应编制施工试验计划，报送监理单位。施工试验计划的编制应科学、合理，保证取样的连续性和均匀性。计划的实施和落实由项目技术负责人负责。

见证取样和送检管理资料包括："有见证取样和送检见证人备案书""见证记录""有见证试验汇总表"等，表格编号由监理单位提供，具体详见工程案例。

二、规定与要求

（一）制定取样和送检计划

工程施工前，项目施工负责人应按照有关规定与建设（监理）单位共同制定有见证取样和送检计划，并选定有资格的检测单位承担检测任务。

（二）见证人员培训和授权备案

取样和见证人员必须经当地工程质量监督站专业培训，经考核合格后，持监督站颁发的上岗证后佩胸卡上岗。取样和见证人员的书面授权书应报承监该工程的质量监督站和委派承担有见证试验的检测单位备案。

（三）取样和见证人的选用

取样人为施工单位人员，见证人一般由施工现场监理人员担任。施工和材料、设备供应单位人员不得担任见证人。见证人必须由责任心强、工作认真的人担任。如见证人更换，须办理变更备案手续。

（四）取样见证人唯一性

每人只能担任一个单位工程的取样人或见证人。

查一查

有见证取样和送检还有哪些规定和要求？

____

____

____

三、主要物资进场的相关规定

（一）钢筋与型钢

钢筋、型钢及连接材料应有出厂质量合格证及试验报告单，并应按有关标准的规定抽取试样做机械性能分析。进场时应按炉罐（批）号及规格分批检验，核对标志及外观检查。其产品质量必须合格，应先试验后使用。

钢筋采用焊接、机械连接接头施工时，技术提供单位应提供钢筋焊接、机械连接的试验试件。

钢筋、型钢应进行见证取样和送检，并取得合格的"钢材物理性能试验报告"。

当加工过程中钢筋、型钢脆断、焊接性能不良、力学性能异常和进口钢材应进行化学分析试验，有"钢材化学分析试验报告"。

（二）水泥

使用单位应对其进场的水泥包装或散装仓号、品种、强度等级、出厂日期等进行认真的检查、核对、验收。

水泥的出厂质量合格证应由生产厂家的质量部门提供给使用单位，作为证明其产品质量性能的依据，生产厂家应在水泥出厂后 7 天内提供 28 天强度以外的各项指标，并在 32 天内补报 28 天强度。

水泥的产品质量必须合格，应先试验后使用。使用时必须有出厂质量合格证和合格的水泥试验报告单。

对于有下列情况之一者，如对水泥质量有疑义、出厂超过三个月或快硬硅酸盐水泥超过一个月、承重结构使用的水泥、使用部位对水泥有强度等级要求的，必须进行重新试验，并且混凝土应重新试配。

免检水泥是国家建材行业对一些生产质量控制好的水泥生产企业生产的品牌水泥，在行业的生产质量检查中免检。对于建筑工程中使用的水泥，经过运输、仓储、贸易等多个流通渠道，为避免流通过程的影响和伪劣假冒，因此均要进行进场检验。

（三）砂与碎（卵）石

砂、碎（卵）石进场时应有出厂质量证明文件，并应按规定见证取样和送检。

对受地下水影响较大的地下结构按规定应预防碱集料反应的工程或结构部位所使用的砂、石，应由供应单位提供相应砂、石的碱活性检验报告。

（四）外加剂

外加剂主要包括减水剂、早强剂、缓凝剂、泵送剂、防水剂、防冻剂、膨胀剂、引气剂、速凝剂和砌筑砂浆增塑剂等。

外加剂进场时应有出厂质量证明文件，并应按规定见证取样和送检。

（五）掺合料

掺合料主要包括粉煤灰、粒化高炉矿渣粉、沸石粉、硅灰和复合掺合料等。

掺合料进场时应有出厂质量证明文件，并应按规定见证取样和送检。用于结构工程的掺合料应按规定取样复试，具有应有复试报告。

（六）砖与砌块

砖与砌块进场时应有出厂质量证明文件，并应按规定见证取样和送检。

（七）建筑节能物资

建筑节能物资包括建筑砌块、板材、节能门窗、建筑密封胶、黏结苯板专用胶、耐碱玻璃纤维网格布、锚钉、绝热用模塑聚苯乙烯泡沫塑料（EPS）、绝热用挤塑聚苯泡沫塑料（XPS）及胶粉 EPS 颗粒浆料等。

建筑节能产品进场时应有出厂质量证明文件，并应按规定见证取样和送检。

（八）装饰装修物资

装饰装修物资主要包括抹灰材料、地面材料、门窗材料、吊顶材料、轻质隔墙材料、饰面板（砖）、石材、涂料、裱糊与软包材料和细部工程材料等。

具体要求如下：

（1）主要装饰装修物资进场时应有出厂质量证明文件，并应进行见证取样和送检。

（2）建筑外窗应有力学、物理和保温性能试验报告。

（3）有隔声、隔热、防火阻燃、防水防潮和防腐等特殊要求的物资应有相应的性能试验报告。

（4）需做污染物检测的材料，应有污染物含量试验报告。室内装饰装修用花岗岩石材应有放射性试验报告，人造木板及饰面人造板应有甲醛含量试验报告。

（5）当规范和合同有要求，或对材料质量产生疑义时，进行见证取样和送检，并应有相应试验报告。

（九）防水材料

防水材料主要包括防水涂料、防水卷材、黏结剂、止水带、膨胀胶条、密封膏、密封胶、水泥基渗透结晶型防水材料等。

防水材料进场时应有出厂质量证明文件，并应按规定见证取样和送检。

所有防水材料的产品质量必须合格，应先试验后使用。

防水材料的材料质量证明必须做到“双控”，即各验收批的出厂质量合格证和试验报告单二者缺一不可，而且材料质量的证明资料与实物应做到物证相符。其出厂质量合格证中必须有生产厂家质量检验部门的盖章，试验报告单中应有试验单位的相关人员签字和单位盖章。

(十)幕墙工程物资

幕墙工程物资主要包括玻璃、石材、铝塑金属板、铝合金型材、钢材、胶粘剂及密封材料、五金件及配件、连接件和涂料等。其物资进场时应有出厂质量合格证明文件，包括产品合格证、检测报告、商检证等。

具体要求如下：

(1)按规定应复试的幕墙物资必须有复试报告。幕墙工程用玻璃、石材和铝塑板应有法定检测机构出具的性能检测报告。

(2)幕墙应有抗风压性能、空气渗透性能、雨水渗透性能及平面变形性能的检测报告，并应符合设计和现行规范的要求。

(3)硅酮结构胶应有国家指定检测机构出具的相容性和剥离黏结性检验报告。

(4)玻璃、石材和金属板应有法定相应资质等级检测机构出具的性能检测报告。应复试的幕墙物资须按现行规范要求，在正式使用前取样复试，具有复试报告。

(5)幕墙应使用安全玻璃，应有安全性能检测报告，并按有关规定取样复试(凡获得中国强制认证标志[CCC]的安全玻璃可免做现场复试)。

(6)幕墙用铝合金型材应有涂膜厚度的检测，并符合设计和规范要求。

(7)幕墙用防火材料应有相应资质等级国家法定检测机构出具的耐火性能检测报告。

忆一忆

物资进场的相关规定都有什么？

____

____

____

四、“试样委托单”的填写方法

(一)委托编号

由监理工程师编写。

(二)委托单位

施工单位全称。

(三)委托日期

送样时间。

(四)材料名称、生产厂家、代表批量、出厂日期、品种规格、牌号等级等栏目

按生产厂家提供的出厂质量证明文件相关项目填写。

(五)使用部位

该检验批施工物资在工程建设上的使用部位，即某一栋楼、某一层楼、某一个施工段、某一种构件等，如基础、主体、装饰、屋面、楼层等。

(六)试验项目

一般写常规。常规即规范规定的必检项目，特殊检测项目可单写。

(七)取样人、见证人

本人签字，不允许他人代签。

(八)送样单位(章)

公章或项目部公章。

(九)其他注意事项

还应注意试样委托单中的代表批量要与相应的使用部位实际需用数量相符。

练一练

练习"试样委托单"的填写。

知识点4　出厂质量证明文件

施工物资出厂质量证明文件包括:产品出厂合格证、质量保证书、厂家自检检测报告、产品生产许可证、特定产品核准证、进口物资商检证、中文版质量证明及产品安装使用维修说明书等。

一、有关规定

(一)提供质量证明文件单位

施工物资出厂质量证明文件由施工物资供应单位负责提供。

(二)"标注章"的签字确认

施工单位、监理单位在验收施工物资出厂质量证明文件时,应在该文件背面加盖"标注章",并在"标注章"内签字确认。

"标注章"样式见表3.1。

表3.1　"标注章"样式

工　程　名　称			
使　用　部　位			
进　场　日　期		进场数量	
施工技术负责人		采　购　员	
监理工程师		意　　见	

(三)质量证明文件的整理

若施工物资供货厂家提供的质量证明文件幅面小于A4幅面纸,存档时要将质量证明文件按其先后顺序粘贴在"质量证明文件粘贴表"(表格编号由施工单位提供)内。若施工物资供货厂家提供的质量证明文件幅面大于A4幅面纸,存档时要将质量证明文件折叠(折叠方法参见竣工图图纸折叠方法),然后按其先后顺序粘贴在"质量证明文件粘贴表"内,具体见工程案例。

(四)质量证明文件复印件或传真件的处理

施工物资供货厂家提供的质量证明文件为复印件或传真件时,则要求按本学习情境[课前自学]中的"施工物资资料的管理原则"之"对文件资料的要求"处理。

(五)"三新"施工物资的处理

如果工程建设中使用的施工物资是新材料、新产品、新设备以及非建筑与结构工程常用施工物资时,则要求按本学习情境[课前自学]中的"施工物资资料的管理原则"之"对文件资料的要求"处理。

二、具体要求

(一)分类管理

施工物资出厂质量证明文件应按施工物资类别进行管理。

(二)编写目录

应及时编写施工物资出厂质量证明文件的档案目录。

(三)文件编档

应按目录顺序进行施工物资出厂质量证明文件的编档。

查一查

施工物资出厂质量证明文件还有哪些规定与要求?

____

____

____

知识点5　试验报告

试验报告单是判定某批材料质量合格与否的依据,是施工技术资料的重要组成部分,属保证项目,必须字迹清楚、项目齐全、真实准确无误。无未了事项,没检的项目一律填无或画上斜杠"/"、或填写"以下空白",不得留有空白项。

一、规定与要求

(一)不需要复试的物资

对于不需要进场复试的物资,由供货单位直接提供。

(二)需要复试的物资

对于需要进场复试的物资,由施工单位及时取样后送至规定的检测单位;检测单位根据相关标准进行试验后填写"材料试验报告",并返还施工单位。

(三)材料试验报告

凡按规范要求须做进场复试的物资,应按其相应专用复试表格填写,未规定专用复试表格或没有专用复试表格的,应按"材料试验报告"填写。

二、填写方法

(一)准确填写工程信息

工程名称、使用部位及代表数量应准确并符合规范要求(应对检测单位告之准确内容)。

(二)保存试验报告

返还的试验报告应重点保存。

(三)核查试验报告单

使用单位应认真核查试验报告单中的每项数据,看其是否能够达到规范规定的标准数值。无论是物理性能的试验还是化学性能的分析,如果一项不符合技术要求,都应取双倍试件进行复试或报有关人员处理,并将复试合格单或处理的结论附于此报告单的后面,一起进行存档。如果复试再有一项不合格,则判定该验收批材料为不合格。对于不合格的材料,不得使用,并应作出相应的处理报告。

工程案例

工程物资进场报验表

B2-02

工程名称	哈尔滨×××工程			编号	
致：黑龙江×××工程建设监理有限责任公司（监理单位） 现报上关于 装饰、屋面 工程的物资进场检验记录，该批物资经我方检验符合设计、规范及合同要求，请予以批准使用。					
物资名称	主要规格	单位	数量	委托单编号	使用部位
SBC120	FS2 厚 0.7 mm 400 g/m^2	m^3	5 000	3139103	卫生间、厨房
SBC120	FS2 厚 0.7 mm 400 g/m^2	m^3	5 000	3139104	屋面
附件： 名称　页数　编号 1. 出厂质量证明文件　2 页　2024 ××××、2024 ×××× 2. 材料、构配件进场检验记录　1 页　2024 ×××× 3. 进场试验报告　2 页　2024-FS-×××、2024-FS-×××					
施工单位检验意见： 报验的工程材料的质量证明文件齐全，进场检验合格，同意报项目监理部审批。 施工单位名称：　技术负责人（签字）：　年 月 日					
审查意见： 监理单位名称：　监理工程师（签字）：　年 月 日					

材料、构配件进场检验记录

C3-01

工程名称	××办公楼		检验日期	年 月 日		
施工单位	×××建筑工程公司					
序号	名　称	规格型号	进场数量	生产厂家 合格证号	外观质量	结　果
1	钢筋	HPB235/ϕ8	4 t	×××		
2	JS 防水涂料	JS-1	6 t	×××		
3	丙烯酸外墙乳胶漆	亚光	16 t	×××		
4	预拌混凝土	C20	4 t	×××		
5	红砖	MU10	15 万块	×××		
6	水泥	P. C32. 5	200 t	×××		
施工技术 负责人：　×××			施　工 质检员：　×××		材料员：　×××	

见证取样和送检见证人备案书

×××市　　　　　　　　　　　　质量监督站
×××　　　　　　　　　　　　　检测中心

我单位决定，由 ××× 同志担任 ×××有限责任公司年产100万t水泥粉磨工程见证取样和送检见证人。有关的印章和签字如下，请查收备案。

有见证取样和送检印章	见证人签字

建设单位名称：　〔盖章〕　年　月　日
监理单位名称：某工程监理有限责任公司　〔盖章〕　年　月　日
工程经理签字：　年　月　日

见证记录

编号：

工程名称：××家园11#楼
取样部位：1-14轴大放脚
样品名称：C20混凝土试块　取样基数：8 m^3　取样数量：1组
取样地点：浇筑现场　取样日期：年　月　日
见证记录：
1. 混凝土所用青松盛威〔集团〕商品混凝土，有厂家资质、出厂合格证和检验报告及复检报告，符合相关标准要求。
2. 在监理见证下，在浇注现场随机取样制作混凝土试块1组，28天标准件养护，取样具有代表性和真实性。
3. 取样封存、标识、送检
见证取样和送检印章：

取样人签字：

见证人签字：

记录日期：　年　月　日

见证试验检测汇总表

工程名称	×××工作区业务用房		编号	C20151214
			填表日期	年　月　日
建设单位	×××市人名检察院		检测单位	×××检测有限公司
监理单位	×××市规划设计研究院		见证人员	×××
施工单位	×××建工集团第二建筑工程有限责任公司		取样人员	×××
试验项目	应试验组/次数	见证试验组/次数	不合格次数	备注
混凝土试块	49	75	0	
钢筋原材	5	29	0	
水泥砂石	2	6	0	
制表人(签字)				

施工单位填写的见证试验检测汇总表应一式两份，并应由监理单位、施工单位各保存一份。

试样委托单一

C3-03

委托编号	×××	试验编号	×××
委托单位	×××建筑工程公司	委托日期	年　月　日
工程名称	×××工程	试验日期	年　月　日
使用部位	主体四层至阁楼	出厂日期	年　月　日
材料名称	钢　筋	品种规格	ϕ22
生产厂家	×××	牌号等级	HRB335
代表批量	17.75 t		炉　号:4057414

项目编号	试验项目	项目编号	试验项目
1	常规	2	

备注：

取样人：　　见证人：　　送样单位(章)：

试样委托单二

C3-03

委托编号	×××	试验编号	×××
委托单位	×××建筑工程公司	委托日期	年　月　日
工程名称	×××工程	试验日期	年　月　日
使用部位	基础	出厂日期	年　月　日
材料名称	水泥	品种规格	P·O42.5
生产厂家	×××	牌号等级	
代表批量	200 t		

项目编号	试验项目	项目编号	试验项目
1	安定性		
2	凝结时间		
3	强度		

备注：

取样人：　　见证人：　　送样单位(章)：

质量证明文件粘贴表

C3-04

质量证明文件编号			
施工技术负责人		整　理	

<table>
<tr><td colspan="4" rowspan="3">**材料试验报告**(通用)(表 C4-2)</td><td>编号</td><td></td></tr>
<tr><td>试验编号</td><td></td></tr>
<tr><td>委托编号</td><td></td></tr>
<tr><td>工程名称及部位</td><td colspan="3">2017 凯里市人居环境改善工程(九标段:凯里市一片区)</td><td>试样编号</td><td></td></tr>
<tr><td>委托单位</td><td colspan="3"></td><td>试验委托人</td><td></td></tr>
<tr><td>材料名称及规格</td><td colspan="3"></td><td>产地、厂别</td><td></td></tr>
<tr><td>代表数量</td><td></td><td>来样日期</td><td>年　月　日</td><td>试验日期</td><td>年　月　日</td></tr>
<tr><td colspan="6">要求试验项目及说明:</td></tr>
<tr><td colspan="6">试验结果:

结论:</td></tr>
<tr><td colspan="6"></td></tr>
<tr><td>批准</td><td></td><td>审核</td><td></td><td>试验</td><td></td></tr>
<tr><td>试验单位</td><td colspan="5"></td></tr>
<tr><td>报告日期</td><td colspan="5">年　月　日</td></tr>
</table>

本表由试验单位提供,建设单位、施工单位各保存一份。

自学自测

一、单选题(只有 1 个正确答案,每题 10 分)

1. 施工物资质量证明文件包括(　　)。

A. 品种文件　　B. 试验报告　　C. 规格说明　　D. 材料证明

2. 在(　　)鉴证下,施工现场的建筑材料(产品),按规定进行取样送检。

A. 工程设计单位委派的见证人　　B. 工程施工单位委派的见证人

C. 工程建设单位委派的见证人　　D. 工程监理单位委派的见证人

3. 钢筋、型钢应进行见证取样和送检,并取得合格的(　　)。

A."钢材化学分析试验报告"　　B."钢材力学分析试验报告"

C."钢材试验报告"　　D."钢材物理性能试验报告"

4."试样委托单"的委托编号由(　　)编写。

A. 监理工程师　　B. 项目经理　　C. 技术负责人　　D. 施工单位负责人

二、多选题(有至少 2 个正确答案,每题 10 分)

1. 土建工程施工物资主要有(　　)。

A. 水泥　　B. 钢筋(材)　　C. 砂和石　　D. 防水材料

E. 太阳能材料

2. 见证取样和送检管理资料包括(　　)。

A. 有见证取样和送检见证人备案书　　B. 试样委托单

C. 见证记录　　D. 有见证试验汇总表

E. 试验项目表

3. 使用单位应对其进场的水泥进行(　　)检查、核对、验收。

A. 水泥包装　　B. 品种　　C. 强度等级　　D. 出厂日期

E. 散装仓号

4. 材料、构配件进场主要检验内容(　　)。

A. 原材料外观质量是否满足设计要求　　B. 构配件外观质量是否满足规范要求

C. 原材料品种、型号　　D. 构配件规格

E. 构配件尺寸

三、判断题(对的划"√",错的划"×",每题5分)

1. "试样委托单"委托单位是建设单位全称。(　　)
2. 外加剂主要包括减水剂、早强剂、缓凝剂、泵送剂、防水剂、防冻剂。(　　)
3. 返还的试验报告不用保存。(　　)
4. 按规定应复试的幕墙物资必须有复试报告。(　　)

任务实施

根据实际工程的建筑工程档案资料管理工作需求,施工单位对工程物资资料管理的工作程序包括如下步骤。

一、施工物资资料准备工作

项目施工中的物资管理囊括了项目施工的全过程,从项目运作初期供应商的选择到物资的采购,从物资的储运到物资的高效利用,从物资的核算到工程竣工的验收,物资管理在整个项目施工过程中扮演着极为重要的角色。根据工程具体情况,准备施工物资的出厂质量证明文件、材料与构配件进厂检验记录、试样委托单及试验报告以及设备开箱检验记录等,以作为工程把控质量依据。

二、编写方案分析决策

施工单位根据图纸、规范、规程、方案、交底等组织施工,在施工过程中对工程质量进行检查、检验,在施工过程中,对施工物质材料出厂质量证明文件进行检验,形成检验记录,对检验的内容,委托检验的方式以记录和委托单形式编写和整理,为保证施工单位自检和各方共同验收提供依据。

三、资料的整理和编写工作

对工程所使用的工程物资均应有出厂质量证明文件(包括产品合格证、质量合格证、检验报告、试验报告、产品生产许可证和质量保证书等)进行整理检验。由于质量证明文件应反映工程物资的品种、规格、数量、性能指标等,并与实际进场物质相符。编写原材料、构配件进场检验单、报验程序记录和见证送检委托单,保证编写的准确性和规范性。

四、施工物资资料审核工作

供应单位根据供货合同组织工程物资进场,并提供出厂质量证明文件,施工单位组织工程物资进场检验,经过抽样复试或开箱检查等方式,检查合格,形成材料试验报告、物资进场复试报告和附件实验记录等,由建设单位或监理单位审核签字,工程物资才可以在工程中正式使用。

五、施工物资资料立卷和归档工作

工程中物资种类繁多且来自不同厂家,把好物资质量关,为整个工程质量奠定了一个坚实的基础。各种物资进场均要提供产品合格证、检验报告等质量证明文件。由于物资全部来自外单位,因此,资料的可追溯性尤为重要,资料质量证明文件要尽量使用原件,当不得不使用复印件时,要清晰、齐全、有效,并且加盖原件存放单位章,注明原件存放处。

工　作　单

计划单

学习情境 2	施工物资资料和施工检测资料编制	任务 1	施工物资资料编制
工作方式	组内讨论、团结协作共同制定计划：小组成员进行工作讨论，确定工作步骤。	计划学时	2 学时
完成人	1. ________ 2. ________ 3. ________ 4. ________ 5. ________ 6. ________		
计划依据：1. 施工段落的物资资料；2. 施工段落相关表格。			

序号	计 划 步 骤	具体工作内容描述
1	准备工作 （准备工具、材料，谁去做？）	
2	组织分工 （成立组织，人员具体都完成什么？）	
3	施工物资资料的编制方案 （各有何特点？）	
4	施工物资资料 （都记录什么内容？）	
5	整理资料 （谁负责？整理什么？）	
6	施工物资资料归档 （谁负责？要素是什么？）	
制定计划说明	（写出制定计划中人员为完成任务的主要建议或可以借鉴的建议、需要解释的某一方面）	

决 策 单

<table>
<tr><td>学习情境 2</td><td colspan="2">施工物资资料和施工检测资料编制</td><td>任务 1</td><td>施工物资资料编制</td></tr>
<tr><td colspan="3">决 策 学 时</td><td colspan="2">0. 5 学时</td></tr>
<tr><td colspan="5">决策目的：确定本小组认为最优的施工物资资料整理方案。</td></tr>
<tr><td rowspan="7">施工物资资料整理方案优劣比对</td><td colspan="2">施工物资资料整理方案特点</td><td rowspan="2">比 对 项 目</td><td rowspan="2">确定最优方案（划√）</td></tr>
<tr><td>方案名称 1：</td><td>方案名称 2：</td></tr>
<tr><td></td><td></td><td>施工物资资料整理是否完整</td><td rowspan="6">方案 1 优□
方案 2 优□</td></tr>
<tr><td></td><td></td><td>编写各种表格是否规范</td></tr>
<tr><td></td><td></td><td>施工物资资料整理熟练度</td></tr>
<tr><td></td><td></td><td>工程资料编写掌握程度</td></tr>
<tr><td></td><td></td><td>工作效率的高低</td></tr>
<tr><td colspan="2">方案 1 施工物资资料整理</td><td colspan="2">方案 2 施工物资资料整理</td></tr>
</table>

作业单

<table>
<tr><td>学习情境2</td><td>施工物资资料和施工检测资料编制</td><td>任务1</td><td>施工物资资料编制</td></tr>
<tr><td rowspan="2">参加工程资料管理人员</td><td colspan="2">第　　组</td><td>开始时间：</td></tr>
<tr><td colspan="2">签名：</td><td>结束时间：</td></tr>
<tr><td>序号</td><td colspan="2">工作内容记录
（编写施工物资资料的实际工作）</td><td>分　工
（负责人）</td></tr>
<tr><td>1</td><td colspan="2"></td><td></td></tr>
<tr><td>2</td><td colspan="2"></td><td></td></tr>
<tr><td>3</td><td colspan="2"></td><td></td></tr>
<tr><td>4</td><td colspan="2"></td><td></td></tr>
<tr><td>5</td><td colspan="2"></td><td></td></tr>
<tr><td>6</td><td colspan="2"></td><td></td></tr>
<tr><td>7</td><td colspan="2"></td><td></td></tr>
<tr><td>8</td><td colspan="2"></td><td></td></tr>
<tr><td>9</td><td colspan="2"></td><td></td></tr>
<tr><td>10</td><td colspan="2"></td><td></td></tr>
<tr><td>11</td><td colspan="2"></td><td></td></tr>
<tr><td>12</td><td colspan="2"></td><td></td></tr>
<tr><td rowspan="2">小结</td><td colspan="2">主要描述完成的成果及是否达到目标</td><td>存在的问题</td></tr>
<tr><td colspan="2"></td><td></td></tr>
</table>

整理记录单

<table>
<tr><td>学习情境 2</td><td colspan="2">施工物资资料和施工检测资料编制</td><td>任务 1</td><td colspan="2">施工物资资料编制</td></tr>
<tr><td>完成人姓名</td><td></td><td>组别</td><td></td><td>完成日期</td><td></td></tr>
<tr><td colspan="6">工程施工物资资料(手写):</td></tr>
<tr><td>工程物资
进场报验表</td><td colspan="5"></td></tr>
<tr><td>材料、构配
件进场检
验记录</td><td colspan="5"></td></tr>
<tr><td>见证记录</td><td colspan="5"></td></tr>
<tr><td>试样委托单</td><td colspan="5"></td></tr>
<tr><td>材料试验
报告</td><td colspan="5"></td></tr>
<tr><td>检查人
(签字)</td><td></td><td>检查存在
的问题</td><td></td><td>检查时间</td><td></td></tr>
</table>

表格记录单（如多页可复印）

学习情境2	施工物资资料和施工检测资料编制		任务1	施工物资资料编制	
完成人姓名		组别		完成日期	
给定施工区段（手写）：					
施工区段施工物资资料说明或描述					
表格					
检查人（签字）		检查存在的问题		检查时间	

检 查 单

学习情境2		施工物资资料和施工检测资料编制	任务1	施工物资资料编制			
检查学时		课内1学时		第　　组			
检查目的及方式		教师过程监控小组的工作情况，如检查等级为不合格小组需要整改，并拿出整改说明。					
序号	检查项目	检 查 标 准	检查结果分级（在检查相应的分级框内划“√”）				
			优秀	良好	中等	合格	不合格
1	准备工作	资源是否已查到、材料是否准备完整					
2	分工情况	安排是否合理、全面，分工是否明确					
3	工作态度	小组工作是否积极主动、全员参与					
4	纪律出勤	是否按时完成负责的工作内容、遵守工作纪律					
5	团队合作	是否相互协作、互相帮助、成员是否听从指挥					
6	创新意识	任务完成不照搬照抄，看问题具有独到见解、创新思维					
7	完成效率	工作单是否记录完整，是否按照计划完成任务					
8	完成质量	工作单填写是否准确，记录单检查及修改是否达标					
检查评语						教师签字：	

评　价　单

1. 小组工作评价单

学习情境2	施工物资资料和施工检测资料编制		任务1	施工物资资料编制		
评价学时			课内1学时			
班　级			第　　组			
考核情境	考核内容及要求	分值（100）	小组自评（10%）	小组互评（20%）	教师评价（70%）	实得分（∑）
汇报展示（20）	演讲资源利用	5				
	演讲表达和非语言技巧应用	5				
	团队成员补充配合程度	5				
	时间与完整性	5				
质量评价（40）	工作完整性	10				
	工作质量	5				
	报告完整性	25				
团队情感（25）	核心价值观	5				
	创新性	5				
	参与率	5				
	合作性	5				
	劳动态度	5				
安全文明（10）	工作过程中的安全保障情况	5				
	工具正确使用和保养、放置规范	5				
工作效率（5）	能够在要求的时间内完成，每超时5分钟扣1分	5				

2. 小组成员素质评价单

<table>
<tr><td>学习情境 2</td><td colspan="2">施工物资资料和施工检测资料编制</td><td colspan="2">任务 1</td><td colspan="4">施工物资资料编制</td></tr>
<tr><td>班　级</td><td></td><td colspan="2">第　组</td><td colspan="2">成员姓名</td><td colspan="3"></td></tr>
<tr><td>评分说明</td><td colspan="8">每个小组成员评价分为自评和小组其他成员评价两部分，取平均值计算，作为该小组成员的任务评价个人分数。评价项目共设计 5 个，依据评分标准给予合理量化打分。小组成员自评分后，要找小组其他成员不记名方式打分。</td></tr>
<tr><td>评分项目</td><td>评 分 标 准</td><td>自评分</td><td>成员 1 评分</td><td>成员 2 评分</td><td>成员 3 评分</td><td>成员 4 评分</td><td>成员 5 评分</td></tr>
<tr><td>核心价值观（20 分）</td><td>思想及行动是否符合社会主义核心价值观</td><td></td><td></td><td></td><td></td><td></td><td></td></tr>
<tr><td>工作态度（20 分）</td><td>是否按时完成负责的工作内容、遵守纪律，是否积极主动参与小组工作，是否全过程参与，是否吃苦耐劳，是否具有工匠精神</td><td></td><td></td><td></td><td></td><td></td><td></td></tr>
<tr><td>交流沟通（20 分）</td><td>是否能良好地表达自己的观点，是否能倾听他人的观点</td><td></td><td></td><td></td><td></td><td></td><td></td></tr>
<tr><td>团队合作（20 分）</td><td>是否与小组成员合作完成任务，做到相互协作、互相帮助、听从指挥</td><td></td><td></td><td></td><td></td><td></td><td></td></tr>
<tr><td>创新意识（20 分）</td><td>看问题是否能独立思考，提出独到见解，是否能够创新思维解决遇到的问题</td><td></td><td></td><td></td><td></td><td></td><td></td></tr>
<tr><td>最终小组成员得分</td><td colspan="7"></td></tr>
</table>

课后反思

<table>
<tr><td>学习情境2</td><td colspan="2">施工物资资料和施工检测资料编制</td><td>任务1</td><td>施工物资资料编制</td></tr>
<tr><td>班　　级</td><td></td><td>第　　组</td><td>成员姓名</td><td></td></tr>
<tr><td>情感反思</td><td colspan="4">通过对本任务的学习和实训，你认为自己在社会主义核心价值观、职业素养、学习和工作态度等方面有哪些需要提高的部分？</td></tr>
<tr><td>知识反思</td><td colspan="4">通过对本任务的学习，你掌握了哪些知识点？请画出思维导图。</td></tr>
<tr><td>技能反思</td><td colspan="4">在完成本任务的学习和实训过程中，你主要掌握了哪些技能？</td></tr>
<tr><td>方法反思</td><td colspan="4">在完成本任务的学习和实训过程中，你主要掌握了哪些分析和解决问题的方法？</td></tr>
</table>

任务2 施工检测资料编制

任 务 单

<table>
<tr><td>学习情境2</td><td colspan="3">施工物资资料和施工检测资料编制</td><td>任务2</td><td colspan="2">施工检测资料编制</td></tr>
<tr><td colspan="4">任务学时</td><td colspan="3">课内8学时(课外2学时)</td></tr>
<tr><td colspan="7">布置任务</td></tr>
<tr><td>任务目标</td><td colspan="6">1. 能够分辨施工检测资料的表式、种类及总结资料的编写方法;
2. 能够独立完成各种施工检测委托单的编写;
3. 能够编写完整的工程施工检测记录;
4. 掌握工程施工检测资料的报验程序并建立相关资料档案;
5. 能够在完成任务过程中锻炼职业素养,做到严谨认真对待工作,能够吃苦耐劳、主动承担,并主动帮助小组其他成员,有团队意识,诚实守信。</td></tr>
<tr><td>任务描述</td><td colspan="6">在施工过程中施工检测对于施工安全和工程质量有一定的保障,通过学习情境中实际工程案例,熟悉原材料、构配件进场试验的试验项目、使用部位、材料、构配件进场检验方法、施工检测流程和报验手续,编写各种施工检测委托单,形成一系列施工检测资料档案,以此保证施工成本的同时,保证建筑工程的质量达标,这样才能够确保整个工程的施工质量以及施工寿命,并能够促使我国建筑行业的稳步发展。</td></tr>
<tr><td rowspan="2">学时安排</td><td>资讯</td><td>计划</td><td>决策</td><td>实施</td><td>检查</td><td>评价</td></tr>
<tr><td>2学时
(课外2学时)</td><td>0.5学时</td><td>0.5学时</td><td>3学时</td><td>1学时</td><td>1学时</td></tr>
<tr><td>对学生的要求</td><td colspan="6">1. 每名同学均能按照资讯思维导图自主学习,并完成课前自学的问题训练和自学自测;
2. 严格遵守课堂纪律,学习态度认真、端正,能够正确评价自己和同学在本任务中的素质表现;
3. 每位同学必须积极参与小组讨论,承担施工检测资料编制的相应劳动工作,做到能够积极主动不推诿,能够与小组成员合作完成工作任务;
4. 每位同学均需独立或在小组同学的帮助下完成技能训练工作单,并提请检查、签认,对提出的建议或有错误务必及时修改;
5. 每组必须完成全部整理施工检测资料工作的报告工单,并提请教师进行小组评价,小组成员分享小组评价分数或等级;
6. 每名同学均完成任务反思,以小组为单位提交。</td></tr>
</table>

资讯思维导图

- 施工检测资料编制
  - 知识点
    - 施工检测资料的内容
      - 问题1：检测报告包括什么及填写方法？
      - 问题2：检测委托单是由谁填写？
      - 问题3：由检测单位出具的检测报告有哪些？
      - 问题4：如何填写各种施工检测记录？
    - 施工检测的基本程序
      - 问题1：施工检测的基本程序是什么？
      - 问题2：工程中施工检测还有哪些规定和要求？
    - 施工检测试验
      - 问题1：回填土施工检测试验取样方法、规定与要求是什么？
      - 问题2：钢筋焊接及机械连接检测试验内容包括什么？
      - 问题3：砂浆试块抗压强度检测试验内容包括什么？
      - 问题4：混凝土试件检测试验内容包括什么？
      - 问题5：混凝土结构实体检验内容包括什么？
      - 问题6：室内环境污染物检测内容包括什么？
      - 问题7：建筑装饰装修工程施工检测内容包括什么？
      - 问题8：其他相关施工检测还包括哪些内容？
    - 施工检测记录
      - 问题1：地下工程防水效果检验包括什么？
      - 问题2：防水工程检验包括什么？
      - 问题3：建筑物抽气（风）、垃圾道检查包括什么？
      - 问题4：墙体内表面潮湿、结露（霜）及霉变检验包括什么？
  - 技能点
    - 分辨施工检测资料的表式、种类及总结资料的编写方法
    - 独立完成各种施工检测委托单的编写
    - 编写工程完整的施工检测记录
    - 掌握工程施工检测资料的报验程序并建立相关资料档案
  - 职业素养
    - 培养学生具有百折不挠、精益求精的精神
    - 培养学生具有执着专注、一丝不苟的工匠精神
    - 培养学生树立职业质量意识和安全意识
    - 培养学生爱岗敬业、吃苦耐劳、能团结协作、互相帮助

课前自学

土建工程施工检测是对已完成的工程情况进行检验测试的过程,试验的目的是验证或证实该项工程结构或部位的施工质量是合格的、可靠的。土建工程施工检测按其检测所在位置可分为试验室检测和现场检测两种。

施工检测资料是对已完工程质量、设备单机试运转、系统调试运行进行现场检测、试验或实物取样的室内试验等所形成的资料;是验证或证实该项工程或部位的施工质量的一种技术文件。

施工检测按规定应委托检测单位进行,填写“现场检测委托单”。规范规定的施工检测的项目比较多,检测的要求、内容也各不相同,有些施工检测项目有专用的委托单,如混凝土、砂浆检测(试验)有“混凝土、砂浆委托单”。

按照设计要求和规范规定由施工单位做施工检测的工程项目,有专用施工检测用表时,填写专用施工检测记录,当没有专用施工检测用表时,应填写“施工检测记录”。

知识点1　施工检测资料的内容

一、检测报告

(一)试验室检测报告

一些原材料及构配件进场后,经过一定的工艺和试配进行加工制作后使用的,如钢筋连接、混凝土等,这类试件经委托至检测机构,在检测机构内检测并出具的报告,统称为检测报告。

(二)现场检测报告

检测机构受委托后,在施工现场完成的对建筑工程实物的检测或对建筑工程实物取样后在试验室完成并出具的报告统称为检测报告。

二、由施工单位填写的检测委托单

由施工单位填写的检测委托单包括:试样委托单、混凝土(砂浆)委托单、现场检测委托单、钢筋保护层委托单、室内环境污染物检测委托单等。

三、由检测单位出具的各种检测报告

由检测单位出具的各种检测报告(含相应附图及文字说明)包括:锚固抗拔承载力检测报告;地基载荷试验报告;回填土密度检测报告;钢筋接头连接件检测报告;砌筑砂浆与地面砂浆检测报告;混凝土检测报告;混凝土结构实体检验报告;建筑装饰装修工程应进行的几项检测报告;木结构工程检测报告;地下工程防水效果检验报告;防水工程淋(蓄)水检验报告;建筑通风(烟)道检查记录;墙体内表面潮湿、结露(霜)及霉变检验报告;墙体保温性能检测报告;室内环境污染物检测报告等。

四、由施工单位填写的各种施工检测记录

由施工单位填写的各种施工检测记录包括:施工检测记录;砌筑砂浆试块强度统计、评定记录;混凝土试块强度统计、评定记录;结构同条件养护混凝土试块强度统计、评定记录;地下工程防水效果检验记录;防水工程淋(蓄)水检验记录;通风(烟)道检查记录等。

答一答

由施工单位填写的检测委托单包括哪几种?

知识点2　施工检测的基本程序

一、划分检验批

按国家或地方《建筑工程施工资料管理标准》规定的组批原则将拟建的工程项目的某一检测项目划分为若干个检验批。

二、取样规定

按国家或地方《建筑工程施工资料管理标准》规定的取样规定确定相应检测项目的取样数量。

三、送检与报验

由施工单位填写试件送样单,之后连同所取试样一起送检测单位检测,简称送检;或由施工单位填写试件报样单,之后由检测单位到施工现场进行检测,简称报检。

四、出具检测报告

检测单位接到施工单位的送样以后进行相应的检测并向施工单位出具相应的检测报告。

五、编入管理档案

施工单位负责将试件送样单和相应的检测报告编入施工资料管理档案。

查一查

工程中施工检测还有哪些规定和要求?

知识点3　施工检测试验

一、回填土施工检测试验

回填土一般包括桩基、基坑、基槽、管沟、填方、场地平整、排水沟、地(路)面基层和地基局部处理回填用的素土、灰土、砂和砂石等。为有效控制回填质量,国家有关标准对不同工程部位的土方压实度指标都有明确规定。因此,为确保回填土施工的夯实质量,在土方正式回填之前要进行土工击实试验,以测定土的最优含水量时的最大干密度,即确定土的最大干密度、最优含水率以及最小干密度控制值。由施工单位按土工击实试验报告给出的最优含水率进行回填土施工。为证实回填土施工的质量情况,需按规定做回填土密度检测。

压实填土包括分层压实和分层夯实的填土。当利用压实填土作为建筑工程的地基持力层时,在平整场地前,应根据结构类型、填料性能和现场条件等,对拟压实的填土提出质量要求。压实填土的质量以压实系数(即压实填土的控制干密度与最大干密度的比值)控制,并应根据结构类型和压实填土所在部位确定。地坪垫层以下及基础底面标高以上的压实填土,压实系数不应小于0.94。

对灰土地基、砂和砂石地基、粉煤灰地基及土方回填工程,应按设计要求和规范规定,分层填筑,夯压密实,现场分层取样,实测试样的密度、含水率,据此计算压实系数。

对于重要的、大型的或设计有要求的填方工程,在施工前应对填料作击实试验,求出填料的干土质量密度即含水量关系图线,并确定其最优含水量、最大干密度;根据设计压实系数,计算出控制指标(控制干密度)。对于一般的小型工程又无击实试验条件的单位,控制干密度可按施工规范计算。

设计未提出控制干密度指标的工程,在施工前应对填料做击实试验(黏性土)或砂的相对密度试验(回填砂)确定其最大干密度 ρ_{dmax},再根据设计压实系数,分别计算出填料的施工控制干密度。

回填土施工试验记录包括"土工击实试验报告"和"回填土试验报告"。回填土方应测定土的最大干密度和最优含水率,确定最小干密度控制值,由试验单位出具"土工击实试验报告"。

(一)回填土试验取样

回填土必须分层夯压密实,并分层、分段取样做干密度试验;按现场施工部位、工序、时间不同分别进行。

各层取样点应错开,并应绘制取样平面位置图,标清各层取样点位。灰土地基、砂和砂石地基、粉煤灰地基的取样数量,每单位工程不应少于 3 点,1 000 m^2 以上工程,每 100 m^2 至少应有 1 点,3 000 m^2 以上工程,每 300 m^2 至少应有 1 点。每一独立基础下至少应有 1 点,基槽每 20 延米应有 1 点。土方回填的取样数量应按协议规定,协议未规定的也可按上述规定执行。

取样方法如下:

(1)环刀法:每段每层进行检验,应在每层夯实层下半部(至每层表面以下 2/3 处)用环刀取样。含水率及环刀法密度试验应进行两次平行测定,两次测定的差值不大于规定时,取两次测值的平均值。该试验方法适用于细粒土。

(2)灌砂法:用于级配砂再回填或不宜用环刀法取样的土质。采用灌砂法取样时,取样数量可较环刀法适当减少,取样部位应为每层压实的全部深度。该试验方法适用于现场测定原状砂和砾质土的密度。

(3)灌水法:该试验方法适用于现场测定粗粒土的密度。

(二)规定与要求

(1)取样应由施工单位按规定现场取样,将样品包好、编号(编号要与取样平面图上各点位一一对应),并按规定填写"试样委托单",送试验室试验。如取样器具或标准砂不具备,应请试验室来人现场取样进行试验。

(2)应按规范要求绘制压实度试验分层取样平面示意、回填土取样点平面示意图,分段、分层(步)取样,将取样点标示完整、清晰、准确,并要注明回填土的起止标高;取样数量不应少于规定点数。

(3)回填各层夯压密实后取样,不按虚铺厚度计算回填土的层数;砂和砂石不能用作表层回填土,故回填表层应回填素土或灰土。

想一想

回填土施工检测试样委托单填写内容及相关要求是什么?

____

____

____

二、钢筋焊接及机械连接检测试验

正式焊(连)接工程开始前及施工过程中,参与该项施焊的焊工应对每批进场钢筋,在现场条件下进行焊接工艺检验,工艺检验合格后方可进行焊接或机械连接施工。"钢筋连接试验报告"即为工艺检验是否合格的依据。凡采用焊接或机械连接的受力钢筋均应有力学性能检验报告,其被连接母材质量检验结果均须符合设计及有关标准、规范及规程的规定。

不同的钢筋接头其力学性能检验应从外观检查合格的成品接头或制品中按批随机抽取试件分别作拉伸、弯曲或抗剪等检验,其批量应符合下列要求:

(一)验收批

凡钢筋牌号、直径及尺寸相同的焊接网和焊接骨架为同一验收批,且每 300 件为一批,一周内不足 300 件亦按一批。

(二)闪光对焊要求

闪光对焊以同一台班,同一焊工完成的300个同牌号、同直径的钢筋焊接接头作为一批,当同一台班内焊接的接头数量较少时,可在一周内累计,若累计仍不足300个接头,则亦按一批。

(三)钢筋电弧焊要求

钢筋电弧焊在现浇混凝土结构中,以同牌号钢筋、同接头类型不大于300个接头为一批。在房屋结构中,按不超过两个楼层中300个同牌号钢筋、同型式接头为一批,不足300个仍按一批。

(四)钢筋电渣压力焊和钢筋气压焊要求

钢筋电渣压力焊和钢筋气压焊在现浇混凝土结构中,以同牌号钢筋不大于300个接头为一批;在房屋结构中,按不超过两个楼层中300个同牌号钢筋接头为一批,不足300个仍按一批。

(五)预埋件钢筋埋弧压力焊要求

预埋件钢筋埋弧压力焊T型接头以300件同类型预埋件为一批。一周内连续焊接时,可以累计,不足300件时亦按一批。

(六)钢筋机械连接要求

钢筋机械连接以同一施工条件下采取同一批材料的同等级、同型式、同规格不超过500个接头一批,当现场检验连续10个验收批抽样合格率为100%,验收批的数量可为1 000个接头(现场安装同一楼层不足500个或1 000个接头时仍按一批)。

钢筋焊接接头、机械连接接头或焊接制品(焊接骨架、焊接网片及预埋件等)力学性能各项目的检验结果判定应符合《钢筋焊接及验收规程》及《钢筋机械连接通用技术规程》的要求。

凡施焊用的各种钢筋及型钢均应有质量证明书;焊条、焊剂应有产品合格证,焊条的规格、型号必须与设计要求一致。当设计未作规定时,钢筋电弧焊焊条牌号应按《钢筋焊接及验收规程》的规定选用。进行电渣压力焊和埋弧焊若设计对焊剂的牌号未作规定时可采用431焊剂(高锰、高硅、低氟焊剂,适合于Ⅰ、Ⅱ级钢筋的焊接)或其他性能相似的焊剂。

对焊条质量有怀疑时(如锈蚀、受潮严重),应按批抽样检验,并提供焊条检验报告。

凡从事焊接及机械连接的人员必须经过考试,取得焊工考试合格证后方可从事焊接工作,焊接报告中应填上操作人姓名及焊工证编号。

机械连接接头使用的连接件必须具备出厂合格证并按规定提供型式检验报告,当在操作过程中发现异常时,应对该批连接件材质进行化学成分、力学性能及其他专项检验。合格证报告中材料的性能应符合《带肋钢筋套筒挤压连接技术规程》《钢筋锥螺纹接头技术规程》《镦粗直螺钢筋接头》等标准的规定。

进口钢筋在力学性能符合要求的情况下,焊接前应先进行化学成分检验和焊接工艺检验,当碳、硫、磷、锰、硅含量、碳当量及可焊性检验符合要求后,方可用于工程焊接。

思一思

钢筋焊接及机械连接检测试验要求有哪几方面?

____

____

____

三、砂浆试块抗压强度检测试验

工程中砂浆主要用于砌筑与抹灰。砌筑砂浆是指砖石砌体所用的水泥砂浆和水泥混合砂浆。砌筑砂浆施工检测记录包括“砂浆配合比申请单及通知单”“砂浆抗压强度试验报告”“砌筑砂浆试块强度统计、评定记录”。

(一)砂浆配合比设计报告

砂浆应按设计要求由试验室通过试配确定配合比,提交配合比设计报告,当砂浆的组成材料有变更时，其配合比应重新确定。

砂浆配合比试配应符合《砌筑砂浆配合比设计规程》《建筑砂浆基本性能试验方法》的规定。有特殊要求的砂浆配制尚应满足现行有关规范的要求。

试配砂浆的各组成材料应经检验，符合有关规定的要求。

现场施工的砂浆配合比，应根据砂的含水率做相应调整。

(二)砂浆试件检测

砂浆试块的检测包括砂浆配合比设计、砂浆抗压强度检测、砂浆抗渗性能检测。砂浆的种类、强度等级应符合施工图纸上的设计要求。

砂浆试块尺寸：70.7 mm×70.7 mm×70.7 mm。

1. 砌筑砂浆

以同一砂浆品种、同一强度等级、同一配合比、同种原材料为一取样单位，每一取样单位标准养护试块的留置组数不得少于1组(每组6块)。通过以下三种情况的比较，取大者作为最终的试块留置组数：

(1)每一楼层(基础按一个楼层计)为一取样单位；

(2)每一检验批且不超过250 m^3 砌体为一取样单位，不足250 m^3 按250 m^3 计；

(3)每台搅拌机为一取样单位。

还应制作同条件养护试块、备用试块各1组(每组6块)。试样要有代表性，每组试块(包括相对应的同条件备用试块)的试样必须取自同一次拌制的砌筑砂浆拌合物。

2. 地面砂浆

建筑地面工程水泥砂浆强度试件，按每一层(或检验批)建筑地面工程为一取样单位，每一层(即1 000 m^2)留一组。当地面面积大于1 000 m^2，每增加1 000 m^2，增做一组；不足1 000 m^2 按1 000 m^2 计。当配合比不同时，应相应制作不同试件。同盘砂浆只应制作一组试件。

3. 强度等级

砂浆强度应以标准养护、龄期为28 d的试件抗压试验结果为准。砂浆应按设计分类提供试件抗压强度试验报告。

砂浆强度应按验收批进行评定，配合比和原材料基本相同的同品种、同强度等级砂浆划分为同一批。基础和主体(多、高层建筑按施工组织设计划定)各作为一个验收批。一个验收批的试件组数原则上不少于3组。

每批试件抗压强度应符合以下规定：

(1)同一验收批砂浆试件抗压强度平均值必须大于或等于设计强度等级所对应的立方体抗压强度；同一验收批砂浆试件抗压强度的最小一组平均值必须大于或等于设计强度等级所对应的立方体抗压强度的0.75倍。

(2)当同一验收批只有一组试件时，该组试块抗压强度的平均值必须大于或等于设计强度等级所对应的立方体抗压强度。

具备条件的工程应有“砌筑砂浆试块抗压强度统计、评定记录”，当砂浆试件块强度评定不合格或试件留置组数严重不足或对砂浆强度的代表性有怀疑，应由具有相应资质的检测机构采用非破损或局部破损的检测方法，按国家现行有关标准的规定对砂浆和砌体强度进行鉴定，并作为处理的依据。鉴定处理应有处理记录，并经设计单位同意签认。

想一想

砂浆试块抗压强度检测试验内容是什么？

四、混凝土试件检测试验

混凝土试块的检测试验包括混凝土配合比设计、混凝土抗压强度检测、混凝土抗渗性能检测。检测试验后应填写“混凝土见证送检委托单”。

(一)混凝土配合比设计报告

混凝土应按设计要求由试验室通过试配确定配合比,提交配合比试验报告,当混凝土的组成材料有变更时,其配合比应重新确定。

混凝土配合比试配应符合《普通混凝土配合比设计规程》《普通混凝土拌合物性能试验方法》《普通混凝土力学性能试验方法》的规定。有特殊要求的混凝土配制尚应满足现行有关规范的要求。

试配混凝土的各组成材料应经检验,符合有关规定的要求。

现场施工时的混凝土配合比,应根据砂、石的含水率做相应调整并做好记录。

(二)混凝土试件抗压强度检测

混凝土的种类、强度等级应符合施工图纸上的设计要求,混凝土强度有标准养护龄期为28 d试件抗压试验结果和同条件养护龄期为n d试件抗压试验结果。混凝土应按设计和规范要求提供试件标准养护和同条件抗压强度试验报告。当有特殊要求时,还需做抗冻、抗渗等试验。

评定结构构件的混凝土强度等级应采用标准试件的混凝土强度,即按标准方法制作的边长为150 mm的标准尺寸的立方体试件,在标准养护至28 d龄期时按标准试验方法测得的混凝土立方体抗压强度。

1. 混凝土试件的制作

(1)混凝土试件应用钢模制作。

(2)作为评定结构构件混凝土强度质量的试件,应在混凝土的浇筑地点随机取样制作,但1组(1组3块)试件必须取自同一次(盘)拌制的。

(3)实际施工中允许采用的混凝土立方体试件的最小尺寸应根据集料的最大粒径确定,当采用非标准尺寸试件时,应将其抗压强度值乘以折算系数,换算为标准尺寸试件的抗压强度值。允许的试件最小尺寸及其强度折算系数应符合表4.1。

表4.1 允许的试件最小尺寸及其强度折算系数

集料最大粒径/mm	试件边长/mm	强度折算系数
≤30	100	0.95
≤40	150	1.00
≤50	200	1.05

2. 普通混凝土强度试验的试件留置

混凝土强度试验的试件留置1组三块。

(1)标准养护(简称标养)。结构构件混凝土强度的试件,应在混凝土的浇筑地点随机抽取。用于检查结构构件混凝土质量的试件取样与留置应符合下列规定:

①每工作班拌制的同配合比的混凝土不足100盘时,其取样不得少于1组;

②每拌制100盘且不超过100 m^3的同配合比的混凝土,其取样不得少于1组;

③对现浇混凝土结构,其试件的留置尚应符合以下要求:每一现浇楼层同配合比的混凝土,其取样不得少于1组;同一单位工程每一验收项目中同配合比的混凝土,其取样不得少于1组;

④当一次连续浇筑超过1 000 m^3时,同一配合比的混凝土每200 m^3取样不得少于一次;

⑤建筑地面工程混凝土强度试件每一层(或检验批),每1 000 m^2取样不得少于一次,每增加1 000 m^2应增取一次,不足1 000 m^2的按1 000 m^2计。当改变配合比时,亦应相应增加制作试件取样次数;

⑥基坑工程的地下连续墙,每50 m^3应取样一次,每幅槽段不得少于一次;

⑦灌注桩每浇注50 m^3混凝土应取样一次,单桩单柱时,每根桩必须有一组试件;

⑧对设计成熟、生产数量较少的大型构件,在不做结构承载力检验时,混凝土取样按每50 m^3且不超过

半个工作班生产的同配合比混凝土，留置一组试件；

⑨非大体积粉煤灰混凝土每拌制 100 m^3，至少取样一次，大体积粉煤灰混凝土每拌制 500 m^3，至少取样一次；不足上述规定数量时，每台班至少取样一次；

⑩混凝土配合比开盘鉴定时应至少留置一组标准养护试件，作为验证配合比的依据；

⑪每次取样应至少留置一组标准养护试件，同条件养护试件的留置组数应根据实际需要确定。同条件养护试块应在达到等效养护龄期时进行强度试验；等效养护龄期是指取日平均温度逐日累加达到 600 ℃ · d时所对应的龄期（14 d ~ 60 d，0 ℃以下的龄期不计入）。

（2）同条件养护。同条件养护即与结构构件在现场使用的实际情况（如位置、作用）相同进行试件养护。为确定结构构件的拆模、出池、出厂、吊装、张拉、放张及施工期间临时负荷时的混凝土强度，根据实际需要确定试件留置组数。

3. 冬期施工混凝土强度试验的试件留置

（1）标养。同普通混凝土强度试验。

（2）同条件养护。冬期施工应比普通混凝土强度试验增设不少于两组与结构同条件养护的试件，分别用于检验混凝土受冻前的混凝土强度和转入常温后养护 28 d 的混凝土强度。

4. 混凝土试件的养护

（1）标养。采用标养的试块成形后应覆盖表面，以防止水分蒸发，并应在温度为（20 ± 3）℃情况下静置一昼夜至两昼夜，然后编号拆模。拆模后的试块应立即放在温度为（20 ± 3）℃、湿度为 90% 以上的标准养护室中养护。在标准养护室内，试块应放在架上彼此间隔为 30 ~ 50 mm，并应避免用水直接冲淋试块；在无标准养护室时，混凝土试块可在温度为（20 ± 3）℃的不流动水中养护，水的 pH 不应小于 7。混凝土标养试块要有测温记录、湿度记录，同条件养护试块应有测温记录。

（2）同条件养护。同条件养护的试块成形后应覆盖表面，试件的拆模时间与标养试块相同，拆模后，试块仍需与结构或构件同条件养护。

（3）蒸汽养护。对采用蒸汽法养护的混凝土结构和构件，其混凝土试件应先随同结构和构件同条件养护后，再转入标准条件养护共 28 d。当混凝土中掺用矿物掺合料时，确定混凝土强度时的龄期可按现行国家标准《粉煤灰混凝土应用技术规范》等的规定取值。

（三）混凝土抗渗性能检测

对有抗渗要求的混凝土结构，混凝土应按设计要求提供试件抗渗试验报告，留置检验抗渗性能的试块。其混凝土试件应在浇筑地点随机取样。

1. 抗渗试件的制作

试件为顶面直径 175 mm、底面直径 185 mm、高 150 mm 的圆台体，1 组 6 块；试件成形后 24 h 拆模，然后分别进行标准养护和同条件养护。养护期不少于 28 d，不超过 90 d。

2. 抗渗试块的留置

同一工程、同一配合比的混凝土取样与试样留置应符合下列规定：

（1）连续浇筑混凝土每 500 m^3 应留置不少于一组抗渗试件，且每单位工程不得少于两组。

（2）预拌混凝土当连续浇筑混凝土每 500 m^3 应留置不少于两组试件，且每部位（底板、侧墙）的试件不少于两组，当每增加 250 ~ 500 m^3 混凝土时，应增加两组试件，当混凝土增加量在 250 m^3 以内时不再增加试件组数。

3. 要求

（1）试块应在浇筑地点制作，其中至少一组应在标准条件下养护。其余试块应在与构件相同条件下养护。

（2）试样要有代表性，应在搅拌第三盘后至搅拌结束前 30 min 之间取样。

（3）每组试样包括同条件试块、抗渗试块、强度试块的试样，必须取自同一次拌制的混凝土拌合物。

混凝土抗渗性能，应采用标准条件下养护混凝土抗渗试件的试验结果评定。抗渗性能试验应符合现行《普通混凝土长期性能和耐久性能试验方法》的有关规定。试验时的龄期不少于 28 d，最长不得超过

90 d。有特殊性能要求的混凝土，应有专业试验检测资料。

具备条件的工程应有“混凝土试块抗压强度统计、评定记录”，结构构件的混凝土强度应按现行国家标准《混凝土强度检验评定标准》的规定分批检验评定。

当混凝土试件强度评定不合格或混凝土强度的代表性不真实或有怀疑而又无从证实时，应由具有相应资质的检测机构采用非破损或局部破损的检测方法，按国家现行有关标准的规定对结构构件中的混凝土强度进行鉴定，并作为处理的依据。经鉴定处理的结构或构件应有处理记录，并经设计单位同意签认。

忆一忆

混凝土试件检测试验内容包括哪几项？

五、混凝土结构实体检验

涉及混凝土结构安全的重要部位应进行结构实体检验，并实行见证取样或确定检测部位，填写“混凝土见证送检委托单”“钢筋保护层厚度检测委托单”，委托检测机构检测。结构实体检验的内容包括结构同条件养护试件的“混凝土抗压强度检测报告”“结构同条件养护混凝土试件强度验收记录”“钢筋保护层厚度检测报告”。

结构实体检验同条件混凝土试块留置数量，不宜少于10组，且不应少于3组。构件总数及检测部位必须由监理单位和施工单位根据施工图纸共同确认，并由见证员签名。检测数量根据《混凝土结构工程质量验收规范》中的要求，对于梁、板类构件，应各抽取构件总数量的2%，且不少于5个构件进行检测。当有悬挑构件时，抽取的构件中悬挑梁、板类构件所占的比例均不宜小于50%。

对于选定的梁类构件，应对全部纵向受力钢筋的保护层厚度进行检测。对于选定的板类构件，应抽取不少于6根纵向受力钢筋的保护层厚度进行检测。对每根钢筋，应在有代表性的部位测量一点。

“钢筋保护层厚度检测委托单”的填写要求如下：

（一）梁类构件

梁类构件截面宽≥200 mm，尽量避免有挑檐的梁、上反梁。有悬挑梁的，应报上返悬挑梁。

（二）轴线

轴线填写，轴线范围内能唯一确定应检测构件的准确位置。

（三）梁、板

梁、板类构件下排最底层受力钢筋直径和间距。

结构实体检测资料由施工单位汇总审核后，报监理单位审查签字。

想一想

“钢筋保护层厚度检测委托单”的填写要求是什么？

六、室内环境污染物检测

视频

室内环境污染物检测

民用建筑工程应按照现行国家规范要求，工程交付使用前对室内环境进行质量验收。由建设单位填写“室内环境污染物检测委托单”，应委托检测机构进行检测。

房间总数由委托单位和监理单位共同确认，检测房间由监理工程师确认后，由见证员签字。

(一)建筑类别

新建、扩建和改建的民用建筑工程根据控制室内环境污染的不同要求,划分为以下两类:Ⅰ类民用建筑工程:住宅、医院、老年建筑、幼儿园、学校教室等。Ⅱ类民用建筑工程:办公室、商店、旅店、文化娱乐场所、书店、图书馆、展览馆、体育馆、公共交通等候室、餐厅、理发店等。由于标准对不同类别的民用建筑工程有不同的限量要求,所以要填写建筑类别。填写“Ⅰ类”或“Ⅱ类”或“既有Ⅰ类又有Ⅱ类”一般工程下面有商服上面有住宅所以要填写“既有Ⅰ类又有Ⅱ类”

(二)检测项目

初试填写“室内环境污染物氡、游离甲醛、氨、苯、TVOC”;复试填写复检的项目,例如 TVOC 超标应填写“室内环境污染物 TVOC”。

(三)完工时间

完工时间是民用建筑工程及室内装修工程的完工时间,而不是竣工验收时间,民用建筑工程及室内装修工程的室内环境质量检测应在工程完工至少 7 d 以后工程交付使用前进行。

(四)通风形式

通风形式分为自然通风和集中空调,采用集中空调的民用建筑工程,应在空调正常运转条件下进行氡、游离甲醛、苯、氨、TVOC 的采样。

(五)房间总数

房间总数是除了卫生间、厨房以外整个工程房间数量总和,如果一户里面每个房间都没有门隔开,那么这一户就算是一间。既有Ⅰ类又有Ⅱ类:应分别填写房间总数,例如,“Ⅰ类 80 间、Ⅱ类 30 间”。

(六)测试房间数量

在房间总数里抽取有代表性的房间数量不得少于 5%,并不少于 3 间,房间总数少于 3 间时,应全部检测;有样板间且样板间检测结果合格的布点数量可以减半,但不少于 3 间。既有Ⅰ类又有Ⅱ类:应分别填写测试房间数量,例如,“Ⅰ类 5 间、Ⅱ类 3 间”。

(七)测试房间检测点数量

根据测试房间面积大小布置检测点,每个测试房间的检测点数量之和就是整个工程检测点数量(有样板间的样板间检测点数量包含在内)。测试房间使用面积小于 50 m^2 时,设 1 个检测点;测试房间使用面积 50 ~ 100 m^2 时,设 2 个检测点;测试房间使用面积大于 100 m^2 时,设 3 ~ 5 个检测点。既有Ⅰ类又有Ⅱ类:应分别填写测试房间检测点数量,例如,“Ⅰ类 5 点、Ⅱ类 3 点”

(八)整个工程检测点数

测试房间检测点数与样板间检测点数的总和。

(九)房间位置

房间内有门隔开填写“1 单元 501 客厅”;房间内没有门填写“1 单元 501”。

练一练

练习填写“室内环境污染物检测委托单”。

七、建筑装饰装修工程施工检测

规定与要求:

(一)地面回填检测规定

地面回填应有“土工击实试验报告”(表 C6-4)和“回填土试验报告”(表 C6-5)。

（二）装饰装修工程材料检测规定

装饰装修工程使用的砂浆和混凝土应有配合比通知单和强度试验报告；有抗渗要求的还应有抗渗试验报告。

（三）外墙饰面砖检测规定

外墙饰面砖粘贴前和施工过程中，应在相同基层上做样板件，并对样板件的饰面砖粘结强度进行检验，有"饰面砖粘结强度检验报告"（表 C6-14），检验方法和结果判定应符合相关标准规定。

（四）后置埋件检测规定

后置埋件应有现场拉拔试验报告。

八、其他

（一）支护工程施工检测

（1）锚杆应按设计要求进行现场抽样试验，有锁定力（抗拔力）试验报告。

（2）支护工程使用的混凝土，应有混凝土配合比通知单和混凝土强度试验报告。

（3）有抗渗要求的还应有抗渗试验报告。

（4）支护工程使用的砂浆，应有砂浆配合比通知单和砂浆强度试验报告。

（二）（地基）工程施工检测

（1）地基应按设计要求进行承载力检验，有承载力检验报告。

（2）桩基应按照设计要求和相关规范、标准规定进行承载力和桩体质量检测，由有相应资质等级检测单位出具检测报告。

（3）桩基（地基）工程使用的混凝土，应有混凝土配合比通知单和混凝土强度试验报告。

（4）有抗渗要求的还应有抗渗试验报告。

（三）预应力工程施工检测

（1）预应力工程用混凝土应按规范要求留置标养、同条件试块，有相应抗压强度试验报告。

（2）后张法有粘结预应力工程灌浆使用水泥浆，应有性能试验报告。

（四）钢结构工程施工试验记录

（1）试验报告由具备相应资质等级的检测单位出具后随相关资料进入资料流程。

（2）高强度螺栓连接应有摩擦面抗滑移系数检验报告及复试报告，并实行有见证取样和送检。

（3）施工首次使用的钢材、焊接材料、焊接方法、焊后热处理等应进行焊接工艺评定，有焊接工艺评定报告。

（4）设计要求的一、二级焊缝应做缺陷检验，由有相应资质等级的检测单位出具超声波、射线探伤检验报告或磁粉探伤报告，即"超声波探伤报告"（表 C6-15）、"超声波探伤记录"（表 C6-16）及"钢构件射线探伤报告"（表 C6-17）。

（5）建筑安全等级为一级、跨度 40 m 及以上的公共建筑钢网架结构，且设计有要求的，应对其焊（螺栓）球节点进行节点承载力试验，并实行有见证取样和送检。

（6）钢结构工程所使用的防腐、防火涂料应做涂层厚度检测，其中防火涂层应有相应资质的检测单位检测报告。

（7）焊（连）接工人必须持有效的岗位证书。

（五）木结构工程施工检测

（1）胶合木工程的层板胶缝应有脱胶试验报告、胶缝抗剪试验报告和层板接长弯曲强度试验报告。

（2）轻型木结构工程的木基结构板材应有力学性能试验报告。

（3）木结构防护剂应有保持量和透入度试验报告。

（六）幕墙工程施工检测

（1）幕墙用双组分硅酮结构胶应有混匀性及拉断试验报告。

(2)后置埋件应有现场拉拔试验报告。其现场拉拔强度属于涉及安全和功能的重要检测项目,是进行子分部工程质量验收的必备资料。

思一思

其他相关施工检测还包括哪些内容?

知识点4 施工检测记录

施工检测有的检测项目不需要专业的试验室进行检测试验,只需要在施工现场检查验收。

一、地下工程防水效果检验

地下工程验收时,应对地下工程有无渗漏现象进行检查,填写"地下工程防水效果检验记录"。

(一)地下工程检验要求一

地下防水工程质量验收,施工单位必提供地下工程"背水内表面的结构工程展开图"。施工单位必须在"背水内表面的结构工程展开图"上标示如下项:

(1)工程自检时发现的裂缝,标明其位置、宽度、长度和渗漏水现象;

(2)经修补、堵漏的渗漏水部位;

(3)防水等级标准容许的渗漏水现象位置。

(二)地下工程检验要求二

地下防水工程验收时,检查好的"背水内表面的结构工程展开图"必须纳入竣工验收资料。

(三)地下工程检验要求三

当被验收的地下工程有结露现象时,不宜进行渗漏水检测。

(四)地下工程检验要求四

地下工程防水等级对"湿渍面积"与"总防水面积"(包括顶板、墙面、地面)的比例做了规定。按防水等级2级设防的房屋建筑地下室,单个湿渍的最大面积不大于0.1 m^2,任意100 m^2 的防水面积上的湿渍不超过1处。

二、防水工程检验

对屋面工程和有防水要求的地面工程进行淋(蓄)水检验,填写"防水工程淋(蓄)水检验记录"。

所使用的防水材料,应有产品的合格证书和性能检验报告,材料的品种、规格、性能等应符合现行国家产品标准和设计要求。不合格的材料不得在工程中使用。

屋面防水工程完成后,应进行淋水或蓄水试验。坡屋面需要进行淋水试验,就是采用自来水管接到屋面上对屋面进行淋水,淋水时间一般要超过2 h,或在下雨以后进行检验,看是否有渗漏的部位;对平屋面进行蓄水试验时,首先把所有的雨水口进行封堵,对屋面注水,注水深度一般为5~10 cm。24 h后观察屋面的渗漏情况,如发现渗漏需要进行处理。

屋面工程和有防水要求的地面工程的排水(蓄水)试验应符合设计要求及国家标准规定。

屋面工程和有防水要求的地面工程的淋水(蓄水)试验应进行旁站(对无监理项目,应由建设单位承担)。

屋面泛水、变形缝、管道根部、过水孔等细部以及易出现渗漏的薄弱部位在淋(蓄)水试验时,作为重点控制部位。

坡屋面(斜屋面)采用2 h淋水试验,或有监理(建设)签认的经过一场2 h以上的大雨记录。能进行蓄水试验的平屋面、有防水要求的地面应采用蓄水试验，蓄水时间不得少于24 h，对于蓄水屋面必须进行蓄水试验，蓄水高度应符合设计要求。

三、建筑物抽气（风）、垃圾道检查

烟（风）道、抽气（风）道检查部位按轴线或户门编号记录，检查人员签字手续应齐全。

预制的烟（风）道、抽气（风）道检查时对楼层的各节接头处均应检查，并做好记录。

试验可在抽气道、风道进口处用烛火或火柴等观察火苗的转向和烟的去向，即可判断是否通风。也可用其他适宜的方法进行试验。

烟（风）道、抽气（风）道都应全面做通（抽）风、漏风和串风等检查，垃圾道应进行全面观察检查，看其是否畅通，并做好记录。

核查各个部位的检测结果是否满足工程设计文件中的相应性能指标要求。

四、墙体内表面潮湿、结露（霜）及霉变检验

建筑工程完工时，应检查外墙体内表面是否有潮湿、结露（霜）及霉变等现象，填写“施工检测记录”。

工程案例

混凝土、砂浆委托单

C7-02　　（混凝土）

委托编号	9171663	试验编号	
委托单位	黑龙江省×××安装工程公司	委托日期	年　月　日
工程名称	×××工程	成型日期	年　月　日
使用部位	基础底板、承台及承台梁	试验日期	
设计强度等级	C40	龄　期	28 d
配合比（质量比）	$m_{水泥}$∶$m_{砂子}$∶$m_{石子}$∶$m_{水}$ = 1∶1.33∶2.08∶0.36	水泥品种强度等级	P. C32.5
水胶比	0.41	砂子品种规格	中砂
水泥用量	440 kg/m^3	石子品种规格	碎石 5～31.5 mm
掺合料品种掺量	粉煤灰Ⅱ级 30 kg/m^3	外加剂品种掺量	TNC-BS　3.0% QSN-07H 5.0%
稠　度	180 mm	试件规格	ϕ180
养护条件	标养	试验项目	抗压强度
备注： 见证员：黑龙江省×××建设工程监理有限公司　×××　编号：××× 取样员：黑龙江省×××安装工程公司　×××　编号：×××			
取样人：×××	见证人：×××	送样单位（章）：	

混凝土、砂浆委托单(砂浆)

C7-02

委托编号	×××	试样编号	×××
委托单位	×××建筑工程公司	委托日期	年　月　日
工程名称	×××工程	成型日期	年　月　日
使用部位	22~38轴三层砌筑	试验日期	年　月　日
设计强度等　级	M7.5混合砂浆	龄　期	28天
配合比(质量比)	$m_{水泥}:m_{砂子}:m_{水}$ = 1:5.46:0.2%	水泥品种强度等级	PC32.5R
水灰比	1.05	砂　子品种规格	中砂
水泥用量	260 kg/m^3	石　子品种规格	
掺合料品种掺量		外加剂品种掺量	砂浆王
稠　度	70~90 mm	试件规格	70.7 mm×70.7 mm×70.7 mm
养护条件	标　养	试验项目	
备注:			
取样人:×××	见证人:×××	送样单位(章):×××	

钢筋保护层厚度检测委托单

C7-23

委托编号		检测编号	
工程名称	哈尔滨×××住宅小区×栋	委托日期	年　月　日
建设单位	哈尔滨×××房地产综合开发公司	结构型式	砖混
施工单位	××建设开发总公司黑龙江分公司	工程形象	主体完成
监理单位	哈尔滨×××建设监理公司	建筑面积	4 020 m^2
工程地点	哈市南岗区××路××号	联系方式	
构件总数	梁:211　板:197	检测数量	梁:5　板:5
序号	检测部位	板类:钢筋直径与间距 梁类:梁宽、钢筋直径与根数	设计保护层厚度/mm
1	二层A轴上/3轴~4轴间L2	250、4ϕ22	25
2	二层A轴上/8轴~9轴间L4	250、4ϕ22	25
3	三层A轴上/2轴~3轴间L5	250、4ϕ20	25
4	三层A轴上/8轴~9轴间L7	250、4ϕ20	25
5	三层C轴上/8轴~9轴间L9	250、4ϕ20	25
6	二层A轴~B轴/4轴~5轴间B4	ϕ12@130	15
7	二层A轴~B轴/5轴~6轴间B6	ϕ12@130	15

8	三层 A 轴～B 轴/5 轴～6 轴间 B7	ϕ12@150	15
9	二层 A 轴上/5 轴～6 轴间阳台 B15	ϕ12@130	15
10	三层 A 轴上/9 轴～10 轴间阳台 B17	ϕ12@130	15
备注			
委托人：×××	见证人：×××	委托单位(章)：	

室内环境污染物检测委托单

C7-31

委托编号	×××	检测编号	×××
工程名称	×××住宅小区×××栋	联系电话	×××
委托单位	哈尔滨××房地产综合开发公司	委托日期	年　月　日
建设单位	哈尔滨××房地产综合开发公司	检测日期	
监理单位	哈尔滨××建设监理公司	完工日期	年　月　日
设计单位	黑龙江×××设计院	建筑面积	4 020 m^2
施工单位	××建设开发总公司黑龙江分公司	建筑类别	砖混
工程地点	哈市南岗区××路××号	通风形式	自然通风
检测项目	游离甲醛、苯、氨、(TVOC)	检测形式	
房间总数	56　间(Ⅰ类)　　间(Ⅱ类)	如有样板间请填写下面两行，无样板间不填	
检测房间数量	3 间(Ⅰ类)　　间(Ⅱ类)	样板间数量	间(Ⅰ类)　间(Ⅱ类)
检测房间检测点数	4　点(Ⅰ类)　　点(Ⅱ类)	样板间检测点数	点(Ⅰ类)　点(Ⅱ类)
整个工程检测点数量(样板间检测点数＋测试房间检测点数)			4 点
检测准备	1. 采用集中空调的民用建筑工程，在空调正常运转条件下进行室内环境中氡、游离甲醛、苯、氨、总挥发性有机化合物(TVOC)浓度检测； 2. 采用自然通风的民用建筑工程，外门窗关闭 1 h 后进行游离甲醛、苯、氨、总挥发性有机化合物(TVOC)浓度检测；外门窗关闭 24 h 后进行氡浓度检测。		
备注：			
委托人：×××	见证人：×××	委托单位(章)：	

防水工程淋(蓄)水检验记录

C7-28

工程名称	×××小区5#楼		试水日期	年　月　日　时起 年　月　日　时止
施工单位	××设开发有限公司黑龙江分公司		试水部位	二层15、21~29轴屋面
试(蓄)水简况				
蓄水深度	最高处水深为2 cm	蓄水时间	24 h	
试水方式	蓄水试验			
试水情况	利用屋面保护层C20细石混凝土养护水进行蓄水试验。 将本层15、21~29轴屋面所有水落口用编织袋及水泥砂浆临时封堵严密且不影响试水，然后对屋面进行注水，蓄水深度至屋面最高处水深不低于20 mm，蓄水时间24 h，观察机房层室内顶棚及女儿墙外侧墙面等相应位置有无渗漏现象。			
检验结果	经蓄水24 h后，观察该层(15、21~29轴)室内顶棚及女儿墙外侧墙面等相应位置均无渗漏现象，打开水落口处封堵物，水落管排水通畅，无堵塞和渗漏现象，检查合格。			
结论	经检查，该层15、21~29轴屋面蓄水试验合格，同意验收。			
监理工程师 (建设单位代表)：	施工技术 负责人：	施　　工 质检员：	记录人：	

通风(烟)道检查记录

C7-29

工程名称	哈尔滨×××工程		检查日期	年　月　日
检查部位	检查结果				检　查　人
	主风(烟)道		副风(烟)道		
	风　道	烟　道	风　道	烟　道	
一层卫生间、厨房	√	√			王××、潘××
二层卫生间、商铺	√	√			王××、潘××
三层卫生间、厨房、玄关	√	√			王××、潘××
四层卫生间、厨房、玄关	√	√			王××、潘××
五层卫生间、厨房、玄关	√	√			王××、潘××
六层卫生间、厨房、玄关	√	√			王××、潘××
七层卫生间、厨房、玄关	√	√			王××、潘××
八层卫生间、厨房、玄关	√	√			王××、潘××
九层卫生间、厨房、玄关	√	√			王××、潘××
十层卫生间、厨房、玄关	√	√			王××、潘××
十一层卫生间、厨房、玄关	√	√			王××、潘××
十二层卫生间、厨房、玄关	√	√			王××、潘××

备注：

本工程采用非金属排气(烟)道，每层在穿层处设一个顺插接口，送风处设有止逆阀，每一层排气(烟)道不少于3处固定点，穿越楼层处设两道防渗漏措施(每道刷两遍聚氨酯防水涂料)。

从屋顶向下用手电筒照射，在各层厨房排风口用小镜观察到手电筒的亮光，可见各厨房排烟通畅；用蜡烛在各层卫生间及玄关抽气口点亮，缓慢向抽气口移动，发现蜡烛的火焰被引向排气口内，可见各卫生间排气道通畅。

结　论	经检查：各卫生间及玄关排气道、厨房排烟道均通畅，符合设计及规范要求，验收合格。

监理工程师 (建设单位代表)：	施工技术 负责人：	施　　工 质检员：	记录人：

注：1. 检查合格记(√)，不合格记(×)。

2. 第一次检查不合格记录(×)，复查合格后在(×)后面记录(√)。

地下工程防水效果检验记录

C7-27

工程名称	×××工程	检查日期	年　月　日
监理单位	哈尔滨×××建设项目管理有限公司	检查部位	地下室底板、墙面
施工单位	××建设开发总公司黑龙江分公司	材料形式	抗渗混凝土 +4 mm 厚 SBS 防水卷材
验证方法	雨后观察：目测、干手触摸、吸水纸（报纸）贴于背水墙面		
检查内容及结果	一、检查内容： 在连续阴雨后对地下工程有无渗漏现象进行检查，检查内容应包括裂缝、渗漏部位、大小、渗漏情况、处理意见等。 二、检查结果： 经雨后检查，地下室底板干燥、外墙体内表面无湿渍、结露（霜）及霉变现象且着色一致，地下室无渗漏，防水效果符合设计要求。		
结论	经检查：地下室底板干燥，背水内表面的混凝土墙面无渗漏，观感质量合格，符合设计要求及《黑龙江省建筑工程施工质量验收标准——地下防水工程》规定，同意验收。		
监理工程师（建设单位代表）：	施工技术负责人：	施　工质检员：	记录人（技术员）：

自学自测

一、单选题（只有1个正确答案，每题10分）

1. 凡钢筋牌号、直径及尺寸相同的焊接网和焊接骨架为同一验收批，且每（　　）件为一批。

A. 200　　B. 260　　C. 300　　D. 320

2. （　　）有黏结预应力工程灌浆用水泥浆应有性能试验报告。

A. 后张法　　B. 先张法　　C. 灌注法　　D. 黏结法

3. 根据要求，对梁、板类构件的检测应各抽取构件总数量的（　　），且不少于（　　）个。

A. 2%,6　　B. 2%,5　　C. 3%,5　　D. 3%,6

4. 防水工程检验时，对屋面注水，（　　）小时后观察屋面的渗漏情况，如发现渗漏需要进行处理。

A. 8　　B. 12　　C. 18　　D. 24

二、多选题（有至少2个正确答案，每题10分）

1. 土建工程施工检测按其检测所在位置可分为（　　）。

A. 分项检测　　B. 试验室检测
C. 分部检测　　D. 现场检测
E. 隐蔽工程检测

2. 由施工单位填写的检测委托单包括（　　）。

A. 混凝土（砂浆）委托单　　B. 钢筋保护层委托单
C. 试样委托单　　D. 节能材料委托单
E. 工程检测委托单

3. 回填土试验取样方法有（　　）。

A. 取土法　　B. 环刀法　　C. 灌砂法　　D. 灌浆法
E. 灌水法

4. 混凝土试件的养护方式(　　)。

A. 标准养护(即标养)　　B. 常温养护

C. 同条件养护　　D. 自然养护

E. 蒸汽养护

三、判断题(对的划"√",错的划"×",每题5分)

1. 施工单位负责将试件送样单和相应的检测报告编入施工资料管理档案。　(　　)
2. 为有效控制回填质量,国家标准对所有工程部位的土方压实度指标都有规定。　(　　)
3. 抗渗试件的制作尺寸为150 mm×150 mm×150 mm。　(　　)
4. 核查各个部位的检测结果需满足工程设计文件中的相应性能指标要求。　(　　)

任务实施

根据实际工程的施工检测资料管理工作需求,施工单位对工程资料管理的工作程序包括如下步骤。

一、施工检测资料准备工作

为了验证或证实该项工程结构或部位的施工质量是合格的、可靠的,对回填土、钢筋焊接及机械连接、砂浆试块抗压强度及混凝土试件等进行检测实验,需确定施工检测的范围、种类、施工检测委托单的表式和砂浆、混凝土试块强度等试验台账,对已完工程质量、设备单机试运转、系统调试运行进行现场检测、试验或实物取样的室内试验等所形成的资料。

二、方案分析和表格编写

施工检测按规定应委托检测单位进行,填写"现场检测委托单"。因施工检测的项目繁多,对检测的要求和内容也不同,如编写"混凝土、砂浆委托单"。按照要求和规范规定由施工单位做施工检测的工程项目,有专用施工检测用表时,填写专用施工检测记录,当没有专用施工检测用表时,应填写"施工检测记录"。

三、检测资料整理工作

整理编写简易土工检测报告、混凝土、砂浆配合比检测报告、水泥检测报告、集料检测报告、混凝土外加剂、矿物掺合料检测报告、混凝土、砂浆抗压强度试验检测报告、水泥、砂浆稠度检测报告、建筑装饰材料检测报告、钢材检测报告等,并检验审查,保证编写的准确性和规范性。

四、检测资料审核工作

为保证工程质检资料的准确性、完整性、逻辑性和符合性,使项目顺利通过工程交工验收和工程结算,同时为交付使用后的维修、扩建、改建提供可靠依据;常常运用整体审核法、重点审核法和对比审核法等对施工检验资料进行审核。

五、施工检测资料立卷和归档

检测资料立卷应遵循工程文件的自然形成规律,保持卷内文件的有机联系,便于档案的保管和利用,一个建设工程由多个单位工程组成时,工程文件应按单位工程组卷。施工检测资料要由工程部监督控制,施工单位进行具体编制、收集、整理,并在每项分部工程完成后,一个月内统一移交工程部资料室。

笔记栏

工　作　单

计 划 单

学习情境 2	施工物资资料和施工检测资料编制	任务 2	施工检测资料编制
工作方式	组内讨论、团结协作共同制定计划：小组成员进行工作讨论，确定工作步骤。	计划学时	0.5 学时
完成人	1. ________ 2. ________ 3. ________ 4. ________ 5. ________ 6. ________		
计划依据：1. 施工检测资料表格；2. 分配的施工段落检测资料。			

序号	计 划 步 骤	具体工作内容描述
1	准备工作 （准备工具、材料，谁去做？）	
2	组织分工 （成立组织，人员具体都完成什么？）	
3	施工检测资料 编写方案 （各有何特点？）	
4	施工检测资料 （都记录什么内容？）	
5	整理资料 （谁负责？整理什么？）	
6	施工检测资料归档 （谁负责？要素是什么？）	
制定计划说明	（写出制定计划中人员为完成任务的主要建议或可以借鉴的建议、需要解释的某一方面）	

决策单

<table>
<tr><td>学习情境 2</td><td colspan="2">施工物资资料和施工检测资料编制</td><td>任务 2</td><td>施工检测资料编制</td></tr>
<tr><td colspan="3">决 策 学 时</td><td colspan="2">0.5 学时</td></tr>
<tr><td colspan="5">决策目的:确定本小组认为最优的施工检测资料整理方案。</td></tr>
<tr><td rowspan="7">施工检测资料整理方案优劣比对</td><td colspan="2">施工检测资料整理方案特点</td><td rowspan="2">比 对 项 目</td><td rowspan="2">确定最优方案（划√）</td></tr>
<tr><td>方案名称 1：</td><td>方案名称 2：</td></tr>
<tr><td></td><td></td><td>施工检测资料整理是否完整</td><td rowspan="3">方案 1 优□</td></tr>
<tr><td></td><td></td><td>编写各种表格是否规范</td></tr>
<tr><td></td><td></td><td>施工检测资料整理熟练度</td></tr>
<tr><td></td><td></td><td>工程资料编写掌握程度</td><td rowspan="3">方案 2 优□</td></tr>
<tr><td></td><td></td><td>工作效率的高低</td></tr>
<tr><td colspan="2">方案 1 施工检测资料整理</td><td colspan="2">方案 2 施工检测资料整理</td></tr>
</table>

作 业 单

<table>
<tr><td>学习情境2</td><td>施工物资资料和施工检测资料编制</td><td>任务2</td><td colspan="2">施工检测资料编制</td></tr>
<tr><td rowspan="2">参加人员</td><td colspan="3">第　　　组</td><td>开始时间：</td></tr>
<tr><td colspan="3">签名：</td><td>结束时间：</td></tr>
<tr><td>序号</td><td colspan="3">工作内容记录
（根据实施的具体工作记录，包括存在的问题及解决方法）</td><td>分　　工
（负责人）</td></tr>
<tr><td>1</td><td colspan="3"></td><td></td></tr>
<tr><td>2</td><td colspan="3"></td><td></td></tr>
<tr><td>3</td><td colspan="3"></td><td></td></tr>
<tr><td>4</td><td colspan="3"></td><td></td></tr>
<tr><td>5</td><td colspan="3"></td><td></td></tr>
<tr><td>6</td><td colspan="3"></td><td></td></tr>
<tr><td>7</td><td colspan="3"></td><td></td></tr>
<tr><td>8</td><td colspan="3"></td><td></td></tr>
<tr><td>9</td><td colspan="3"></td><td></td></tr>
<tr><td>10</td><td colspan="3"></td><td></td></tr>
<tr><td>11</td><td colspan="3"></td><td></td></tr>
<tr><td>12</td><td colspan="3"></td><td></td></tr>
<tr><td rowspan="2">小结</td><td colspan="3">主要描述完成的成果及是否达到目标</td><td>存在的问题</td></tr>
<tr><td colspan="3"></td><td></td></tr>
</table>

整理记录单

<table>
<tr><td>学习情境2</td><td colspan="2">施工物资资料和施工检测资料编制</td><td>任务2</td><td colspan="2">施工检测资料编制</td></tr>
<tr><td>完成人姓名</td><td></td><td>组别</td><td></td><td>完成日期</td><td></td></tr>
<tr><td colspan="6">施工检测档案资料（手写）：</td></tr>
<tr><td>混凝土、砂浆委托单</td><td colspan="5"></td></tr>
<tr><td>钢筋保护层厚度检测委托单</td><td colspan="5"></td></tr>
<tr><td>室内环境污染物检测委托单</td><td colspan="5"></td></tr>
<tr><td>防水工程淋（蓄）水检验记录单</td><td colspan="5"></td></tr>
<tr><td>通风（烟）道检查记录</td><td colspan="5"></td></tr>
<tr><td>检查人（签字）</td><td></td><td>检查存在的问题</td><td colspan="2"></td><td>检查时间</td></tr>
</table>

表格记录单（如多页可复印）

<table>
<tr><td>学习情境 2</td><td colspan="2">施工物资资料和施工检测资料编制</td><td>任务 2</td><td colspan="2">施工检测资料编制</td></tr>
<tr><td>完成人姓名</td><td></td><td>组别</td><td></td><td>完成日期</td><td></td></tr>
<tr><td colspan="6">给定施工管理资料（手写）：</td></tr>
<tr><td>施工区段工程检测资料说明或描述</td><td colspan="5"></td></tr>
<tr><td>表格</td><td colspan="5"></td></tr>
<tr><td>检查人（签字）</td><td></td><td>检查存在的问题</td><td></td><td>检查时间</td><td></td></tr>
</table>

检查单

学习情境2		施工物资资料和施工检测资料编制	任务2	施工检测资料编制			
检查学时		课内1学时		第　　组			
检查目的及方式		教师过程监控小组的工作情况，如检查等级为不合格小组需要整改，并拿出整改说明。					
序号	检查项目	检查标准	检查结果分级（在检查相应的分级框内划“√”）				
			优秀	良好	中等	合格	不合格
1	准备工作	资源是否已查到、材料是否准备完整					
2	分工情况	安排是否合理、全面，分工是否明确					
3	工作态度	小组工作是否积极主动、全员参与					
4	纪律出勤	是否按时完成负责的工作内容、遵守工作纪律					
5	团队合作	是否相互协作、互相帮助、成员是否听从指挥					
6	创新意识	任务完成不照搬照抄，看问题具有独到见解、创新思维					
7	完成效率	工作单是否记录完整，是否按照计划完成任务					
8	完成质量	工作单填写是否准确，记录单检查及修改是否达标					
检查评语						教师签字：	

评　价　单

1. 小组工作评价单

学习情境2	施工物资资料和施工检测资料编制		任务2	施工检测资料编制		
评价学时			课内1学时			
班　级			第　　组			
考核情境	考核内容及要求	分值（100）	小组自评（10%）	小组互评（20%）	教师评价（70%）	实得分（∑）
汇报展示（20）	演讲资源利用	5				
	演讲表达和非语言技巧应用	5				
	团队成员补充配合程度	5				
	时间与完整性	5				
质量评价（40）	工作完整性	10				
	工作质量	5				
	报告完整性	25				
团队情感（25）	核心价值观	5				
	创新性	5				
	参与率	5				
	合作性	5				
	劳动态度	5				
安全文明（10）	工作过程中的安全保障情况	5				
	工具正确使用和保养、放置规范	5				
工作效率（5）	能够在要求的时间内完成，每超时5分钟扣1分	5				

2. 小组成员素质评价单

<table>
<tr><td>学习情境 2</td><td colspan="3">施工物资资料和施工检测资料编制</td><td colspan="2">任务 2</td><td colspan="4">施工检测资料编制</td></tr>
<tr><td>班　　级</td><td colspan="2"></td><td>第　　组</td><td colspan="2">成员姓名</td><td colspan="4"></td></tr>
<tr><td>评分说明</td><td colspan="9">每个小组成员评价分为自评和小组其他成员评价两部分，取平均值计算，作为该小组成员的任务评价个人分数。评价项目共设计 5 个，依据评分标准给予合理量化打分。小组成员自评分后，要找小组其他成员不记名方式打分。</td></tr>
<tr><td>评分项目</td><td colspan="3">评 分 标 准</td><td>自评分</td><td>成员 1 评分</td><td>成员 2 评分</td><td>成员 3 评分</td><td>成员 4 评分</td><td>成员 5 评分</td></tr>
<tr><td>核心价值观（20 分）</td><td colspan="3">思想及行动是否符合社会主义核心价值观</td><td></td><td></td><td></td><td></td><td></td><td></td></tr>
<tr><td>工作态度（20 分）</td><td colspan="3">是否按时完成负责的工作内容、遵守纪律，是否积极主动参与小组工作，是否全过程参与，是否吃苦耐劳，是否具有工匠精神</td><td></td><td></td><td></td><td></td><td></td><td></td></tr>
<tr><td>交流沟通（20 分）</td><td colspan="3">是否能良好地表达自己的观点，是否能倾听他人的观点</td><td></td><td></td><td></td><td></td><td></td><td></td></tr>
<tr><td>团队合作（20 分）</td><td colspan="3">是否与小组成员合作完成任务，做到相互协作、互相帮助、听从指挥</td><td></td><td></td><td></td><td></td><td></td><td></td></tr>
<tr><td>创新意识（20 分）</td><td colspan="3">看问题是否能独立思考，提出独到见解，是否能够创新思维解决遇到的问题</td><td></td><td></td><td></td><td></td><td></td><td></td></tr>
<tr><td>最终小组成员得分</td><td colspan="9"></td></tr>
</table>

课 后 反 思

学习情境2	施工物资资料和施工检测资料编制		任务2	施工检测资料编制
班　　级		第　　组	成员姓名	
情感反思	通过对本任务的学习和实训，你认为自己在社会主义核心价值观、职业素养、学习和工作态度等方面有哪些需要提高的部分？			
知识反思	通过对本任务的学习，你掌握了哪些知识点？请画出思维导图。			
技能反思	在完成本任务的学习和实训过程中，你主要掌握了哪些技能？			
方法反思	在完成本任务的学习和实训过程中，你主要掌握了哪些分析和解决问题的方法？			

学习情境3

施工测量资料和施工记录资料编制

学习指南

情境导入

本工程为某厂住宅小区7号楼，建筑面积55 237.49 m^2，结构类型为现浇混凝土剪力墙；本工程为塔式住宅，地下为二层，地下一层为自行车库，地下二层为人防层；地上7-1单元、7-5单元为十七层，7-2单元、7-4单元为十六层，7-3单元为十四层，层高为2.7 m。整理本工程的施工测量资料和施工记录资料，学习施工测量资料的编制方法，包括编写工程定位测量记录、基槽验线记录、楼层平面放线记录等；掌握施工记录资料的编制方法，包括混凝土施工记录资料的编写、隐蔽工程检查验收记录的编制方法、主要隐蔽工程检查验收项目与内容。学生通过训练掌握作为资料员、技术员应具备的施工测量资料和施工记录资料的基础知识，从而胜任这些岗位的工作。

学习目标

1. 知识目标

(1)说出施工测量记录的种类、表式并总结编制方法；

(2)正确编写工程的施工测量记录和施工记录；

(3)学会编写工程混凝土施工记录；

(4)列出隐蔽工程检查验收项目及内容，组织编写验收记录。

2. 能力目标

(1)能够正确使用《黑龙江省建筑工程资料管理标准》(DB23/T 1019—2020)；

(2)能够正确选用施工测量资料和施工记录资料的基本表式，完成相关资料的编写；

(3)能够正确阅读施工图纸，小组合作完成施工测量资料和施工记录资料的编写任务。

3. 素质目标

(1)培养学生具有社会责任感和社会参与意识；

(2)培养学生树立质量和安全意识，成为工程建设质量的守护者；

(3)培养学生具有爱国情怀和民族自豪感；

(4)培养学生爱国敬业，诚实守信的品质。

工作任务

任务1　施工测量资料编制　　参考学时：课内6学时(课外1.5学时)

任务2　施工记录资料编制　　参考学时：课内8学时(课外2学时)

任务1　施工测量资料编制

任　务　单

<table>
<tr><td>学习情境3</td><td colspan="3">施工测量资料和施工记录资料编制</td><td>任务1</td><td colspan="2">施工测量资料编制</td></tr>
<tr><td colspan="4">任 务 学 时</td><td colspan="3">课内10学时(课外4学时)</td></tr>
<tr><td colspan="7">布 置 任 务</td></tr>
<tr><td>任务目标</td><td colspan="6">1. 能够说出施工测量记录的种类;
2. 能够分辨施工测量记录的表式;
3. 能够正确编写定位测量、基槽验线等施工测量记录;
4. 能够在完成任务过程中锻炼职业素养,做到对待工作严谨认真,能够吃苦耐劳、主动承担,并主动帮助小组其他成员,有团队意识,诚实守信。</td></tr>
<tr><td>任务描述</td><td colspan="6">施工单位自检形成测量和检验资料记录对照标准合格后填写报验单,提交监理单位报验申请,监理进行检验验收,附监理检验资料和结论,结论合格,有工序、单元、分部、单位工程的资料依次汇总,把该部分的监理审批或回复的资料附后,形成该部分的验收资料,最后形成工程竣工验收质量评定依据。连同工程验收小组的工程验收鉴定书一起形成完整的工程质量记录。</td></tr>
<tr><td rowspan="2">学时安排</td><td>资讯</td><td>计划</td><td>决策</td><td>实施</td><td>检查</td><td>评价</td></tr>
<tr><td>3学时
(课外3学时)</td><td>1学时</td><td>1学时</td><td>3学时
(课外1学时)</td><td>1学时</td><td>1学时</td></tr>
<tr><td>对学生学习及成果的要求</td><td colspan="6">1. 每名同学均能按照资讯思维导图自主学习,并完成课前自学的问题训练和自学自测;
2. 严格遵守课堂纪律,学习态度认真、端正,能够正确评价自己和同学在本任务中的素质表现;
3. 每位同学必须积极动手并参与小组讨论,承担施工测量资料编写和整理的工作,做到积极、主动、不推诿,能够与小组成员合作完成工作任务;
4. 每位同学均需独立或在小组同学的帮助下完成技能训练工作单,并提请检查、签认,对提出的建议或有错误务必及时修改;
5. 每组必须提交工程中施工测量资料的报告工单,并提请教师进行小组评价,小组成分享小组评价分数或等级;
6. 每名同学均完成任务反思,以小组为单位提交。</td></tr>
</table>

资讯思维导图

- 施工测量资料编制
  - 知识点
    - 工程定位测量记录
      - 问题1：工程定位测量记录规定与要求是什么？
      - 问题2：工程定位测量内容、依据、方法、过程都是什么？
      - 问题3：工程定位测量、仪器及其他相关成果包括什么？
    - 基槽（孔）验线记录
      - 问题1：基槽（孔）验线记录规定与要求是什么？
      - 问题2：基槽（孔）验线记录填写说明包括什么？
      - 问题3：桩孔验线记录包括什么？
    - 楼层平面放线记录
      - 问题1：楼层平面放线记录规定与要求是什么？
      - 问题2：楼层平面放线记录楼层平面放线记录是什么？
    - 楼层标高抄测记录
      - 问题1：楼层标高抄测记录规定与要求是什么？
      - 问题2：楼层标高抄测记录填写说明包括什么？
    - 建筑物垂直度、标高测量记录
      - 问题1：建筑物垂直度、标高测量记录规定与要求是什么？
      - 问题2：建筑物垂直度、标高测量记录填写说明包括什么？
    - 建筑物沉降观测记录
      - 问题1：建筑物沉降观测记录观测周期规定是什么？
      - 问题2：建筑物沉降观测记录水准基点的设置位置要求是什么？
      - 问题3：建筑物沉降观测记录观设点的设置内容是什么？
      - 问题4：建筑物沉降观测记录的方法、次数和时间是什么？
      - 问题5：沉降观测的精度要求是什么？
      - 问题6：建筑物沉降观测资料整理归档内容包括什么？
      - 问题7：建筑物沉降观测安装抄测记录编写方法是什么？
  - 技能点
    - 能够列出施工测量记录的种类
    - 能够分辨施工测量记录的表式
    - 能够正确编写定位测量、基槽验线等施工测量记录
  - 职业素养
    - 培养学生具有社会责任感和社会参与意识
    - 培养学生树立质量和安全意识，成为工程建设质量的守护者
    - 培养学生具有爱国情怀和民族自豪感
    - 培养学生爱国敬业，诚实守信的品质

课前自学

施工测量工作是建筑与结构工程施工中各项工作的先导工序，贯穿于施工各个阶段，包括场地平整、土方开挖、基础及墙体砌筑、构建安装、烟囱、水塔、道路铺设、管道敷设、沉降观测等，并做记录。施工测量工作质量的高低直接影响到整个工程的质量，因此，施工测量工作在施工中占有非常重要的地位，要高度重视施工测量相关资料的建立。鉴于工程测量的重要性，规定凡工程测量均必须进行复测，以确保工程测量正确无误。

施工测量资料是施工单位进行的定位或放线测量的原始记录资料，在施工中用各种测量仪器和工具，对工程的位置、垂直度及沉降量等进行度量和测定所形成的记录。记录中应有测量依据和过程，并应进行复核检查，监理工程师及有关人员应查验签字。

知识点1　工程定位测量记录

工程定位测量记录是建设单位、施工单位及城建档案馆必须永久保存的资料之一，由施工单位填写，并随相应的“施工测量放线报验申请表”进入资料流程。

视频

工程定位测量记录的编制

施工单位依据规划部门提供的红线桩、放线成果，根据当地建设行政主管部门给定总图范围内的建筑物、构筑物及其他建筑物的位置、标高进行测量与复测，以保证建筑等的标高、位置正确。

主要测定建筑物位置、主控轴线及尺寸、建筑物的 ±0.000 高程等，填写“工程定位测量记录”以及“施工测量放线报验表”，报监理单位审核签字，由建设单位报规划部门验线。

一、规定与要求

（1）定位基点。建设单位应提供测量定位基点的依据点、位置、数据，并应现场交底，如导线点、三角点、水准点及其级别。

（2）测量定位。测量定位、闭合差符合工程测量规范要求。

（3）定向取点。定向应取两个以上后视点。

（4）量距误差。定位量距离时，量往返距离误差一般在万分之一以内，或符合设计要求。

（5）坐标精度。应符合设计对坐标、标高等精度的要求。

（6）原始记录。重点工程或大型厂房应有测量原始记录。

（7）标高要求。建设单位定的相对标高应与城市绝对标高一致并由建设单位认证盖章。

（8）无定位放线证明。无建设单位提供的定位放线依据手续证明的，不符合要求。

（9）其他情况。无城建部门核准的验线、定位、±0.000 标高签字的文件资料，不符合要求。

二、工程定位测量内容

平面位置定位、标高定位、测设点位。

三、定位依据

（一）测量定位依据一

规划部门提供的红线桩、放线成果、平面控制点（场地控制网）及高程控制点（国家水准点、城市水准点或假定标高起算点）等，并提供点位略图、点名及有关数据（如测量坐标、建筑坐标及高程）。

（二）测量定位依据二

建设单位提供的定位总图、建筑总平面图、基础平面图，以及建筑物的 ±0.000 绝对标高和定位通知单等技术文件（文字说明）。

（三）测量定位依据三

重要工程的 ±0.000 绝对标高由设计单位给出，一般工程由设计单位或建设单位参照某固定建筑物某处的标高。

四、定位方法

常用的定位方法包括直角坐标法、极坐标法、角度交会法和距离交会法等，也可以选择其中几种方法配合采用。

五、定位过程

（一）编写定位施测的程序及其全过程

主要有：控制点的编号、坐标、标高（绝对标高、相对标高），仪器设置的点位，前后视的点名，各点之间的距离，点号及轴线编号等。

（二）复测闭合差

允许偏差为：距离测量相对误差值 ±1/5 000；角度允许值为 $\pm 40\sqrt{n}('')$；高程允许值为 $\pm 12\sqrt{n}$（mm）。以上式中，n 为仪器架设次数。

六、附图

附图即定位抄测示意图。

（1）建筑物平面。绘制单线条建筑物平面图，表达出施测的全过程。

（2）标明关键点。图中要标明：基准点和新测建筑物测点的纵横坐标及位置关系，拐点的纵横坐标（轴线），相关的原有建筑物坐标要注入图中，标明各部尺寸关系、角度关系等。

（3）注明轴线、标高、抄测点位置等。

（4）标出指北针。

七、仪器

说明其名称、型号、牌号，并检查合格证编号、日期。

八、其他

（一）附件收集

可附水准原始记录。

（二）“委托单位”

填写建设单位或总承包单位。

（三）“平面坐标依据、高程依据”

设计文件或由测绘院或建设单位提供，应以规划部门钉桩坐标为标准；在填写时应注明点位编号，且与交桩资料中的点位编号一致。

（四）“建筑物 ±0.000 绝对高程”

按设计文件填写。

九、定位成果

拟建建筑物的平面位置、拟建建筑物的主控轴线、拟建建筑物的 ±0.000 绝对高程位置。

忆一忆

项目中工程定位测量记录档案建立的过程是什么？

____

____

____

知识点2　基槽(孔)验线记录

通常把对建筑工程项目的基槽(孔)轴线、放坡边线等几何尺寸进行复验的工作称为基槽(孔)验线。它是依据主控轴线和基础平面图，主要检验建筑物基底外轮廓线、集水坑、电梯井坑、基槽(孔)断面尺寸、坡度等，看其是否符合设计要求。施工单位应在基槽(孔)验线后，编写"基槽(孔)验线记录"，填写"施工测量放线报验表"，报监理单位审核签字。

一、规定与要求

(一)原始记录

原始记录是重点工程或大型工业厂房应有测量原始记录。

(二)档案保存

"基槽(孔)验线记录"由建设单位、施工单位、城建档案馆各保存一份。

二、填写说明

(一)附件收集

附件收集主要包括普通测量成果及基础平面图等。

(二)验线依据及内容

依据：定位控制桩、主控轴线、基槽底平面图、基础平面图等。

内容：建筑物基底外轮廓线、集水坑、电梯井坑、垫层底标高(高程)、基槽(孔)断面尺寸和坡度等。

(三)基槽平面、剖面简图

画单线条示意图。要特别注意本次验收的范围是一次全部验收，还是按该工程施工组织设计所确定的若干个施工段分别验收，以及必要的文字说明等，基槽验线依据。

三、桩孔验线记录

(一)验线依据及内容

依据：主控制轴线、基础平面图、桩的平面布置图等。

内容：桩孔断面尺寸、桩底标高等。

(二)桩孔平面、剖面简图

绘单线条示意图，以及必要的文字说明。

(三)检查意见

建筑物基底外轮廓线的位置、基槽(孔)断面尺寸、标高、边坡的坡度等是否符合设计要求；集水坑、电梯井坑等特殊构造的位置是否符合设计要求。

思一思

“基槽(孔)验线记录”应该如何填写?

知识点3　楼层平面放线记录

施工中楼层平面放线内容主要包括:轴线竖向投测控制线、各层墙柱轴线、墙柱边线、门窗洞口位置线及平面尺寸线及垂直度偏差等。施工单位完成楼层平面放线后,应编写“楼层平面放线记录”,填写“施工测量放线报验表”,报监理单位审核签字。

一、规定与要求

(一)放线规定

“放线部位”及“放线依据”应详细、准确。

(二)记录保存

“楼层平面放线记录”由施工单位保存。

二、填写说明

(一)附件收集

附件可附平面图。

(二)放线部位

某轴至某轴(必要时要说明纵横两向轴线位置),要特别注意本次验收的范围是一次全部验收,还是按该工程施工组织设计所确定的若干个施工段分别验收。

(三)放线内容

(1)主轴线投测(轴线控制线);

(2)各层墙柱轴线与边线;

(3)门窗洞口平面位置线及平面尺寸等。

(四)放线依据

(1)施工单位在施工现场测设的主轴线控制桩;

(2)首层+0.50 m水平控制点;

(3)该层楼该部位的建筑平面图等。

(五)放线简图

绘单线条示意图,表示主控轴线与其他轴线之间的关系,各层墙体轴线与边线、门窗洞口位置线及平面尺寸线的位置关系以及本层结构标高等;标注轴线编号。

(六)检查意见

主轴线投测误差值、主轴线与其他轴线之间水平距离的检测误差值等。

查一查

“楼层平面放线记录”报送审批过程和要求是什么?

知识点4　楼层标高抄测记录

施工中楼层标高抄测内容主要包括楼层+0.5 m(或+1.0 m)水平控制线、楼地面、顶棚与门窗口标高及皮数杆等。施工单位完成楼层标高抄测后,编写“楼层标高抄测记录”;填写“施工测量放线报验表”,报监理单位审核签字。

一、规定与要求

(一)标高要求

基础、砖墙必须设置皮数杆,以此控制标高,用水准仪校核(允许误差±3 mm)。

(二)记录保存

“楼层标高抄测记录”由施工单位保存。

二、填写说明

(一)附件收集

附件可附平面图及立面图。

(二)抄测部位

某轴至某轴(必要时要说明纵横两向轴线位置),要特别注意本次验收的范围是一次全部验收,还是按该工程施工组织设计所确定的若干个施工段分别验收。

(三)抄测内容

(1)××层+0.5 m(或1.0 m)水平控制线;

(2)楼层结构顶面与门窗口的标高。

(四)抄测依据

(1)首层+0.50 m水平控制点

(2)某层建筑平面图及结构详图。

(五)抄测说明(或附图)

按建筑物轴线绘单线条示意图(图3.1),表示在建房屋的平面位置;在图中加若干个检测点,并注明每个检测点的标高检测误差值。

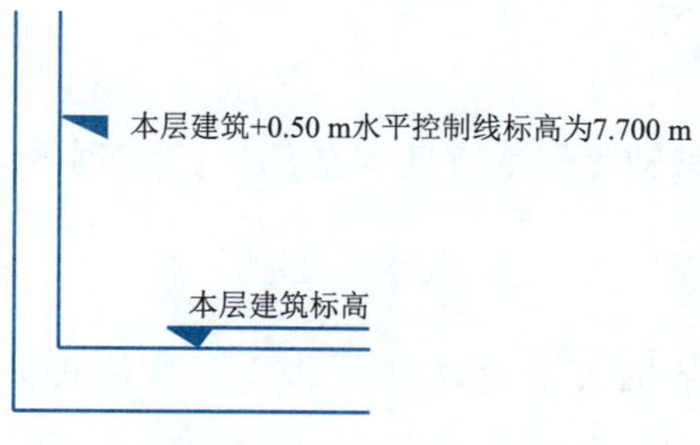

图3.1　建筑物轴线绘单线条示意图

(六)检查意见

说明楼层标高抄测误差是否在允许范围内。

想一想

如何根据工程案例编写“楼层标高抄测记录”?

知识点5 建筑物垂直度、标高测量记录

施工单位在结构工程施工和工程竣工时,选定测量点及测量次数,对建筑物垂直度和标高全高进行实测,编写“建筑物垂直度、标高、全高测量记录”,填写“施工测量放线报验表”,报监理单位审核签字。

建设工程中建筑物垂直度一般指平面图中建筑物四角的垂直度;建筑物标高一般指建筑物主体结构完成时平面图中建筑物四角的楼顶标高;建筑物全高一般指建筑物主体结构完成时平面图中建筑物四角位置从 ±0.000 起至建筑物主体结构楼顶的高度。

一、规定与要求

(一)允许偏差要求

超过允许偏差且影响结构性能的部位,应由施工单位提出技术处理方案,并经建设(监理)单位认可后进行处理。

(二)记录保存

“建筑物垂直度、标高测量记录”由建设单位、施工单位各保存一份。

二、填写说明

(一)施工阶段

施工阶段填写结构完成、工程竣工。

(二)观测日期

观测日期即实测时间。

(三)观测说明(附观测示意图)

绘制单线条平面简图,表示测量建筑物垂直度时架设经纬仪的平面位置;绘制单线条剖面简图,表示测量建筑物垂直度、标高、全高的方法。

(四)垂直度测量(全高)

其中,“观测部位”用某轴至某轴表示垂直度测量部位;“实测偏差”则要说明实测偏差的方向和数值。

(五)标高测量(全高)

其中,“观测部位”用某轴至某轴表示标高测量部位;“实测偏差”则要说明实测偏差的方向和数值。

(六)结论

说明建筑物垂直度、标高、全高测量误差是否在允许范围内。

(七)其他

“专业技术负责人”填写项目总工;“专业质检员”填写现场质量检查员;“施测人”填写具体测量人员。

思一思

"建筑物垂直度、标高、全高测量记录"是如何编写的?

知识点6 建筑物沉降观测记录

在建设工程中,建筑物做沉降观测是为了保证建筑结构安全,及时发现安全隐患,从而更好地保证工程质量的重要措施。根据《建筑地基基础设计规范》(GB 50007—2011),凡属于下列建筑物,应在施工期间和使用期间进行变形观测:

视频

建筑物沉降观测记录

第一,地基基础设计等级为甲级的建筑物;

第二,复合地基或软弱地基上的设计等级为乙级的建筑物;

第三,加层、扩建建筑物;

第四,受临近深基坑开挖施工影响或受场地地下水等环境因素变化影响的建筑物;

第五,要积累建筑经验或进行设计反分析的工程;

第六,二十层以上或造型复杂的十四层以上建筑物;

第七,大型和重要的建筑物、构筑物。

根据设计要求和规范规定,凡需进行沉降观测的工程,应由建设单位委托有资质的测量单位进行施工过程中及竣工后的沉降观测工作。通常,一般工程由施工单位负责施工过程中的沉降观测工作,重要、大型工程由建设单位委托有测量专业资质的测量单位进行施工过程中及竣工后的沉降观测工作。

测量单位应按设计要求和规范规定,或监理单位批准的观测方案,设置沉降观测点,绘制沉降观测点布置图,随同工程形象(载荷阶段)定期进行沉降观测,编写"建筑物沉降观测测量记录",填写"施工测量放线报验表",报监理单位审核签字;同时,附沉降观测点的沉降量与时间、荷载关系曲线图和沉降观测技术分析报告。

一、观测周期

(一)沉降规律观测

沉降观测的周期应能反映出建筑物的沉降变形规律,建(构)筑物的沉降观测对时间有严格的限制条件,特别是首次观测必须按时进行,否则沉降观测得不到原始数据,从而使整个观测得不到完整的观测结果。其他各阶段的复测,根据工程进展情况必须定时进行,不得漏测或补测,只有这样,才能得到准确的沉降情况及规律。

(二)基础沉降观测

建筑物施工阶段的观测,应随施工进度及时进行。凡设计要求和规范规定需进行沉降观测的工程,对一般建筑可在基础完工后或地下室砌完后开始观测;对大型、高层建筑,可在基础垫层或基础底部完成后开始观测。即应确定水准基点和观测点,其位置一般由设计单位确定,而且在设计图纸上标明具体的位置。

(三)沉降周期观测

在施工阶段,观测的频率要大些,一般按3天、7天、15天确定观测周期,或按层数、荷载的增加确定观测周期。观测周期具体应视施工过程中地基与加荷而定。如暂时停工时,在停工时和重新开工时均应各观测一次,以便检验停工期间建筑物沉降变化情况,为重新开工后沉降观测的方式、次数是否应调整作判断依据。在竣工后，观测的频率可以少些，视地基土类型和沉降速度的大小而定，一般有一个月、两个月、三个月、半年与一年等不同周期。直至竣工。

二、水准基点的设置

（一）水准基点的布置

应根据工程的沉降施测方案和布网原则的要求建立。一般所观测的每一区域不得少于两个基准点（即水准基点），并且至少应设置一个深埋式水准点；基准点与被观测建筑物或构筑物间距为30～50 m。对高层建筑物，一般其周围要布设三个基准点，且与建筑物相距50～100 m范围为宜。

（二）水准基点的形式

常用的有深埋式和浅埋式两种，主要考虑永久使用和埋设的坚固性而选用，详见《建筑施工测量》教材。

三、观设点的设置

（一）观设点类型

观设点常用的有现浇式、预置式、隐蔽式等形式，可用钢筋和扁铁作为观测点。扁铁比较好施工；钢筋最好用型号为$\phi25$的钢筋，做成90°。图3.2可供参考。

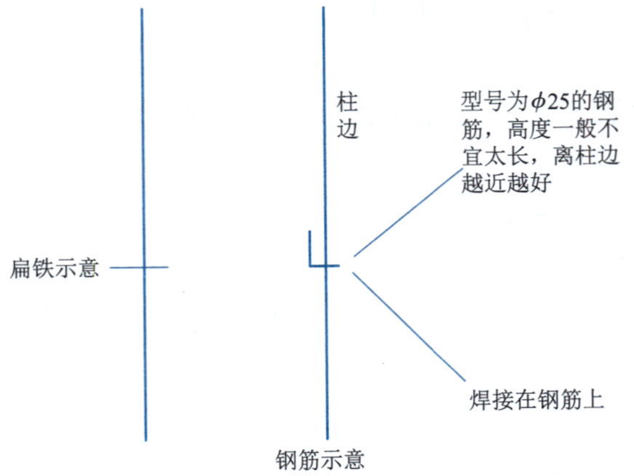

图3.2　建筑物轴线绘单线条示意图

（二）设置原则

（1）以能全面查清建筑物和构筑物基础沉降的要求为前提，有设计单位依据建筑物的形状、结构、地质条件、桩形等因素综合考虑，布设在最能敏感反映建筑物沉降变化的地点。一般布设在建筑物四角、差异沉降量大的位置、地质条件有明显不同的区段以及沉降裂缝的两侧。

（2）埋设时注意观测点与建筑物的联结要牢靠，使得观测点的变化能真正反映建筑物的变化情况。

（3）一般情况下留设在离地30～50 cm高度，设置位置以设计图为准。

（三）设置位置

（1）砖墙承重的建筑物：沿墙的长度每隔8～12 m设置一个观测点，并应设置在建筑物的转角处、纵墙和横墙的交接处、纵墙和横墙的中央、建筑物沉降缝的两侧；当建筑物的宽度大于15 m时，内墙也应在适当的位置设观测点。

（2）框架结构的建筑物：应在每个柱基或部分柱基上安设观测点。

（3）具有浮筏基础或箱形基础的高层建筑：观测点应沿纵、横轴线和基础周边设置。

（4）新建和原有建筑物连接处的两边都应设置观测点。

（5）烟囱、水塔、油罐及其他类似构筑物的观测点，应沿周边对称设置。

忆一忆

如何填写“建筑物沉降观测测量记录”？

四、观测方法

每次均须采用环形闭合方法或往返闭合方法。同一观测点的两次观测之差不得大于1 mm。一般首次观测的沉降观测点高程值是以后各次观测用以比较的基础，其精度要求非常高，施测时常用N2级精密水准仪，并且要求每个观测点首次高程应在同期观测两次，比较观测结果，若同一观测点间的高差不超过±0.5 mm时，即可认为首次观测的数据是可靠的。

五、观测次数和间隔时间

观测次数与间隔时间应视地基与加荷情况而定。根据编制的沉降施测方案及确定的观测周期，一般有如下要求：

（一）首次观测

首次观测应在观测点安设稳固后及时进行。

（二）施工阶段

（1）民用建筑可每加高一层观测一次，对高层建筑可每加高1～5层观测一次；工业建筑应在不同荷载阶段或按不同施工阶段（如回填基坑、安装柱子和屋架、砌筑墙体、设备安装等）分别进行观测。

（2）整个施工时间的观测不得少于4次。

（3）如建筑物均匀增高，应至少在增加荷载的25%、50%、75%和100%时各测一次。施工过程中如暂时停工，在停工时及重新开工时应各观测一次。停工期间，可每隔2～3个月观测一次。

（三）竣工后

建筑物使用阶段的观测次数，应视地基土类型和沉降速度大小而定。

（1）除有特殊要求者外，一般情况下：第一年观测3～4次；第二年观测2～3次；第三年后每年1次，直至下沉稳定为止。

（2）观测期限一般不少于如下规定：砂土地基2年；膨胀土地基3年；黏土地基5年；软土地基10年。

六、沉降观测的精度要求

根据建筑物的特性和建设、设计单位的要求选择沉降观测精度的等级。在没有特别要求的情况下，一般性的高层建筑物施工过程中，采用二等水准测量的观测方法就能满足沉降观测的要求。各项观测指标要求如下：

（一）闭合差

往返较差、附和或环线闭合差：$\Delta h = \sum a - \sum b \leqslant 1.0$。

（二）前后视距

前后视距≤30 m。

（三）视距差

前后视距差≤1.0 m。

（四）视距累积差

前后视距累积差≤3.0 m。

（五）高差容差

沉降观测点相对于后视点的高差容差≤1.0 mm。

练一练

练习填写“施工测量放线报验表”。

七、其他

（一）连续观测

当建筑物突然发生大量沉降、不均匀沉降或严重的裂缝时，应立即进行逐日或几天一次的连续的观测，同时应对裂缝进行观测。

（二）建筑物的裂缝观测

应在裂缝上设置石膏条等可靠的观测标志；观测后应绘制样图，画出裂缝的位置、形状和尺寸，并注明日期和编号，必要时应将裂缝拍摄下来。

（三）沉降稳定阶段

沉降是否进入稳定阶段，应由沉降量与时间关系曲线判定。对重点观测和科研观测工程，若最后三个周期观测中每周期沉降量不大于2倍测量中误差可认为已进入稳定阶段。一般观测工程，若沉降速度小于0.01～0.04 mm/d，可认为已进入稳定阶段，具体取值宜根据各地区地基土的压缩性确定。

（四）施测人员与仪器

在整个观测过程中，施测人员和工具宜固定；仪器宜采用精密水准仪和刻度精确的水准尺。

八、建筑物沉降观测资料整理

（1）水准点总平面布置图和构造图及沉降观测的全部原始资料。

（2）晴雨气象资料。

（3）绘制沉降观测点平面布置图。标出与水准基点的位置关系。

（4）有关沉降计算：

①计算各观测点的沉降量，填写建筑物“沉降观测记录”（表格编号由测量单位提供）。

②计算楼体各期平均沉降量及平均沉降速率。

③绘制 *V-T-S*（沉降速率、时间、沉降量）关系曲线图或 *P-T-S*（荷载、时间、沉降量）关系曲线图：根据沉降观测结果绘制，具体按《建筑施工测量》教材确定。

（5）沉降观测分析报告。

根据上述内容编写，其中附有工程地质、工程设计的简要说明。详见《地基基础》教材。

九、安装抄测记录

安装抄测记录是用于各项构件、管道及设备安装时，对轴线、标高及坡度等进行测量控制的记录，施工单位完成抄测后，编写“安装抄测记录”，填写“施工测量放线报验表”，报监理单位审核签字。

工 程 案 例

施工测量放线报验表

B2-01

（A3 监）

工程名称	×××住宅楼	编　号	002

致：　哈尔滨×××建设项目管理有限公司　（监理单位）

我方已完成（部位）　×××住宅楼自然地面

（内容）　×××住宅楼自然地面标高

的测量放线，经自检合格。请予检验。

附件：1. 放线的依据材料　1　页

2. 放线成果表　1　页

测量员（签字）：

复查人（签字）：

施工单位名称：＊＊建设开发总公司黑龙江分公司　技术负责人（签字）：

年　月　日

检验意见：

监理单位名称：哈尔滨×××建设项目管理有限公司　监理工程师（签字）：

年　月　日

工程定位测量记录

C4-02

工程名称	××办公楼	图纸编号	结施-1
建设单位	××建设综合开发公司	允许偏差/mm	±8
设计单位	××建筑设计院	使用仪器及编号	经纬仪型号:J20147 钢尺:060418
监理单位	××监理公司	仪器检定日期	年　月　日
施工单位	××建筑工程公司	施测日期	年　月　日
建筑物±0.00绝对高程	本工程±0.00以××路中心上返500 mm为准，海拔标高：130.44 m		
平面坐标及高度依据	平面依据：规划局给定拟建建筑物外墙上两点，即点 A、点 B 高程依据：××街电线杆上一点，海拔标高130.94 m		
定位方法及过程	1. 定位方法：直角坐标法 2. 定位过程： ①点 A、点 B 为规划局给定，是外墙皮上的点。线段 $AB=60$ m。 ②将经纬仪架于点 A，后视点 B，尺随镜头确定点 C，利用钢尺测线段 $AC=86.83$ m；盘右90°，尺随镜头利用钢尺确定点 D，使线段 $AD=12$ m。 ③将经纬仪架于点 C，后视点 A，盘左90°，尺随镜头利用钢尺确定点 E，使线段 $CE=12$ m。 ④将经纬仪架于点 E，后视点 D，盘右90°，与点 C 闭合。 ⑤测知闭合差为2 mm。误差在允许范围内。		
监理工程师（建设单位代表）	施工单位		
	测　量	×××	
	制　图	×××	
×××	复　核（施工技术负责人）	×××	（盖章） 年　月　日

附图：

基槽(孔)验线记录

C4-03

工程名称	×××办公楼	日 期	年 月 日
施工单位	×××建筑工程公司	验线内容	

验线依据及内容：

依据：(1)定位轴线控制网及市规划局给定的 BM 水准点；

(2)施工图纸(图号 ××-×)、设计变更/洽商通知单(编号 ×××)；

(3)本工程“施工测量方案”。

内容：(1)基础外轮廓线及外轮廓断面；

(2)垫层底标高。

基槽(孔)平面、剖面简图(单位：mm)：

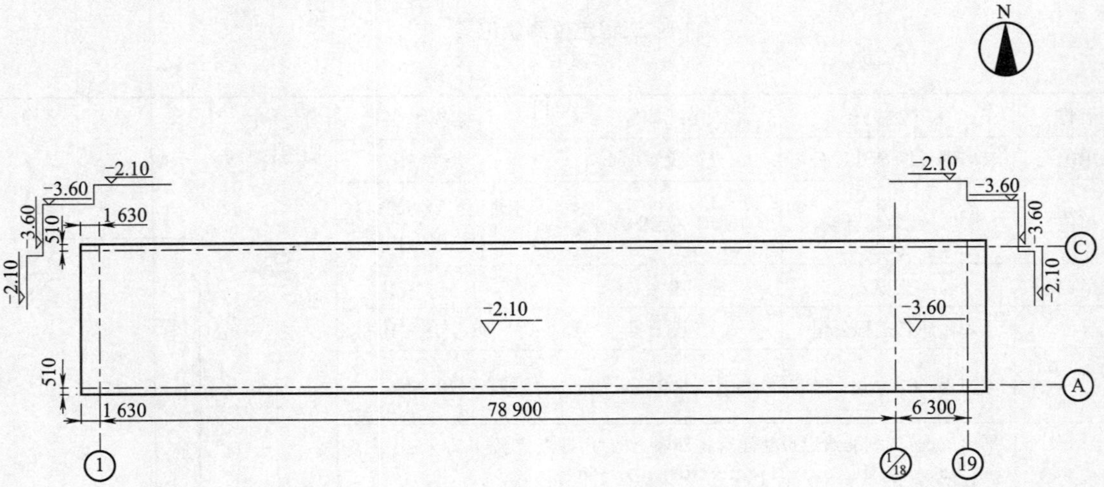

检验意见：

经检查：基底外轮廓线位置准确无误；基底标高为 -2.10 m，局部 -3.60 m(局部垫层底标高为 -3.60 m 位于 1/18 轴至 19 轴之间位置)。允许偏差 ±10 mm。满足设计及规范要求，可进行下道工序施工。

监理工程师（建设单位代表）： 施工技术负责人： 施工质检员： 施测人：

楼层平面放线记录

C4-04

工程名称	××办公楼	日　期	年　月　日
放线部位	一层1轴至13轴	放线部位	1轴至13轴一层墙体轴线

放线依据：

(1)施工图纸(图号××-×)、设计变更/洽商通知单(编号×××)。

(2)本工程《施工测量方案》。

(3)地上一层已放好的控制桩点。

放线简图(单位:mm)：

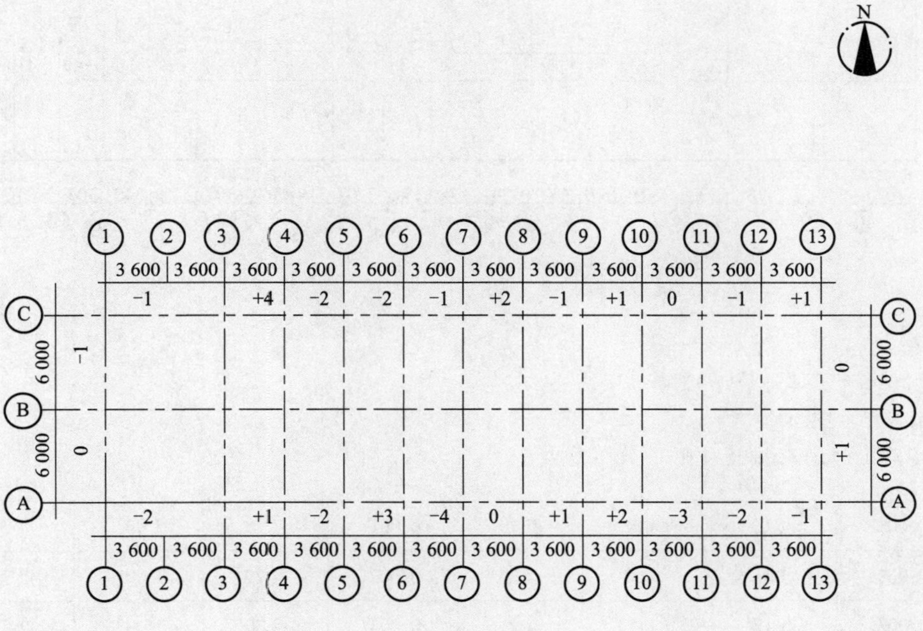

(14轴至19轴一层墙体轴线抄测略)

检查意见：

(1)墙柱轴线均在允许的偏差范围内。墙允许偏差为±10 mm,柱允许偏差为±8 mm。

(2)正值为超出设计值,负值为低于设计值。符合设计、规范要求。

监理工程师(建设单位代表)：	施工技术负责人：	施工质检员：	施测人：

楼层标高抄测记录

C4-05

工程名称	×××工程	日　期	年　月　日
施工单位	×××建筑工程公司	抄测部位	二层模板顶1轴至21轴

抄测内容及依据：

1. 内容：1 轴至 21 轴二层顶模板标高抄测。

2. 依据：结施-6。

抄测说明（或附图）：

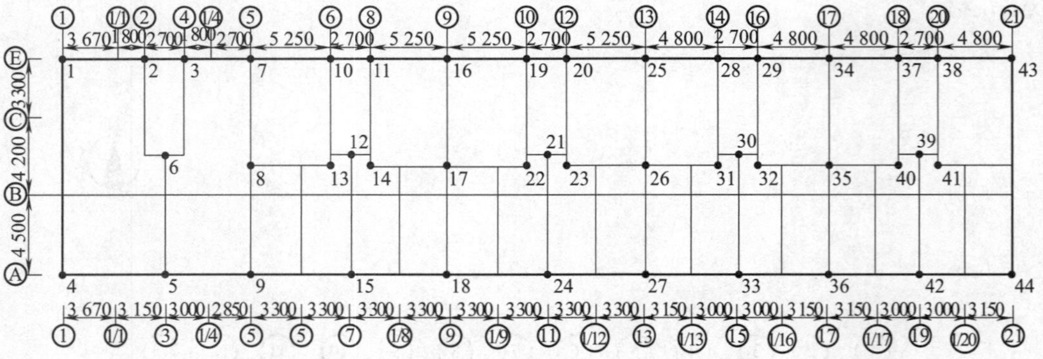

说明：

1. 本抄测为 1～21 轴二层模板顶标高抄测。

2. 基础墙顶标高为 3.280 m。

3. 抽查结果误差值在允许范围内（明细如下，单位：m）。

点 1	0.001	点 10	0.001	点 19	0.001	点 28	0.002	点 37	0.001
点 2	0.003	点 11	0.002	点 20	0.002	点 29	0.001	点 38	0.002
点 3	0.002	点 12	0.001	点 21	0.003	点 30	0.003	点 39	0.003
点 4	0.003	点 13	0.003	点 22	0.002	点 31	0.002	点 40	0.002
点 5	0.001	点 14	0.003	点 23	0.001	点 32	0.003	点 41	0.003
点 6	0.002	点 15	0.001	点 24	0.003	点 33	0.001	点 42	0.001
点 7	0.003	点 16	0.002	点 25	0.002	点 34	0.001	点 43	0.002
点 8	0.002	点 17	0.002	点 26	0.001	点 35	0.003	点 44	0.001
点 9	0.002	点 18	0.001	点 27	0.002	点 36	0.002		

检查结果：

经现场复测及保证资料核查符合设计要求，误差允许范围内。

监理工程师（建设单位代表）：×××	施工技术负责人：×××	施工质检员：×××	施测人：×××

建筑物垂直度、标高测量记录

C4-06

工程名称	×××国际大厦	测量日期	年　月　日
施工单位	×××建筑工程有限公司	施工阶段	主体五层结构施工完

测量说明（附测量示意图）：

用经纬仪（型号：DT-02L；编号：T80434）配合量距测得垂直度偏差；用计量 50 m 钢尺外加三项改正量得标高偏差。

垂直度允许偏差：层高≤5 m，允许偏差 8 mm；层高＞5 m，允许偏差 10 mm。

标高偏差：允许偏差层高 ±10；实测偏差，正值为高于设计标高，负值为低于设计标高，单位以 mm 计。

五层结构顶设计标高 20. 800 m。

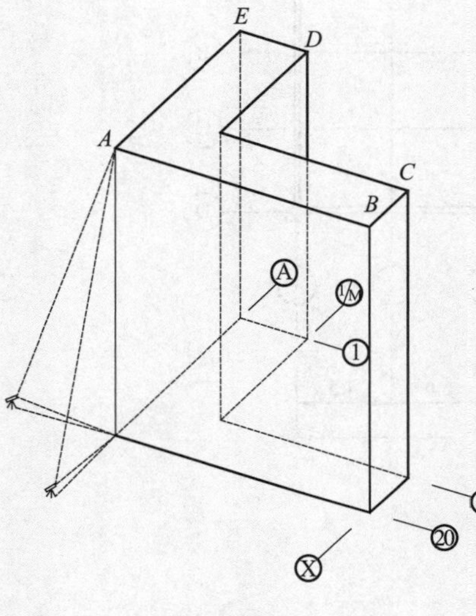

建筑物垂直度抄测示意图

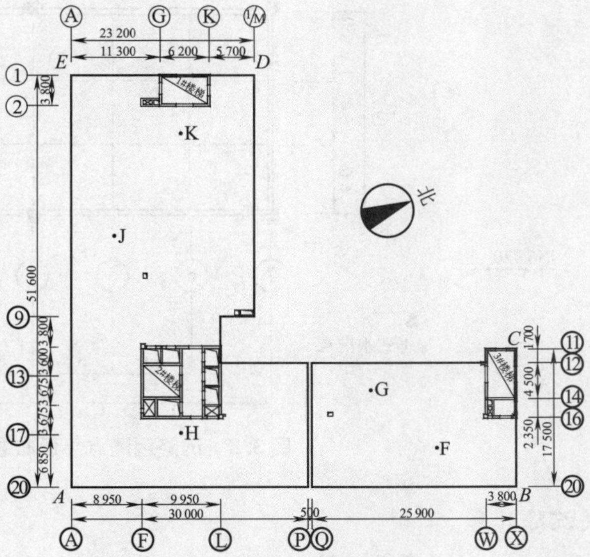

构顶标高抄测点平面示意图

垂直度测量			标高测量		
测量部位	经纬仪架设位置	实测偏差/mm	测量部位	设计标高/m	实测偏差/mm
20 轴交 A 轴大角	仪器架于 20 轴延长线上	偏东 3	A	20. 800	3
	仪器架于 A 轴延长线上	偏南 3	B	20. 800	−2
20 轴交 X 轴大角	仪器架于 20 轴延长线上	偏东 4	C	20. 800	4
	仪器架于 X 轴延长线上	偏北 2	D	20. 800	−2
11 轴交 X 轴大角	仪器架于 11 轴延长线上	偏西 2	E	20. 800	3
	仪器架于 X 轴延长线上	偏北 4	F	20. 800	−2
1 轴交 1/M 轴大角	仪器架于 1 轴延长线上	偏西 5	G	20. 800	+1
	仪器架于 1/M 轴延长线上	偏北 3	H	20. 800	−3
1 轴交 A 轴大角	仪器架于 1 轴延长线上	偏西 3	J	20. 800	+3
	仪器架于 A 轴延长线上	偏南 3	K	20. 800	−1

检查意见：

经检测，建筑物五个大角垂直度及结构顶标高偏差值均在《混凝土工程施工质量验收规范》的允许偏差值以内。

监理工程师（建设单位代表）：	施工技术负责人：	施　工质检员：	施测人：

沉降观测记录案例

[自然情况]

××大厦工程,由××建筑工程公司承建。该工程自2015年3月开工,至2015年7月达到±0.000 m后,即进行沉降观测。对该工程进行了十次观测,每次都是在晴朗、无风天,用同一台仪器(瑞士产Sl级精密水准仪N3),在同一位置、同一司尺员、同一尺杆进行观测,以确保成果的准确、可靠。

[沉降观测资料]

(一)水准点总平面布置图和构造图及沉降观测的全部原始资料。

(略)。

(二)沉降观测点平面布置图(图3.3)

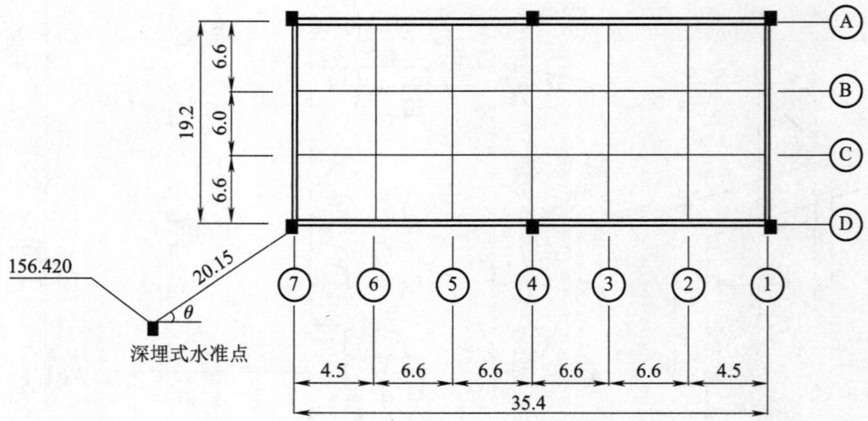

图3.3 沉降观测点平面布置图

(三)有关沉降计算

(1)计算各观测点的沉降量。填写建筑物"沉降观测记录"(表格编号由测量单位提供)。

沉降观测记录

C4-07

工程名称	××大厦		仪器型号	WILDN$_3$ 铟钢水准尺	水准点高程	长江2 156.420
观测点	形象进度	±0.00完	3层平口	6层平口	9层平口	11层平口
	日期	2015.7.12	2015.8.12	2015.9.15	2015.10.19	2015.11.19
A1	高程/m	156.510	156.509	156.508	156.507	156.507
	沉降量/mm		-1	-1	-1	0
	累计沉降量/mm		-1	-2	-3	-3
A4	高程/m	156.510	156.507	156.505	156.503	156.502
	沉降量/mm		-3	-2	-2	-1
	累计沉降量/mm		-3	-5	-7	-8
A7	高程/m	156.510	156.504	156.500	156.498	156.498
	沉降量/mm		-6	-4	-2	0
	累计沉降量/mm		-6	-10	-12	-12
D1	高程/m	156.510	156.508	156.506	156.504	156.503
	沉降量/mm		-2	-2	-2	-1
	累计沉降量/mm		-2	-4	-6	-7

续表

观测点	形象进度	±0.00完	3层平口	6层平口	9层平口	11层平口
	日期	2015.7.12	2015.8.12	2015.9.15	2015.10.19	2015.11.19
D4	高程/m	156.510	156.507	156.505	156.503	156.502
	沉降量/mm		-3	-2	-2	-1
	累计沉降量/mm		-3	-5	-7	-8
D7	高程/m	156.510	156.507	156.504	156.502	156.501
	沉降量/mm		-3	-3	-2	-1
	累计沉降量/mm		-3	-6	-8	-9
技术负责人		质量检查员		施工技术员		观测人
×××		×××		×××		×××
观测点	形象进度	11层平口	13层平口	15层平口	主体完	封闭将完
	日期	2016.3.16	2016.4.14	2016.5.18	2016.6.18	2017.9.1
A1	高程/m	156.505	156.505	156.505	156.504	156.502
	沉降量/mm	-2	0	0	-1	-2
	累计沉降量/mm	-5	-5	-5	-6	8
A4	高程/m	156.502	156.502	156.502	156.501	156.501
	沉降量/mm	0	0	0	-1	0
	累计沉降量/mm	-8	-8	-8	-9	-9
A7	高程/m	156.498	156.498	156.498	156.498	156.497
	沉降量/mm	0	0	0	0	-1
	累计沉降量/mm	-12	-12	-12	-12	-13
D1	高程/m	156.502	156.502	156.501	156.501	156.500
	沉降量/mm	-1	0	-1	0	-1
	累计沉降量/mm	-8	-8	-9	-9	-10
D4	高程/m	156.501	156.500	156.500	156.499	156.498
	沉降量/mm	-1	-1	0	-1	-1
	累计沉降量/mm	-9	-10	-10	-11	-12
D7	高程/m	156.501	156.500	156.500	156.500	156.498
	沉降量/mm/	0	-1	0	0	-2
	累计沉降量/mm	-9	-10	-10	-10	-12
技术负责人		质量检查员		施工技术员		观测人
×××		×××		×××		×××

(2)计算楼体各期平均沉降量及平均沉降速率。

楼体各期平均沉降量及平均沉降速率表

编号: ×××

观测次序	日　期	形象进度	相对下沉/m	绝对下沉/mm	沉降速率/(mm·月$^{-1}$)
1	2015.7.12	±0.00完	0	0	0
2	8.12	3层平口	3.0	3.0	3.0
3	9.15	6层平口	2.3	5.3	2.7
4	10.15	9层平口	1.8	7.2	2.4
5	11.19	11层平口	0.7	7.8	2.0

续表

观测次序	日　期	形象进度	相对下沉/m	绝对下沉/mm	沉降速率/(mm·月$^{-1}$)
6	2016.3.16	11层平口	0.7	8.5	1.1
7	4.14	13层平口	0.3	8.8	1.0
8	5.18	15层平口	0.2	9.0	0.9
9	6.18	主体完	0.5	9.5	0.9
10	2017.9.1	封闭将完	1.2	10.7	0.4

注:①平均沉降量:

$$\bar{S} = \frac{\sum S}{n} = \frac{64}{6} = 10.7 \text{ mm}$$

②月平均沉降速度:

$$\bar{V} = \frac{\sum S}{t} = \frac{10.7}{26} = 0.4 \text{ mm/月}$$

(四)沉降观测分析报告

通过十次沉降观测,整理后,实际数据表明,在整个主体施工的过程中,各观测点所显示的沉降量都是微小的,总体的沉降速率逐渐趋于平稳,并且各部位的沉降幅度是均匀的。如果有比较明显沉降的话,也都是在11层以前,而在11层以后,则有所收敛。这些现象表明,无论从理论上,还是从实践上,都是符合正态分布规律的。

现通过计算和各图显示的情况做以下分析:

从图表和各项计算中,可见,各次观测的比较,从时间上来看,主体从±0.00开始至11层,四个月的时间,各点平均下沉8 mm,平均每月下沉2 mm。至主体完工,平均下沉9.5 mm,平均每月下沉0.9 mm,这是楼体下沉速率最大的时期,也是沉降量随压力成正比例变化比较明显的时期,符合地基沉降规律和统计学原理。

从月平均下沉量来看,主体已完,砌筑已近尾声,荷载即将饱和,总压力和压强接近设计值,月平均下沉量明显收敛,即下沉速度趋向于零。从下沉曲线的延伸来看,也逐渐趋于平缓。因而,将不会再有较明显,特别是较大的沉降。

从楼层增加、相应的各次观测的情况比较,从第一次至第九次,都是均匀的,第十次与第九次比较,虽然平均沉降量(绝对沉降)又有较明显的增长,但终因两次观测时间间隔较长(15个月),又因荷重又有较大增加(外墙砌筑),但月平均沉降率微小,已近于零,故沉降速率仍属平稳、收敛,且趋于极限。

从沉降量的垂直分布来看,最小值为8 mm,最大值为13 mm,说明该建筑物地基土质致密、承载力大、耐力均匀;设计科学、合理、可靠,施工整体性好,连续性强,质量高。

从沉降量的平面分布来看,每次各点的沉降数值彼此近于相等,即说明均匀下沉。这种现象表明,基础的整体性好,强度均匀,各部负载均衡,因此,也就使人们不必担心由于沉降不均而出现楼体倾斜、断裂、变形或其他与沉降有关的意想不到的后果。

到第十次观测为止,80%以上的荷载已上到主体,所以,直到竣工为止,就是交工以后的使用过程中,也不会有明显的沉降。

该建筑的跟踪监测到此为止,如建设单位和设计单位另有要求可再次提出,并对本人和施工单位提出宝贵意见和建议,以利于今后的工作和合作。

观测十次,这对于整个建筑物,从基础到主体,从主体到砌筑的沉降跟踪观测,已经能够,并足以发现楼体在空间位置上的状况、沉降规律及该地区的土质特点;同时也是对该地区在类似建筑物的设计上,尤其是在基础的选择和处理上,将为其提供一个经济、合理、安全、可靠的反馈资料,是值得类似工作部门引为借鉴的。

自学自测

一、单选题(只有1个正确答案,每题10分)

1. 无(　　)提供的定位放线依据手续证明的,不符合要求。

A. 施工单位　　B. 监理单位

C. 建设单位　　D. 设计单位

2. 施工单位应在基槽(孔)验线后,编写(　　),报监理单位审核签字。

A. "基槽(孔)验线记录"　　B. "施工测量放线报验表"

C. "工程定位测量记录"　　D. "施工测量放线报验表"

3. "楼层平面放线记录"由(　　)保存。

A. 监理单位　　B. 施工单位

C. 建设单位　　D. 设计单位

4. 专业技术负责人填写(　　)。

A. 项目监理　　B. 项目总工　　C. 项目经理　　D. 施工企业负责人

二、多选题(有至少2个正确答案,每题10分)

1. 工程定位测量内容包括(　　)。

A. 平面位置定位　　B. 质量监督单位　　C. 标高定位　　D. 测设点位

E. 勘察单位

2. 常用的测量定位方法有(　　)。

A. 函数法　　B. 直角坐标法　　C. 角度交会法　　D. 距离交会法

E. 极坐标法

3. "基槽(孔)验线记录"由(　　)、(　　)、(　　)各保存一份。

A. 建设单位　　B. 施工单位　　C. 监理单位　　D. 设计单位

E. 城建档案馆

4. 框架结构的建筑物在(　　)、(　　)安设观测点。

A. 每个柱顶上　　B. 部分柱顶上　　C. 每个柱基上　　D. 部分柱基上

E. 基础顶面上

三、判断题(对的划"√",错的划"×",每题5分)

1. 建设单位定的相对标高应与城市绝对标高一致并由政府单位认证盖章。　(　　)

2. 距离测量相对误差值 ±1/5 000。　(　　)

3. 基础、砖墙必须设置皮数杆。以此控制标高,用水准仪校核(允许误差 ±3 mm)。　(　　)

4. 一般情况下留设在离地 30～50 cm 高度,设置位置以设计图为准。　(　　)

任务实施

根据实际工程的施工测量资料管理的工作需求,施工单位对资料管理的工作程序包括如下步骤。

一、工程定位测量记录

工程定位测量主要是建筑物位置线、现场标准水准点、坐标点(包括场地控制网或建筑物控制网、标准轴线桩等)的确定。测绘部门根据《建设工程规划许可证》(含附件、附图)批准的建筑工程位置及标高依据,测定出建筑物红线桩。

二、基槽(孔)验线记录

施工测量单位根据工程定位测量点、主控轴线及尺寸、基础平面图对基槽放线后,对基槽进行复验的一项工作。复验主要检查建筑物基底位置、轮廓线、集水坑、电梯井坑、基槽标高、基坑断面尺寸等。

三、楼层平面放线记录

楼层平面放线记录是确定各楼层总平面图上理论尺寸与现场实际是否相符合,现场是否有其他障碍物等。通过核对,并记录在总平面图上,为深化图纸调整平面图,掌握了第一次实际数据。为调整和确认设计方案提供了可靠的依据,特别是工期特别紧的项目能缩短工期。

四、楼层标高抄测记录

楼层标高抄测记录是确定空间位置(相对高程或者绝对高程)的,通常顺序是先确定"高度"(可以用仪器也可以用钢尺完成)、再平面定位、再标高抄测作为高程的校核记录。

五、建筑物垂直度、标高测量记录

建筑物垂直度、全高测量由施工单位的专业技术负责人牵头,专职质量检查员详细记录,建设单位代表和项目监理机构的专业监理工程师参加。现场原始记录须经施工单位的专业技术负责人、专职质量检查员签字、建设(监理)单位的参加人员签字后方有效并归存,作为整理资料的依据以备查。

六、建筑物沉降观测记录

沉降观测是根据建筑物设置的观测点与固定(永久性水准点)的测点进行观测,测其沉降程度用数据表达,凡三层以上建筑、构筑物设计要求设置观测点,人工、土地基(砂基础)等,均应设置沉陷观测,施工中应按期或按层进度进行观测和记录,直至竣工。

笔记栏

工　作　单

计　划　单

学习情境3	施工测量资料和施工记录资料编制	任务1	施工测量资料编制
工作方式	组内讨论、团结协作共同制定计划:小组成员进行工作讨论,确定工作步骤。	计划学时	1学时
完成人	1. ____ 2. ____ 3. ____ 4. ____ 5. ____ 6. ____		
计划依据:1. 某工程施工图纸;2. 施工段的施工测量资料 3. 施工段的施工测量资料相关表格。			

序号	计 划 步 骤	具体工作内容描述
1	准备工作 (准备工具、材料,谁去做?)	
2	组织分工 (成立组织,人员具体都完成什么?)	
3	施工测量资料 编写方案 (各有何特点?)	
4	施工测量资料 (都记录什么内容?)	
5	整理资料 (谁负责?整理什么?)	
6	施工测量资料归档 (谁负责?要素是什么?)	
制定计划说明	(写出制定计划中人员为完成任务的主要建议或可以借鉴的建议、需要解释的某一方面)	

决 策 单

<table>
<tr><td>学习情境3</td><td colspan="2">施工测量资料和施工记录资料编制</td><td>任务1</td><td>施工测量资料编制</td></tr>
<tr><td colspan="3">决 策 学 时</td><td colspan="2">1学时</td></tr>
<tr><td colspan="5">决策目的：确定本小组认为最优的施工测量资料整理方案。</td></tr>
<tr><td rowspan="7">施工测量资料整理方案优劣比对</td><td colspan="2">施工测量资料整理方案特点</td><td rowspan="2">比 对 项 目</td><td rowspan="2">确定最优方案（划√）</td></tr>
<tr><td>方案名称1：</td><td>方案名称2：</td></tr>
<tr><td></td><td></td><td>施工测量资料整理是否完整</td><td rowspan="6">方案1优 □
方案2优 □</td></tr>
<tr><td></td><td></td><td>编写各种表格是否规范</td></tr>
<tr><td></td><td></td><td>施工测量资料整理熟练度</td></tr>
<tr><td></td><td></td><td>工程资料编写掌握程度</td></tr>
<tr><td></td><td></td><td>工作效率的高低</td></tr>
<tr><td colspan="2">方案1施工测量资料整理</td><td colspan="2">方案2施工测量资料整理</td></tr>
</table>

作 业 单

<table>
<tr><td>学习情境3</td><td>施工测量资料和施工记录资料编制</td><td>任务1</td><td>施工测量资料编制</td></tr>
<tr><td rowspan="2">参加工程资料管理人员</td><td colspan="2">第 组</td><td>开始时间：</td></tr>
<tr><td colspan="2">签名：</td><td>结束时间：</td></tr>
<tr><td>序号</td><td colspan="2">工作内容记录
（编写施工测量资料的实际工作）</td><td>分 工
（负责人）</td></tr>
<tr><td>1</td><td colspan="2"></td><td></td></tr>
<tr><td>2</td><td colspan="2"></td><td></td></tr>
<tr><td>3</td><td colspan="2"></td><td></td></tr>
<tr><td>4</td><td colspan="2"></td><td></td></tr>
<tr><td>5</td><td colspan="2"></td><td></td></tr>
<tr><td>6</td><td colspan="2"></td><td></td></tr>
<tr><td>7</td><td colspan="2"></td><td></td></tr>
<tr><td>8</td><td colspan="2"></td><td></td></tr>
<tr><td>9</td><td colspan="2"></td><td></td></tr>
<tr><td>10</td><td colspan="2"></td><td></td></tr>
<tr><td>11</td><td colspan="2"></td><td></td></tr>
<tr><td>12</td><td colspan="2"></td><td></td></tr>
<tr><td rowspan="2">小结</td><td colspan="2">主要描述完成的成果及是否达到目标</td><td>存在的问题</td></tr>
<tr><td colspan="2"></td><td></td></tr>
</table>

整理记录单

<table>
<tr><td>学习情境 3</td><td colspan="2">施工测量资料和施工记录资料编制</td><td>任务 1</td><td colspan="2">施工测量资料编制</td></tr>
<tr><td>完成人姓名</td><td></td><td>组别</td><td></td><td>完成日期</td><td></td></tr>
<tr><td colspan="6">施工测量资料(手写)：</td></tr>
<tr><td>施工测量
放线报验表</td><td colspan="5"></td></tr>
<tr><td>工程定位
测量记录</td><td colspan="5"></td></tr>
<tr><td>基槽(孔)
验线记录</td><td colspan="5"></td></tr>
<tr><td>楼层平面
放线记录</td><td colspan="5"></td></tr>
<tr><td>沉降观测
记录</td><td colspan="5"></td></tr>
<tr><td>检查人
(签字)</td><td></td><td>检查存在
的问题</td><td></td><td>检查时间</td><td></td></tr>
</table>

表格记录单(如多页可复印)

<table>
<tr><td>学习情境3</td><td colspan="2">施工测量资料和施工记录资料编制</td><td>任务1</td><td colspan="2">施工测量资料编制</td></tr>
<tr><td>完成人姓名</td><td></td><td>组别</td><td></td><td>完成日期</td><td></td></tr>
<tr><td colspan="6">给定施工区段(手写)：</td></tr>
<tr><td>施工区段测量资料说明或描述</td><td colspan="5"></td></tr>
<tr><td>表格</td><td colspan="5"></td></tr>
<tr><td>检查人(签字)</td><td></td><td>检查存在的问题</td><td></td><td>检查时间</td><td></td></tr>
</table>

检　查　单

学习情境3	施工测量资料和施工记录资料编制		任务1	施工测量资料编制			
检查学时	课内1学时			第　　组			
检查目的及方式	教师过程监控小组的工作情况，如检查等级为不合格，小组需要整改，并拿出整改说明。						
序号	检查项目	检查标准	检查结果分级（在检查相应的分级框内划“√”）				
			优秀	良好	中等	合格	不合格
1	准备工作	资源是否已查到、材料是否准备完整					
2	分工情况	安排是否合理、全面，分工是否明确					
3	工作态度	小组工作是否积极主动、全员参与					
4	纪律出勤	是否按时完成负责的工作内容、遵守工作纪律					
5	团队合作	是否相互协作、互相帮助、成员是否听从指挥					
6	创新意识	任务完成不照搬照抄，看问题具有独到见解、创新思维					
7	完成效率	工作单是否记录完整，是否按照计划完成任务					
8	完成质量	工作单填写是否准确，记录单检查及修改是否达标					
检查评语						教师签字：	

评 价 单

1. 小组工作评价单

学习情境3	施工测量资料和施工记录资料编制		任务1	施工测量资料编制		
评价学时	课内1学时					
班级			第 组			
考核情境	考核内容及要求	分值(100)	小组自评(10%)	小组互评(20%)	教师评价(70%)	实得分(Σ)
汇报展示(20)	演讲资源利用	5				
	演讲表达和非语言技巧应用	5				
	团队成员补充配合程度	5				
	时间与完整性	5				
质量评价(40)	工作完整性	10				
	工作质量	5				
	报告完整性	25				
团队情感(25)	核心价值观	5				
	创新性	5				
	参与率	5				
	合作性	5				
	劳动态度	5				
安全文明(10)	工作过程中的安全保障情况	5				
	工具正确使用和保养、放置规范	5				
工作效率(5)	能够在要求的时间内完成,每超时5分钟扣1分	5				

2. 小组成员素质评价单

学习情境3	施工测量资料和施工记录资料编制		任务1	施工测量资料编制			
班　　级		第　　组	成员姓名				
评分说明	每个小组成员评价分为自评和小组其他成员评价两部分,取平均值计算,作为该小组成员的任务评价个人分数。评价项目共设计5个,依据评分标准给予合理量化打分。小组成员自评分后,要找小组其他成员不记名方式打分。						
评分项目	评 分 标 准	自评分	成员1评分	成员2评分	成员3评分	成员4评分	成员5评分
核心价值观(20分)	思想及行动是否符合社会主义核心价值观						
工作态度(20分)	是否按时完成负责的工作内容、遵守纪律,是否积极主动参与小组工作,是否全过程参与,是否吃苦耐劳,是否具有工匠精神						
交流沟通(20分)	是否能良好地表达自己的观点,是否能倾听他人的观点						
团队合作(20分)	是否与小组成员合作完成任务,做到相互协作、互相帮助、听从指挥						
创新意识(20分)	看问题是否能独立思考,提出独到见解,是否能够创新思维,解决遇到的问题						
最终小组成员得分							

课后反思

学习情境3	施工测量资料和施工记录资料编制		任务1	施工测量资料编制
班　级		第　组	成员姓名	
情感反思	通过对本任务的学习和实训,你认为自己在社会主义核心价值观、职业素养、学习和工作态度等方面有哪些需要提高的部分?			
知识反思	通过对本任务的学习,你掌握了哪些知识点?请画出思维导图。			
技能反思	在完成本任务的学习和实训过程中,你主要掌握了哪些技能?			
方法反思	在完成本任务的学习和实训过程中,你主要掌握了哪些分析和解决问题的方法?			

任务2　施工记录资料编制

任　务　单

<table>
<tr><td>学习情境3</td><td colspan="3">施工测量资料和施工记录资料编制</td><td>任务2</td><td colspan="2">施工记录资料编制</td></tr>
<tr><td colspan="4">任 务 学 时</td><td colspan="3">课内8学时(课外2学时)</td></tr>
<tr><td colspan="7">布 置 任 务</td></tr>
<tr><td>任务目标</td><td colspan="6">1. 能够分辨施工记录的种类、表式;
2. 能够编制工程施工记录;
3. 能够编写混凝土施工记录;
4. 能够建立完整的隐蔽工程检查验收记录;
5. 能够编写主要隐蔽工程检查验收项目与内容;
6. 能够在完成任务过程中锻炼职业素养,做到严谨认真对待工作,能够吃苦耐劳、主动承担,并主动帮助小组其他成员,有团队意识,诚实守信。</td></tr>
<tr><td>任务描述</td><td colspan="6">工程整个施工阶段的施工组织管理、施工技术等有关施工活动和现场情况变化等需要真实的综合性记录,以此来作为处理施工问题的备忘录和总结施工管理经验的基本素材,是工程交竣工验收资料的重要组成部分。施工记录可按单位、分部工程或施工工区(班组)建立,由专人负责收集、填写记录、保管,需明确施工记录资料的编写方法、编写内容,能够正确阅读施工图纸,并依据施工图,借助学习内容,能够独立完成施工记录资料的编写任务,同时锻炼了学生的职业素养。</td></tr>
<tr><td rowspan="2">学时安排</td><td>资讯</td><td>计划</td><td>决策</td><td>实施</td><td>检查</td><td>评价</td></tr>
<tr><td>2学时
(课外2学时)</td><td>0.5学时</td><td>0.5学时</td><td>3学时</td><td>1学时</td><td>1学时</td></tr>
<tr><td>对学生学习及成果的要求</td><td colspan="6">1. 每名同学均能按照资讯思维导图自主学习,并完成课前自学的问题训练和自学自测;
2. 严格遵守课堂纪律,学习态度认真、端正,能够正确评价自己和同学在本任务中的素质表现;
3. 每位同学必须积极参与小组讨论,承担施工记录资料整理和编写的相应劳动工作,做到能够积极主动不推诿,能够与小组成员合作完成工作任务;
4. 每位同学均需独立或在小组同学的帮助下完成技能训练工作单,并提请检查、签认,对提出的建议或有错误务必及时修改;
5. 每组必须完成全部整理施工记录资料的报告工单,并提请教师进行小组评价,小组成员分享小组评价分数或等级;
6. 每名同学均完成任务反思,以小组为单位提交。</td></tr>
</table>

资讯思维导图

- 施工记录资料编制
  - 知识点
    - 交接检查记录（通用）
      - 问题1：交接检查记录规定与要求是什么？
      - 问题2：交接检查记录填写内容包括什么？
    - 地基验槽（孔）记录
      - 问题1：地基验槽的检查内容是什么？
      - 问题2：地基验槽（孔）记录规定与要求包括什么？
      - 问题3：地基验槽（孔）记录填写内容是什么？
    - 地基处理记录
      - 问题1：地基处理记录规定与要求是什么？
      - 问题2：地基处理记录填写内容是什么？
    - 混凝土施工记录
      - 问题1：预拌混凝土运输交接具体要求是什么？
      - 问题2：混凝土开盘鉴定内容包括什么？
      - 问题3：混凝土工程施工记录填写的相关规定是什么？
      - 问题4：混凝土拆模申请批准单填写规定与内容包括什么？
      - 问题5：混凝土养护测温记录编写内容包括哪些？
    - 构件吊装记录 — 问题：“构件吊装记录”填写要求是什么？
    - 隐蔽工程检查验收记录
      - 问题1：隐蔽工程检查内容是什么？
      - 问题2：隐蔽工程检查验收的有关规定是什么？
      - 问题3：隐蔽工程检查验收的程序是什么？
      - 问题4：主要隐检项目及内容是什么？
      - 问题5：隐蔽工程检查验收记录的填写内容包括什么？
    - 桩基础施工记录
      - 问题1：基坑（孔）验收记录填写内容是什么？
      - 问题2：施工记录如何填报？
      - 问题3：隐蔽工程检查验收内容包括什么？
      - 问题4：施工检测报告填写方法是什么？
  - 技能点
    - 能够分辨施工记录的种类、表式
    - 能够编制工程施工记录
    - 能够编写混凝土施工记录
    - 能够建立完整的隐蔽工程检查验收记录
    - 能够编写主要隐蔽工程检查验收项目与内容
  - 职业素养
    - 培养学生具有社会责任感和社会参与意识
    - 培养学生树立质量和安全意识，成为工程建设质量的守护者
    - 培养学生具有爱国情怀和民族自豪感
    - 培养学生爱国敬业，诚实守信的品质

课前自学

施工记录是在施工过程中形成的,是为确保工程质量、安全的各种检查、记录的统称。施工记录资料是对重要工程项目或关键部位的施工方法、使用材料、构配件、操作人员、时间、施工情况等进行的记载,并经有关人员签字盖章。它包括通用表格和专用表格。

知识点1　交接检查记录(通用)

各参建单位之间,在对所施工工程相互交接时,应进行交接检查验收,填写“交接检查记录”。其记录的内容包括质量情况、遗留问题、工序问题、注意事项、成品保护等。

分项(分部)工程完成,在不同专业施工单位之间应进行工程交接;当前一专业工程施工质量对后续专业工程施工质量产生直接影响时,应进行专业交接检查。移交单位、接收单位和见证单位共同对移交工程进行验收,并对质量情况、遗留问题、工序要求、注意事项、成品保护等进行记录,填写“交接检查记录”。“交接检查记录”为通用表格,适用于各专业。

一、规定与要求

(一)检查记录填写

“交接检查记录”由施工单位填写。

(二)检查记录保存

“交接检查记录”由移交、接收和见证单位各存一份。

二、填写说明

(一)交接内容

支护与桩基工程完工移交给结构工程;粗装修完工移交给精装修工程;设备基础完工移交给机电设备安装;结构工程完工移交给幕墙工程等。

(二)检查结果

经检查,交接项目已按施工图纸、有关的设计变更文件施工完毕,符合设计要求、施工质量验收规范规定,同意交接。

(三)见证单位

应填写施工总承包单位质量技术部门,参与移交及接收的部门不得作为见证单位。当在总包管理范围内的分包单位之间移交时,见证单位应为“总包单位”;当在总包单位和其他专业分包单位之间移交时,见证单位应为“建设(监理)单位”。

(四)见证单位意见

见证单位应根据实际检查情况,汇总移交和接收单位意见,形成见证单位意见。

忆一忆

“交接检查记录”填写要求是什么?

知识点2　地基验槽(孔)记录

工程中,基坑(槽或孔)开挖至设计标高后,即要进行工程地质检验,对各种基础做好隐蔽记录。

为核查工程地质勘察报告与实际情况是否相符,地基验槽是施工中的一项重要环节。当施工单位基槽(坑)施工完毕后,由建设单位邀请勘察、设计、监理、施工、质监等有关单位共同到场检验;设计单位可以从中掌握工程地质的实际情况,解决地质勘察报告中未解决的遗留问题,并对出现的异常情况及时提出处理意见。因此,所有建(构)筑物都必须进行地基验槽。

地基验槽(孔)是现场确认地基持力层的各项物理力学指标是否满足勘察、设计的要求,并对不符合设计要求的部位提出处理意见的原始记录资料。其目的是检查地基的土质与勘探报告的土质是否一致,标高和设计图纸的要求是否一致,以满足地基承载力的要求,保证建筑物的结构安全。

一、地基验槽的检查内容

(一)验槽内容一

地基验槽应验看新鲜土面,清除回填虚土。

(二)验槽内容二

依据图纸核查基坑的位置、平面尺寸、基槽底标高等是否符合设计文件。

(三)验槽内容三

依据地质勘探报告验收地基土质是否与报告相符;核查基底夯实情况、地下水位情况以及持力层情况,是否与勘察报告一致;有的还要有力学试验(静载等)。

(四)验槽内容四

核查基坑底面以下有无暗塘、暗沟、坑、穴、古墓、枯井、旧房基础、电缆、防空掩体、地下埋设物、流沙及其他变异等情况。

(五)验槽内容五

有基础桩支护或桩基的工程还应有工程桩的检查。

(六)验槽内容六

对深基础,还应检查基坑对附近建筑物、道路、管线是否存在不利影响。

(七)验槽内容七

审查钎探报告:包括钎探点布置图及钎探记录。

(八)验槽内容八

若地基土与报告不相符,则需办理地基土处理洽商。对人工处理的地基,应按有关范围和设计文件的要求进行验收。

二、规定与要求

(一)验槽检查规定一

“地基验槽检查记录”是由施工单位填报,经建设、勘察、设计、监理、施工单位等有关人员共同验收签认后,方可生效;对地基土质能否达到设计要求做出明确结论意见,并附图标明轴线位置平面图、立面图、标注其尺寸;对槽底土质或岩层进行简单描述。

(二)验槽检查规定二

地基需处理时,应由勘察、设计单位提出处理意见。

(三)验槽检查规定三

对于进行地基处理的基槽,应有标注处理部位、方法、深度、宽、高等内容的处理记录和附有轴线位置的平面图、立面图，应标注其尺寸，还应再办理一次地基验槽记录，并附有复验意见和检测报告；并将地基处理的洽商编号、处理方法等注明。

(四)验槽检查规定四

“地基验槽检查记录”由建设单位、施工单位、城建档案馆各保存一份。

(五)验槽检查规定五

对于灌注桩，要对桩孔进行验收，依据主控轴线和基础平面图，检验桩孔尺寸与位置，编写“基坑(孔)验收记录”，填写“施工测量放线报验表”，报监理单位审核签字。

三、填写说明

(一)附件收集

相关设计图纸、设计变更洽商及地质勘察报告等。

(二)验收部位

写清验槽的范围，如：1～8/A～B轴基槽。

(三)依据

写明施工图纸(如图纸编号“结施-××”)、设计变更或工程洽商(编号××)及有关规范规程等。

(四)验槽内容

(1)基坑(孔)位置、平面尺寸、基底标高。

(2)检查基坑土层走向、厚度、基底土质情况以及持力层土质有无变化等。

(3)有无坑、穴、古墓、枯井、旧房基础、电缆、人防、流沙等。

(4)地下水位以及水浸情况等。

(五)检查意见

写明槽底土质是否与地质勘察报告(编号×××)相符，基坑(孔)位置、平面尺寸、持力层核查、基底标高、地下水位以及有无坑、穴、洞、古墓、人防等均符合设计要求与施工验收规范的规定。

(六)检查结论

无异常，可进行下道工序，或需要地基处理。

(七)签字公章栏

参加检查验收的各方代表签字盖章。

思一思

编写“地基验槽检查记录”的规定与要求是什么？

知识点3　地基处理记录

建设工程中，地基处理是指地基不能满足设计要求时对地基的补强处理，是改善支承建筑物的地基(土或岩石)的承载能力或抗渗能力所采取的工程技术措施，主要分为基础工程措施和岩土加固措施。地基处理的对象是软弱地基和特殊土地基。

选定适当的基础形式，不需改变地基的工程性质就可满足要求的地基称为天然地基；反之，已进行加固后的地基称为人工地基。地基处理工程的设计和施工质量直接关系到建筑物的安全，如果处理不当，往往会引发工程事故，而且事后补救大多比较困难。因此，对地基处理要求实行严格的质量控制和验收制度，处理方案必须是经勘察、设计、监理、施工各方共同协商确定，以确保工程质量。

工程中常用的地基处理方法有：换填垫层法、强夯法、砂石桩法、振冲法、水泥土搅拌法、高压喷射注浆法、预压法、夯实水泥土桩法、水泥粉煤灰碎石桩法、石灰桩法、灰土挤密桩法和土挤密桩法、柱锤冲扩桩法、单液硅化法和碱液法等。

地基处理方案一般是经验槽后，确实需要进行地基处理时，先由勘察单位和设计单位提出处理方案，施工单位记录并写成的书面处理方案。

一、规定与要求

(一)简图

当地基处理范围较大、内容较多，用文字描述较困难时，应附简图示意。

(二)地基处理流程

施工单位应依据勘察、设计单位提出的地基处理方案进行地基处理，完工后填写“地基处理记录”，并报请勘察、设计、监理单位复查(填写在“检查意见”栏)，经各相关单位转签后存档；如勘察、设计单位委托监理单位进行复查时，应有书面的委托记录。

(三)地基处理方案

地基处理方案中应写明工程名称、验槽时间及钎探记录分析等，并应详细说明实际的地基情况与地质勘察报告是否相符，注明需要处理的准确部位，写明需要处理的实际情况，以及处理的具体方式方法及质量要求，再由勘探单位和设计单位的代表签字盖章确认，最后再将该地基处理方案上报监理(建设)单位检查审核，并签字盖章确认。

(四)地基处理记录

“地基处理记录”由施工单位填写，建设单位、施工单位、城建档案馆各保存一份。

二、填写说明

(一)附件收集

相关设计图纸、设计变更洽商及地质勘察报告等。

(二)处理依据

设计文件即施工图纸(图纸号)、设计变更/洽商(编号)等；有关国家现行标准、规范等，如《建筑地基基础工程施工质量验收规范》《建筑地基处理技术规范》；相关方案、技术交底等。

(三)内容

包括地基处理方式、处理部位及深度、处理结果等栏目。

(1)处理方式：文字或图示说明地基处理的方法。

(2)处理部位及深度：图示处理部位的平面及竖向简图，含处理范围位置、重要控制轴线、尺寸、标高、放坡边线、基槽断面尺寸、深度及指北针方向、具体的图名。

(3)处理结果：按地基处理方案、洽商等采取的施工处理过程、措施及具体做法，说明地基处理的位置、尺寸及标高情况，地基处理情况，地基处理所使用的物资资料情况，地基处理施工过程情况等；对处理结果应作简要的明确的描述，处理结果应有数据说明。

(四)检查意见

由勘察、设计单位复查后填写，写明地基处理施工过程是否达到设计要求和施工验收规范要求。

(五)签字栏

“地基处理记录”由勘察、设计、监理、施工单位共同验收签字后，方可生效。

想一想

“地基处理记录”该如何填写？

知识点4　混凝土施工记录

建筑工程施工中使用的混凝土有预拌混凝土和现场搅拌混凝土，预拌混凝土供应单位必须向施工单位提供“预拌混凝土出厂合格证”“预拌混凝土运输交接记录”“混凝土抗渗性能检测报告”；现场搅拌混凝土，应有使用原材料的质量证明文件、“混凝土配合比试验报告”“混凝土开盘鉴定”“混凝土抗压强度检测报告”“混凝土抗渗性检测报告”。

视频　混凝土施工记录

一、预拌混凝土运输交接

预拌混凝土即商品混凝土，预拌混凝土供应单位应随车向施工单位提供“预拌混凝土运输交接记录”，冬期施工时应测量现场出罐温度。

具体要求如下：

（一）运输交接记录要求一

每一商品混凝土运输车次应具备一份“预拌混凝土运输单”，且一式三份。

（二）运输交接记录要求二

施工单位现场接收人在仔细核实运输单中有关情况后，编入预拌混凝土运输交接施工记录资料管理档案。

（三）运输交接记录要求三

冬期施工时应写明现场出罐实测混凝土温度。

查一查

预拌混凝土运输交接的具体要求是什么？

二、混凝土开盘鉴定

按照《混凝土结构工程施工质量验收规范》规定：首次使用的混凝土配合比应进行开盘鉴定，其工作性质应满足设计配合比的要求。明确指出，在第一次应用该配合比的混凝土时必须进行开盘鉴定，并填写“混凝土开盘鉴定”。

所谓混凝土开盘鉴定，即对于单位工程首次使用的混凝土配合比，在混凝土开盘时认定“混凝土配合比试验报告”的组成材料是否与现场施工所用材料相符，以及混凝土拌合物性能是否满足设计要求和施工需要的程序。

不论混凝土浇筑工程量的大小，浇筑前均必须对混凝土配合比、拌合物、和易性及原材料度量准确度进行鉴定。

（一）规定与要求

（1）采用预拌混凝土的，应对首次使用的混凝土配合比在混凝土出厂前，由混凝土供应单位自行组织相关人员进行开盘鉴定。

(2)采用现场搅拌混凝土的，首次使用配合比时，应由项目部组织监理单位、搅拌机组、混凝土试配单位进行开盘鉴定工作，共同认定试验室签发的“混凝土配合比试验报告”中混凝土配合比确定的组成材料是否与现场施工所用材料相符，以及混凝土拌合物性能是否满足设计要求和施工需要，编写“混凝土开盘鉴定”。开始生产时应至少留置一组标准养护试件，作为验证配合比的依据。检验方法：检查开盘鉴定资料和试件强度试验报告。

(3)用于承重结构及抗渗防水工程使用的混凝土，开盘鉴定是指第一次使用的配合比，第一盘搅拌时的鉴定。

(二)填写说明

(1)采用预拌混凝土的工程，“混凝土开盘鉴定”由混凝土供应单位填写后提交施工单位管理；采用现场搅拌混凝土的工程，“混凝土开盘鉴定”由施工单位填写并保存。

(2)工程名称及部位。除填写工程名称以外，还应写明本次开盘鉴定的混凝土的具体使用部位。如某层楼、某个施工段、某个混凝土构件等。

(3)鉴定编号。一般以本单位工程为单位，以“混凝土开盘鉴定”(C5-10)表为序列编号。

(4)搅拌方式。可选自落式搅拌机或强拌式搅拌机。

(5)强度等级、要求坍落度、配合比编号、试配单位、水灰比、砂率、每立方米用量等按相应检测单位提交的“混凝土配合比试验报告”中的有关数据填写。

(6)调整后每盘用量。根据试验室给出的“混凝土配合比试验报告”中每立方米用料量和施工现场使用的搅拌机罐容量计算该栏目各项的具体数据。

(7)鉴定结果。

①设计坍落度按实验室给出的“混凝土配合比试验报告”填写，实测坍落度按现场实测数据填写。

②保水性、黏聚性设计栏不填，实测栏按良好、合格、不合格填写。

(8)混凝土试块抗压强度。按“混凝土配合比试验报告”填写。

(9)鉴定结论。

①混凝土组成材料方面：混凝土试配所用材料与施工现场所用材料是否相同。

②混凝土拌合物性能能否满足要求。

③混凝土开盘鉴定结果是否合格。

(10)表中各项都应根据实际情况填写清楚、齐全，要有明确的鉴定结果和结论，签字齐全。

学一学

“混凝土开盘鉴定”填写内容包括哪些？

三、混凝土工程施工记录

不论混凝土浇筑工程量大小，均应对混凝土施工情况进行全面真实记录。混凝土施工过程中，施工单位邀请监理单位见证员，根据施工质量验收规范的要求，对混凝土进行抽样检测，编写“混凝土工程施工记录”；冬期施工时，还应符合冬期施工有关规定。

拌制混凝土用的原材料进场时应根据材料质量指标进行验收，按厂别、品种、规格型号、进货顺序堆放，妥善保管并做标识。

施工配合比系指试验配合比根据骨料的实际含水率调整用量后的配合比，应填每立方混凝土用量。当使用掺合料拌制混凝土时，水灰比为水与粉料量(水泥与取代水泥部分的掺合料之和)的比。

混凝土拌合物性能检测应按国家现行标准《普通混凝土拌合物性能试验方法》的有关规定进行。混凝土拌合物坍落度检测结果以 mm 表示，精确到 5 mm。

思一思

“混凝土工程施工记录”对混凝土材料的相关规定是什么？

四、混凝土拆模申请批准单

施工中，混凝土结构在浇筑完成一些构件或一层结构之后，经过自然养护（或冬期蓄热法等养护），在混凝土具有相当强度时，为使模板能周转使用，就要对支撑的模板进行拆除。控制拆除模板的时间应由混凝土发展强度决定，这是根本。一般拆模可分为以下几种情况：首先，拆模时间按设计要求定；其次，看该构件是否是预应力；最后，看是侧模还是底模。底模又要看是梁、板还是柱，多大跨度。以上拆模时间各有不同。通常，在混凝土硬化后对模板无作用力的（如侧模板），在混凝土强度能保证其表面及棱角不因拆除模板而损坏或能保证构件不变形、棱角完整和无裂缝时方可拆除；若混凝土虽已硬化，但要拆除模板，其构件本身还不具备承担荷载的能力，那么，这种构件的模板不能随便拆除，如梁、板、楼梯等构件。

（一）规定与要求

（1）在拆除现浇混凝土结构梁、板、悬臂式构件等底模和柱墙侧模前，应填写“混凝土拆模申请单”，有的分项工程的构件要附同条件混凝土强度等级报告，报项目专业负责人审批后报监理单位审核，通过后方可按批准日期拆模。

（2）拆模时混凝土强度规定：当设计有要求时，应按设计要求；当设计无要求时，应按现行规范要求。

（3）如结构型式复杂（结构跨度变化较大）或平面不规则时，应附拆模平面示意图。

（4）设计无具体要求时，底模拆除时的混凝土强度应符合表 6.1 的要求。

表 6.1　底模拆除时的混凝土强度要求

构件类型	构件跨度/m	达到设计的混凝土立方体抗压强度标准的百分率/%
板	≤2	≥50
	>2，≤8	≥75
	>8	≥100
梁、拱、壳	≤8	≥75
	>8	≥100
悬臂构件	—	≥100

（二）填写说明

（1）附件收集：混凝土试块抗压强度试验报告。

（2）申请人：为木工班组组长。

（3）审批意见：写明具体部位同条件混凝土试块抗压强度是否达到设计强度、符合规范要求，是否同意拆模，以及批准拆模日期。

（4）“混凝土拆模申请单”由施工单位填写，并保存。

想一想

填写"混凝土拆模申请单"的相关要求是什么?

五、混凝土养护测温记录

测温记录主要有大体积混凝土养护测温记录、混凝土结构同条件养护试件测温记录和冬季施工混凝土养护测温记录。

(一)大体积混凝土养护测温记录

大体积混凝土是指混凝土的长、宽、高均大于0.8 m的混凝土。大体积混凝土一般多为设备基础。

大体积混凝土施工应进行测温记录并应填写"大体积混凝土养护测温记录(应附图)",即有对混凝土入模时大气温度、养护温度、内外温差记录以及裂缝检查记录等,当实测结果不满足温控指标的要求时,应调整养护措施。

大体积混凝土工程的施工方案设计阶段应做的计算分析工作,是对大体积混凝土浇筑块体在浇筑前进行湿度、温度应力及收缩应力的计算分析。其目的是确定温控指标(温升峰值、内表温差、降温速度)及制定温控施工的技术措施,保温养护措施、温度监测方法等,以防止或控制有害温度裂缝(包括收缩)的发生,确保工程质量。

大体积混凝土养护测温应附测温点布置图(包括测温点的布置位置、深度等)和温度曲线分析图。

"大体积混凝土养护测温记录(应附图)"应真实、及时,严禁弄虚作假。

(二)混凝土结构同条件养护试件测温记录

混凝土结构同条件养护试件应进行测温记录,编写"混凝土结构同条件养护试件测温记录"。

同条件试件养护时间应在达到等效养护龄期时进行强度试验;等效养护龄期是取日平均温度逐日累加达到600 ℃·d时所对应的龄期(14~60 d,0 ℃以下的龄期不计入)。

(三)冬季施工混凝土养护测温记录

混凝土工程施工时,当室外日平均气温连续5日稳定低于5 ℃时,即为进入冬期施工。

混凝土冬期施工时,应进行养护测温(包括现场搅拌、商品混凝土),并填写"混凝土养护测温记录"。混凝土(冬期)施工养护测温应先绘制测温点布置图,包括测温点的部位、深度等,以此作为附件;测温记录应包括大气温度、各测温孔的实测温度、同一时间测得的各测温孔的平均温度和间隔时间等。

具体要求如下:

(1)测温起止时间指室外日平均气温连续5 d低于5 ℃时起,至室外日平均气温连续5 d高于5 ℃冬施结束;掺加防冻剂的混凝土未达到抗冻临界强度(4 MPa)之前每隔2 h测量一次,达到抗冻临界强度(4 MPa)且温度变化正常,测温间隔时间可由2 h调整为6 h。

(2)大气测温:大气测温一般为每天测室外温度不少于4次(早晨、中午、傍晚、夜间)。

(3)混凝土原材料温度:混凝土原材料在搅拌前应加热,但不得超过规定值。

(4)冬期施工混凝土必须要留有测温孔并做测温记录。测温要有测温点布置图。布置图要与结构平面图一致,要标注清楚各测温点的编号及位置。测温孔在混凝土浇筑时预留,一般每一构件不少于1个测温孔;混凝土接槎处一定要留有测温孔,测温孔一般要深入混凝土内(过主筋)。混凝土浇筑初期每2 h进行一次测温;8 h后,每4 h测一次。

(5)测温的具体要求应有书面技术交底,执行人必须按照规定操作。原始记录签字完毕后交资料员归档。

(6)"混凝土养护测温记录表(应附图)"由施工单位填写并保存,需按时提供给监理单位。

(7)表中各项都要填写清楚、准确、真实,签字齐全。表格中各温度值需标注正负号。

(8)养护方法。一般有暖棚法、蓄热法、蒸汽加热法、电热法等。该栏目具体填写的养护方法以该工程施工组织设计为准。

(9)备注。应填写“现场搅拌”或“预拌混凝土”。

练一练

练习填写“大体积混凝土养护测温记录”相关内容。

知识点5 构件吊装记录

吊装工程是建筑工业中机械化施工的重要工种之一,其内容是用起重设备吊起构件并安放和固定在设计的位置上。通常,把整个建筑物或其中一部分,按构件类型依次进行吊装的方法,称“工件吊装”;先将几个单独构件在地面上装配成整组结构再进行吊装的方法,称“组合吊装”;按建筑物组件中的全部构件依次吊装,称“综合吊装”;将构件在地面上装配成整体的结构再进行吊装的方法,称为“整体吊装”。

构件吊装记录适用于预制混凝土框架结构及大型预制混凝土构件、钢构件、木构件的安装。结构吊装记录包括构件型号、名称、安装位置、外观检查、楼板堵孔、清理、锚固、构件支点的搁置与搭接长度、接头处理、固定方法、标高、垂直偏差等。

具体要求与说明如下:

(1)附件收集:相关设计要求文件等。

(2)各项指标要求:各项指标均应符合设计和现行标准、规范要求。

(3)构件吊装记录流程:“构件吊装记录”须报监理单位审核签字后,方可将其编入施工记录资料管理档案。

(4)构件吊装记录的写存:“构件吊装记录”应由施工单位填写,并保存。

(5)使用部位:填写某层某施工段。

(6)安装位置:用轴线号表示本次构件安装的平面位置。

(7)安装检查:包括搁置与搭接尺寸、接头(缝)处理、固定方法及标高检查等。

①搁置与搭接尺寸:填写实际的搁置与搭接长度数值;

②接头(缝)处理:填写实际的处理做法,通常为焊接混凝土灌缝;

③固定方法:填写构件的最后固定方法,通常为焊接、坐浆等;

④标高检查:填写构件安装支承面的标高。

(8)结论:应填写吊装过程中出现的问题、处理措施及质量情况;吊装结果是否符合要求等。对于重要部位或大型构件的吊装工程,应有专项安全交底。

忆一忆

“构件吊装记录”填写要求是什么?

知识点6　隐蔽工程检查验收记录

隐蔽工程检查验收记录为通用表格，它适用于各专业。隐蔽工程检查记录是保证工程质量与安全的重要过程控制检查记录，应分专业、分系统（机电工程）、分区段、分部位、分工序、分层进行。凡按规范规定须进行隐检的项目，施工单位则应填报“隐蔽工程检查记录”，报监理单位审核签认。

一、隐蔽工程

隐蔽工程是指在施工过程中，上道工序操作完毕后，将被下道工序所掩盖，而再无从复查其是否符合质量要求的工程。如地基、电气管线、供水供热管线等需要覆盖、掩盖的工程。

所谓“隐检”，即对隐蔽工程进行检查验收，并通过表格的形式将工程隐检项目的质量情况、隐检内容、检查意见、复查结论记录下来，作为以后各项建筑工程的合理使用、维护、改造、扩建的重要技术资料。

隐蔽工程检查验收的目的是把好隐蔽工程质量检查验收关，是逐环节地保证工程质量，防止留有质量隐患的重要措施。通过使每道工序的施工质量均符合有关质量标准的规定，以确保整个工程各个环节的施工质量，从而保障整个工程的施工质量。

二、检查验收的有关规定

（一）隐蔽工程的检查、验收

国家施工验收规范要求，所有的隐蔽工程必须在隐蔽前进行检查验收，并将实际情况用文字或简图说明；凡未经隐蔽工程检查验收或验收不合格的工程，不得进行下道工序的施工。同时要重新处理，写明处理方法、结论，并组织复检。

（二）未规定的隐检项目

对规范未做规定的隐检项目，仍应按照相应规范规定进行隐蔽工程的检查、验收。

（三）隐检项目计划

隐蔽工程的检查验收要有计划地提前做好准备，及时验收。

三、检查验收的程序

（一）基本程序

隐蔽工程施工完毕后，由专业工长填写隐蔽工程检查记录表，由项目技术负责人组织监理单位旁站，施工单位质检员、专业工长共同参加，验收符合要求后，由监理单位签署审核意见，并下审核结论。

（二）隐蔽工程检查

由于隐蔽工程在隐蔽后，如果发生质量问题，还需重新覆盖和掩盖，会造成返工等非常大的损失。为了避免资源浪费和当事人双方的损失，保证工程的质量和工期顺利完成，承包人在隐蔽工程隐蔽以前，应当通知发包人检查；发包人检查合格的，方可进行隐蔽工程。

（三）隐蔽工程自检

实践中，当工程具备覆盖、掩盖条件的，承包人应当先进行自检；自检合格后，在隐蔽工程进行隐蔽前及时通知发包人（或发包人派驻的工地代表或监理单位）对隐蔽工程的条件进行检查，并参加隐蔽工程的作业。通知事宜包括承包人的自检记录、隐蔽的内容、检查时间和地点等。

（四）隐蔽工程检查流程

发包人（或发包人派驻的工地代表或监理单位）接到通知后，应当在要求的时间内到达隐蔽现场，对隐蔽工程的条件进行检查。

(1)检查合格的，发包人(或发包人派驻的工地代表或监理单位)在检查记录上签字，承包人在检查合格后方可进行隐蔽施工；

(2)检查发现隐蔽工程条件不合格的，发包人有权要求承包人在一定期限内完善工程条件；

(3)隐蔽工程条件符合规范要求，发包人检查合格后，发包人(或发包人派驻的工地代表或监理单位)拒绝在检查记录上签字的，在实践中可视为发包人已经批准，承包人可以进行隐蔽工程施工；

(4)发包人在接到通知后，没有按期对隐蔽工程条件进行检查的，承包人应当催告发包人在合理期限内进行检查。因为发包人不进行检查，承包人就无法进行隐蔽施工，因此承包人通知发包人检查而发包人未能及时进行检查的，承包人有权暂停施工；承包人可以顺延工期，并要求发包人赔偿因此造成的停工、窝工、材料和构件积压等损失；

(5)如果承包人未通知发包人检查而自行进行隐蔽工程的，事后发包人有权要求对已隐蔽的工程进行检查；承包人应当按照要求进行剥露，并在检查后重新隐蔽或者修复后隐蔽。如果经检查，隐蔽工程不符合要求的，承包人应当返工，重新进行隐蔽。在这种情况下检查隐蔽工程所发生的费用(如检查费用、返工费用、材料费用等)由承包人负担，承包人还应承担工期延误的违约责任。

思一思

隐蔽工程检查验收的程序是什么?

四、主要隐检项目及内容

(一)地基基础工程与主体结构工程的隐检

1. 土方工程

土方基槽、房心回填前检查基底清理、基底标高情况等。

2. 支护工程

检查锚杆、土钉的品种、规格、数量、质量、位置、插入长度、钻孔直径、深度和角度等；检查地下连续墙的成槽宽度、深度、倾斜度、垂直度、钢筋笼规格、位置、槽底清理、沉渣厚度等。

3. 桩基工程

检查钢筋笼规格、尺寸、沉渣厚度、清孔情况等。

4. 地下防水工程

检查混凝土变形缝、施工缝、后浇带、穿墙套管、埋设件等设置的形式和构造，人防出口止水做法，防水层基层、防水材料规格、厚度、铺设方式、阴阳角处理、搭接密封处理等。

视频 钢筋隐蔽工程检查验收记录

5. 结构工程(基础、主体)

(1)钢筋工程。检查用于绑扎的钢筋品种、规格、数量、位置、锚固和接头位置、搭接长度、保护层厚度和除锈、除污情况、钢筋代用变更及拉结筋处理等；检查钢筋焊(连)接型式、焊(连)接种类、接头位置、数量及焊条、焊剂、焊口形式、焊缝长度、厚度及表面清渣和连接质量等。

(2)混凝土工程。检查混凝土配合比、混凝土抗压强度，原材料的规格、质量，混凝土搅拌与浇筑情况及试件留置组数等。

视频 砌体工程隐蔽检查验收记录

(3)砌体工程。检查砌筑砂浆配合比、砂浆抗压强度，原材料的规格、质量，砂浆搅拌与砌筑质量、试件留置组数，构造柱及拉结筋设置情况等。

6. 预应力工程

检查预留孔道的规格、数量、位置、形状、端部预埋垫板，预应力筋的下料长度、切断方法、竖向位置偏差、固定、护套的完整性，锚具、夹具、连接点的组装等。

7. 钢结构工程

检查地脚螺栓规格、位置、埋设方法、紧固等。

8. 外墙保温隔热工程

检查外墙内、外保温构造节点做法及固定方式，各种原材料的质量。

(二)建筑装饰装修工程的隐检

1. 地面工程

检查各基层(垫层、找平层、隔离层、防水层、填充层、地龙骨)材料品种、规格、铺设厚度、方式、坡度、标高、表面情况、节点密封处理、粘结情况等；检查室外散水坡及台阶各层结构设置与材质情况，伸缩缝设置距离及密封处理、坡度、标高等。

2. 抹灰工程

检查基层构造与处理、砂浆配合比及原材料；具有加强措施的抹灰还应检查其加强构造的材料规格、铺设、固定及搭接等。

3. 门窗工程

检查预埋件和锚固件、螺栓等的规格数量、位置、间距、埋设方式、与框的连接方式，防腐处理、缝隙的嵌填、密封材料的粘结等。

4. 吊顶工程

检查吊顶龙骨及吊件材质、规格、间距、连接方式、固定方法、表面防火、防腐处理、外观情况、接缝和边缝情况，填充和吸声材料的品种、规格、铺设、固定情况等。

5. 轻质隔墙工程

检查预埋件、连接件、拉结筋的规格、位置、数量、连接方式、与周边边墙体及顶棚的连接、龙骨连接、间距、防火、防腐处理、填充材料设置等。

6. 饰面板(砖)工程

检查预埋件、后置埋件、连接件规格、数量、位置、连接方式、防腐处理等；有防水构造的部位还应检查找平层、防水层的构造做法，同地面基层工程检查。

7. 幕墙工程

检查构件之间以及构件与主体结构的连接节点的安装及防腐处理；幕墙四周、幕墙与主体结构之间间隙节点的处理、封口的安装；幕墙伸缩缝、沉降缝、防震缝及墙面转角节点的安装；幕墙防雷接地节点的安装等。

8. 细部工程

检查预埋件、后置埋件和连接件的规格、数量、位置、连接方式、防腐处理等。

(三)建筑屋面工程的隐检

检查基层、找平层、保温层、防水层、隔离层情况，材料的品种、规格、厚度、铺贴方式、搭接宽度、接缝处理、粘结情况；检查附加层、天沟、檐沟、泛水和变形缝细部做法、隔离层设置、密封处理部位等。

想一想

主要隐检项目及内容包括什么？

______

______

______

五、隐蔽工程检查验收记录的填写

"隐蔽工程检查记录"是隐蔽工程在隐蔽掩盖前，由施工、监理等有关单位(如有时需勘察、设计单位参加)共同对该工程的相关资料和实物质量进行检查验收后,最终所形成的施工记录。该记录由施工单位填写,并随各相应检验批进入资料流程;若无对应检验批的,则直接报送监理单位审批后各相关单位存档。

(一)规定与要求

(1)记录内容应做到简明、齐全、填写清楚,数据准确、可靠,必要时可附简图、表格。

(2)按划分的施工段、楼层(检验批)检查记录。

(3)在隐检中一次验收未通过,应注明不合格内容,并在“复查结论”一栏中注明二次检查意见,在复查中仍出现不合格项,则按不合格品管理程序进行处置。

(4)“隐蔽工程检查记录”经参加检查验收的相关人员签字盖章后方可生效,并由建设单位、施工单位、城建档案馆各保存一份。

(二)填写说明

1. 附件收集

该隐蔽工程部位所涉及的施工试验报告等。

2. 表头

包括工程名称、隐检项目、隐检日期及隐检部位等栏目,必须填写准确。其中:

工程名称:按施工图纸上的工程名称填写。

隐检项目:应具体写明(子)分部工程名称和施工工序主要检查内容。如桩基工程钢筋笼安装、支护工程锚杆安装、门窗工程(预埋件、锚固件或螺栓安装)、吊顶工程(龙骨、吊件、填充材料安装)等。

隐检日期:按各方共同检查验收的实际日期填写,能反映工程实际情况;日期必须注明年月日。

隐检部位:应写明验收部位的楼层、施工段、构件名称或施工部位。即:“层”填写地下/地上 × 层;“轴”填写横起止轴/纵起止轴,轴线数字码、英文码标注须带圆圈;“标高”填写墙柱梁板起止标高或顶标高;“部位”填写具体楼层段的墙柱梁板。如:××基坑、区段①~⑤/A~B。

3. 隐检依据、主要材料名称及规格型号

应填写准确,尤其对设计变更、洽商等容易遗漏的资料应填写完全。

隐检依据:施工图纸(图纸号)、图纸会审、设计变更/洽商(编号);有关国家现行标准、规范:工程建设国家标准(GB)、建筑工程行业标准(JCJ)、城镇建设工程行业标准(CJJ)、中国工程建设标准化协会标准(CECS)、地方标准(DB)及相关施工方案;材料、构配件、设备出厂质量证明,试(检)验报告;检验批质量验收记录等。

主要材料名称、规格及试验编号:填写应详细具体,与工程实际相符,如:钢筋绑扎,填写钢筋、绑扎丝及具体规格等;应写明各种不同规格材料的出厂合格证编号、试验报告单编号、砂浆及混凝土试块试验报告单编号等。

4. 隐检内容

必须按标准、规范将隐检的项目、具体内容描述清楚,要点突出且展开,条理清晰。如配筋情况、各类工程做法等,可附简图加以说明。切忌照抄条文或填写笼统模糊简单、内容不全。

5. 检查意见

应明确,将隐检内容是否符合要求、可否隐蔽、进行下道工序施工表述是否清楚。如:该部位所使用的原材料其质量是否符合要求;该部位的构造做法是否符合设计要求;其施工外观及做法是否符合施工验收规范的要求等。

6. 复查结论

主要是对上一次隐检出现的问题进行复查,因此要对质量问题整改的结果描述清楚。

7. 签字栏

签字应完整,严禁他人代签。

学一学

学习如何填写"隐蔽工程检查记录"。

知识点7　桩基础施工记录

桩基础施工单位在施工过程中，应按规定做桩基础施工记录。桩基础的施工记录是根据桩的类型有相应的表格，按表格内的要求逐项填写。如"混凝土灌注桩施工记录""钻孔后压浆灌注桩施工记录"等。桩基还必须进行承载力和桩身完整性检测，由桩检测单位出具"基桩检测报告"。

桩基施工记录应由具有相应资质的专业施工单位负责提供，其检查内容主要包括孔位、孔径、孔深、桩体垂直度、桩顶标高、桩位偏差、桩顶完整性和接桩质量等，认真检查并记录。

一、桩孔验收

依据主控轴线和基础平面图，检验桩孔尺寸与位置，填写"基坑(孔)验收记录"，填报"施工测量放线报验表"，报监理单位审核签字。

二、施工记录

桩基工程施工填写"桩施工记录"。桩的施工记录表式没有统一的表式，桩的施工记录表式根据施工工艺的方法而编制，要根据实际工程具体桩的类型，选择相应的桩施工记录表式。

三、隐蔽工程检查验收

(一)预制桩基检查验收内容

(1)施工前必须按照规范或设计要求作试桩，试桩的数量、做法应符合规定，试桩记录和质量检验报告应满足规范和设计要求。

(2)每根预制桩均应有完整的贯入度记录、锤击数、桩位图及桩的编号、截面尺寸、长度、入土深度、桩位偏差、施工机械、施工日期等，以及预制桩连接与混凝土强度、桩头处理的位置偏差、桩截面尺寸、桩顶标高及防水处理等。

(3)沉桩过程中，应对土体侧移和隆起、超孔隙水压力、桩身应力与变形、沉桩对相邻建筑物与设施的影响有无异常进行监测。

(4)必须按规定对桩位进行抽样检测，检测结果应合格。

(二)对钻孔或挖孔灌注桩验收内容

(1)检查成孔过程中有无缩颈和塌孔，成孔垂直度、沉渣或虚土、孔底土扰动以及持力层均应符合设计要求。

(2)钢筋规格与钢筋笼制作应符合设计要求。

(3)混凝土的材料、配合比、坍落度、制作方法等，均应符合规范和设计要求，混凝土试验结果应合格。

(4)浇注混凝土时，混凝土面标高与导管管口标高控制应适当，混凝土灌入量应符合设计要求。

(5)对大直径挖孔桩，应有专人下入孔内，对开挖尺寸、有无虚土、岩土条件等进行检验。

(6)按规定必须对桩进行抽样检测的，检验结果应合格。

四、施工检测

桩基必须进行承载力和桩身完整性检测，由检测单位出具"桩检测报告"。桩基工程资料分类、编号、提供单位与归档保存详见附录A。

工 程 案 例

地基验槽(孔)记录

C5-02

<table>
<tr><td>工程名称</td><td>×××工程</td><td>图纸编号</td><td>结施-1</td></tr>
<tr><td>验收项目</td><td>1 轴至 21 轴地基验槽</td><td>验收时间</td><td>年 月 日</td></tr>
<tr><td>地质报告与设计要求</td><td colspan="3">基础持力层位于粉质黏土层</td></tr>
<tr><td>验收依据及内容</td><td colspan="3">验收依据:1. 该工程岩土工程勘察报告。
2. 基础平面布置图,结施-1。
验收内容:1. 依据基础平面布置图及地质勘探部门出具的地质报告。
2. 本工程 ±0.00 为海拔标高 130.44 m,基础底标高符合图纸设计要求。
3. 经由建设单位、监理单位、地质部门、设计院对基底实际检测确认达到粉质黏土层持力层与地质报告标注第 2 层(粉质黏土)相符,承载力特征值为达到 150 kPa 以上,满足图纸要求。
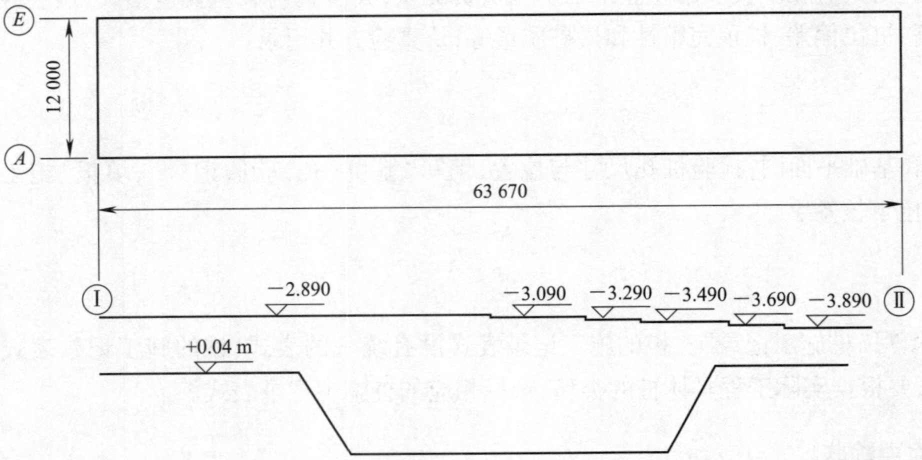
</td></tr>
<tr><td>验收意见</td><td colspan="3">基础已经挖至图纸设计标高,与地质勘察报告相符。</td></tr>
</table>

建设单位	设计单位	勘察单位	监理单位	施工单位
项目负责人: ××× (公章)	项目负责人: ××× (公章)	项目负责人: ××× (公章)	总监理工程师 ××× (公章)	项目负责人: ××× (公章)

地基处理记录

C5-03

<table>
<tr><td>工程名称</td><td>××办公楼</td><td>日 期</td><td>年 月 日</td></tr>
<tr><td>施工单位</td><td>××建筑工程公司</td><td>处理部位</td><td>地基</td></tr>
<tr><td colspan="4">处理依据及内容:(或用简图表示)
处理依据:
(1)《建筑地基基础工程施工质量验收标准》(GB 50202—2018)。
(2)《建筑地基处理技术规范》(JGJ 79—2012)。
(3)本工程“地基基础施工方案”。
(4)设计变更通知单(编号 ×××)及钎探记录。
方式:填级配石厚 200 mm。</td></tr>
</table>

<table>
<tr><td colspan="4">处理结果：
(1)继续下挖至老土层。
(2)回填级配石的粒径不大于10 cm，厚度200 mm；无草根、垃圾等有机物。
(3)填好级配石后用平板式振动器振捣，分层夯实，往复振捣，不少于三遍，直至达到设计要求中密状态。</td></tr>
<tr><td colspan="4">检查意见：
经检查，已按洽商要求施工完毕，符合质量验收规范标准，可以进行下道工序施工。</td></tr>
<tr><td>监理工程师
（建设单位代表）</td><td>设计单位
项目负责人</td><td>勘察单位
项目负责人</td><td>施工单位
项目技术负责人</td></tr>
</table>

混凝土开盘鉴定

C5-05

<table>
<tr><td colspan="2">工程名称</td><td colspan="4">××办公楼</td><td colspan="2">鉴定编号</td><td colspan="3">×××</td></tr>
<tr><td colspan="2">施工单位</td><td colspan="4">××建筑工程公司</td><td colspan="2">搅拌方式</td><td colspan="3">强制式搅拌机</td></tr>
<tr><td colspan="2">强度等级</td><td colspan="4">C20</td><td colspan="2">要求坍落度</td><td colspan="3">70 ~ 90 mm</td></tr>
<tr><td colspan="2">配合比编号</td><td colspan="4">××-×××</td><td colspan="2">试配单位</td><td colspan="3">×××试验室</td></tr>
<tr><td colspan="2">水灰比</td><td colspan="4">0.43</td><td colspan="2">砂率/%</td><td colspan="3">40</td></tr>
<tr><td colspan="2">材料名称</td><td>水泥</td><td>砂</td><td>石</td><td>水</td><td colspan="2">外加剂</td><td colspan="3">掺合料</td></tr>
<tr><td colspan="2">每1 m^{3}用料/kg</td><td>336</td><td>694</td><td>1 133</td><td>198</td><td>—</td><td>—</td><td>—</td><td colspan="2">—</td></tr>
<tr><td colspan="2">调整后，砂含水率6.1%，石含水率C.8%，每盘用料/kg</td><td>100</td><td>231</td><td>215</td><td>85</td><td>—</td><td>—</td><td>—</td><td colspan="2">—</td></tr>
<tr><td rowspan="4">鉴定结果</td><td rowspan="2">鉴定项目</td><td colspan="3">混凝土搅拌物性能</td><td colspan="6" rowspan="2">原材料与混凝土配合比试验报告是否相符</td></tr>
<tr><td>坍落度</td><td>保水性</td><td>黏聚性</td></tr>
<tr><td>设计</td><td>70 ~ 90 mm</td><td></td><td></td><td colspan="6" rowspan="2">相符</td></tr>
<tr><td>实测</td><td>90 mm</td><td>良好</td><td>良好</td></tr>
<tr><td colspan="2" rowspan="2">混凝土标养试件留置组数</td><td colspan="2" rowspan="2">3</td><td colspan="7">混凝土试块抗压强度/MPa</td></tr>
<tr><td colspan="7">26.9</td></tr>
<tr><td colspan="11">鉴定结论：
同意C20混凝土开盘鉴定结果。鉴定合格。</td></tr>
<tr><td colspan="3">监理工程师
（建设单位代表）</td><td colspan="2">混凝土试配单位
技术负责人</td><td colspan="2">施工单位
项目技术负责人</td><td colspan="4">搅拌机组负责人</td></tr>
<tr><td colspan="11">鉴定日期：　　　　年　月　日</td></tr>
</table>

混凝土工程施工记录

C5-06

工程名称	×××住宅楼	编号	××××××
施工单位	×××建设开发总公司黑龙江分公司	施工部位	基础垫层 15、21～29交15、A～U轴
搅拌方式	商品混凝土	施工日期	年　月　日
振捣方法	机械振捣	养护方法	浇水覆盖养护

浇筑量/m^3	58	混凝土强度设计等级	C15	配合比报告编号	××××××

记录项目	材料名称				外加剂			掺合料	
	水泥	砂	石	水	泵送剂	—	—	粉煤灰	—
设计配合比	1	1.86	2.67	0.43	—	—	—	—	—
每1 m^3 用料/kg	210	835	1 035	190	72	—	—	90	—
每盘用料/kg	—	—	—	—	—	—	—	—	—
材料试验报告编号	C11-018	S11-018	G11-17	—	DS11-009	—	—	F11-15	—

坍落度设计值/cm	18.0	坍落度实测值/cm	17.0
混凝土浇筑时间	6月2日8时8分—6月2日12时32分		

试件留置								
同条件	试块编号							
	送样编号							
	报告编号							
标养	试块编号							
	送样编号	1203368						
	报告编号	2011-TK-1997						

测温情况						
日/时:分						
天气情况						
原材料/℃	水					
	砂					
	石					
	水泥					
掺合料	出罐/℃					
	入模/℃					

施工技术负责人：　　　　　　　　　　记录人：

混凝土养护测温记录

C5-13

工程名称	×××办公楼	结构部位	三层梁板
施工单位	×××建筑工程公司	养护方式	塑料布覆盖并洒水湿润
测温方法	温度计	测温点	见附图

测温时间				大气温度/℃	各测孔温度/℃												平均温度/℃	间隔时间/h	成熟度	
年	月	日	时		1#	2#	3#	4#	5#	6#	7#	8#	9#	10#	11#	12#			本次	累计
××	×	×	15	+8	+11	+11	+11	+12	+11	+11	+11	+10	+11	+13	+13	+11	+11.3	—		
××	×	×	17	+5	+8	+8	+7	+8	+6	+8	+6	+8	+8	+9	+8	+8	+7.7	2		
××	×	×	19	+1	+8	+8	+7	+7	+6	+8	+6	+7	+8	+8	+8	+7	+7.3	2		
××	×	×	21	−3	+8	+6	+6	+8	+6	+7	+6	+8	+8	+7	+8	+8	+7.2	2		
××	×	×	23	−3	+6	+5	+4	+5	+5	+4	+4	+5	+4	+6	+4	+4	+4.7	2		
××	×	×	1	−2	+4	+5	+4	+6	+5	+4	+6	+5	+5	+3	+4	+4	+4.6	2		
××	×	×	3	0	+6	+5	+4	+5	+4	+4	+5	+5	+4	+4	+5	+4	+4.6	2		
××	×	×	5	+5	+9	+8	+8	+7	+7	+6	+6	+8	+9	+7	+7	+9	+7.6	2		

施工单位	×××建筑工程公司	
专业技术负责人	专业工长	测温员
×××	×××	×××

混凝土结构同条件养护试件测温记录

C5-10

工程名称	×××住宅楼	编号	34
施工单位	×××建设开发总公司黑龙江分公司	强度等级	C30
结构部位	机房层顶梁板	留置组数	1
		试件编号	34

测 温 记 录

	温度/℃	日期											
实测日平均温度		9/6	10/6	11/6	12/6	13/6	14/6	15/6	16/6	17/6	18/6	19/6	20/6
	最低气温	15	15	15	16	16	15	14	16	15	15	16	15
	最高温度	23	24	26	26	25	25	23	25	25	26	23	24
	平均温度	19	19.5	20.5	21	20.5	20	18.5	20.5	20	20.5	19.5	19.5
	累计成熟度	19	38.5	59	80	101	121	139	160	180	200	220	239
	温度/℃	日期											
		21/6	22/6	23/6	24/6	25/6	26/6	27/6	28/6	29/6	30/6	1/7	2/7
	最低气温	16	15	16	15	16	15	15	17	16	15	15	16
	最高温度	25	26	24	23	25	26	25	32	30	27	29	28
	平均温度	20.5	20.5	20	19	20.5	20.5	20	24.5	23	21	22	22
	累计成熟度	260	280	300	319	340	360	380	405	428	449	471	493
	温度/℃	日期											
	最低气温												
	最高温度												
	平均温度	0	0	0	0	0	0	0					
	累计成熟度	492.5	492.5	492.5	492.5	492.5	492.5	492.5					
	温度/℃	日期											
	最低气温												
	最高温度												
	平均温度												
	累计成熟度												

等效养护龄期共(32)d	按日平均温度逐日累计达到(614)℃·d

施工技术负责人：

测温人：

注：累计成熟度单位℃·d

钢筋混凝土预制桩沉桩施工记录

施工单位：×××机械化公司　　工程名称：××工程　　打桩小组：×××　　自然地面标高：-1.20 m

桩顶设计标高：-2.00 m　　桩帽重量：300 kg　　桩的规格及长度：400×400×7 000　　桩锤类型及冲击部分重量 D-32　　编号：×××

桩号	制桩日期（月，日）	沉桩日期（月，日）	桩入土每米锤击次数																落距/m	桩平面位移/cm				桩尖高出（+）或低于（-）设计标高/m	最后贯入度				桩尖所在土层性质	备注
			0~11	1~22	2~33	3~44	4~55	5~66	6~77	7~88	9	10	11	12	13	14	15	16		沿轴线方向		垂直轴线方向			第一阵 mm/10击	第二阵 mm/10击	第三阵 mm/10击	第四阵 mm/10击		
																				左移	右移	左移	右移							
1#	7,2	8,15	5	7	13	17	21	24	31										2.2	0	2	0	1	+0.6	22	20	14	17	粉质黏土	继续锤击三阵，其每阵10击的平均贯入度满足设计2.5 cm/10击要求
2#	7,2	8,15	4	7	12	18	19	25	32										2.2	1	0	0	1.5	+0.75	25	22	13	18	中密砂土	继续锤击三阵，其每阵10击的平均贯入度满足设计2.5 cm/10击要求

记录员：×××　　年　月　日

混凝土灌注桩施工记录

工程名称：××工程　　施工单位：××公司　　主要操作人员：×××　×××　　施工负责人：×××　　成孔工艺：泥浆护壁成孔

机械类型：潜水钻　　编号：×××

桩位编号	制孔															钢筋笼安放位置		混凝土浇筑						其他说明
	成孔时间（日/月、时、分）	孔径/cm		孔深/cm		虚土或沉渣厚/cm	自然地面标高/m	孔底标高/m	孔倾斜值/mm	泥浆种类	护壁泥浆			清孔泥浆比重	护筒埋深/cm			浇筑时间（月．日．时）	桩顶标高/m		混凝土体积/m^3		混凝土充盈系数	
		设计	实测	设计	实钻						比重	含砂率	胶体率			设计	实际		设计	实测	计算	实际		
1	25/7、8:40	40	42	700	735	18	+0.2	−6.97	42	黏土	1.28	4%	93%	1.16	85			8.15.10	0.05	+0.01	0.967	1.021	1.056	1. 浇筑混凝土前检查在2.75 m深处有缩颈，进行透孔。 2. 浇混凝土前又进行一次清渣，清渣厚度为15 cm。 3. 钢筋笼：孔径400为4ϕ12，螺旋箍筋ϕ6；孔径600为6ϕ12。螺旋箍筋ϕ6 4. 混凝土C18
6	25/7、11:54	60	63	600	944	15	+0.35	−8.96	31	黏土	1.33	3%～8%	94%	1.15	120			8.15.10	0.10	+0.14	2.873	3.12	1.10	

注：①本表适用于干成孔，泥浆护壁，所列项目根据工艺和设备具体要求填写。

②孔底标高＝自然地面标高（孔上部周围地面实测标高）－孔实钻深度＋虚土或沉渣厚度。

③混凝土浇筑计算体积＝$\frac{\pi D^2}{4}$×（桩顶标高实测值与孔底标高差），D为孔径实测值（直径不同时可分段计算）。

预制桩打入基础隐蔽工程检查验收记录

C6-01

<table>
<tr><td colspan="2">工程名称</td><td colspan="2">××工程</td><td colspan="2">图纸编号</td><td colspan="4">结施 1-3</td></tr>
<tr><td colspan="2">验收项目</td><td colspan="2">打桩部分</td><td colspan="2">验收时间</td><td colspan="4">年　月　日</td></tr>
<tr><td>说明或附图</td><td colspan="9">打桩竣工平面图(可用其他纸绘制):
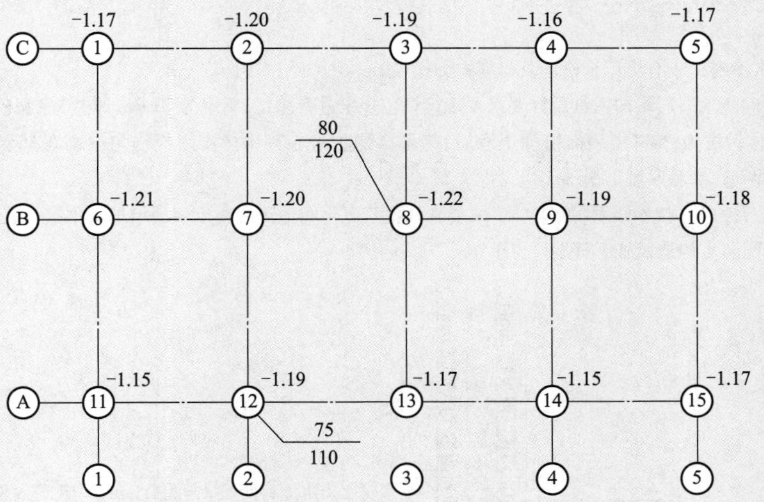
</td></tr>
<tr><td>试验报告编号</td><td colspan="9">编号为1#桩,轴线位移在允许范围内。8#桩桩顶标高 -1.22 m,桩位向C轴偏80 mm,向2轴偏移120 mm。12#桩桩顶标高 -1.19 m,桩位向8轴反方向偏移75 mm,向3轴偏移110 mm</td></tr>
<tr><td>检查验收意见</td><td colspan="9">设计桩顶标高为 -1.17 m,实测值在允许偏差范围内,8#、12#两根位移超过允许值。经设计院同意(有通知单)将承台梁下0.5 m长桩径扩粗至 ϕ550 mm(内加箍筋和构造筋),保证对承台梁的支承。其他均符合设计和规范要求</td></tr>
<tr><td>质量部门代表</td><td>×××</td><td>建设单位代表</td><td>×××</td><td>施工技术负责人</td><td>×××</td><td>工长</td><td>×××</td><td>填写人</td><td>×××</td></tr>
</table>

厨房、卫生间基层防水隐蔽工程检查验收记录

C6-01

工程名称	×××住宅楼	验收时间	年　月　日 至　月　日	编号	
施工单位	×建设开发总公司黑龙江分公司	验收部位	一层至三十三层厨房、卫生间		

依据及内容

隐检依据：依据设计施工图及施工规范。

隐蔽内容：

1. 聚氨酯防水涂料进场有出厂合格证及材料检测报告。

2. 厨房、卫生间防水层严格按图纸设计要求及现行规范规定进行施工，基层为10 mm厚1∶3水泥砂浆找平层，防水层为两遍聚氨酯防水涂料，具体做法为，待基层表面清理干净后，将聚氨酯防水涂料用橡皮刮板均匀涂刷在基层上，并沿墙、沿立管向上涂刷300 mm高；涂刷两遍，涂膜厚度1.5 mm。

3. 根据　年　月　日"技术联系（通知）单"的要求，厨房、卫生间地热混凝土表面增加防水层一道（即刷聚氨酯涂膜两遍）。

4. 厨房、卫生间防水构造及施工日期详见下图：

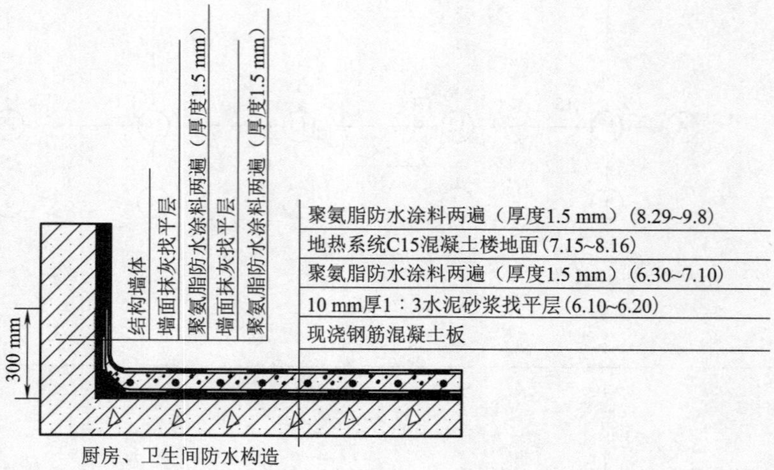

厨房、卫生间防水构造

主要材料规格及试验编号

预搅拌混凝土		混凝土试块			
强度等级	C15	混凝土强度等级	养护条件	检测编号	强度值
配合比编号	0019618	C15	标准养护（抗压）	2011-TK-2790	18.0 MPa
出厂合格证编号	1160098				

结论　经检查符合要求，同意进行下道工序施工。

监理工程师（建设单位代表）：	施工技术负责人：	施　工质检员：	填写人：

混凝土 隐蔽工程检查验收记录

C6-01

<table>
<tr><td>工程名称</td><td>×××住宅楼</td><td>验收时间</td><td>年 月 日</td><td>编号</td><td></td></tr>
<tr><td>施工单位</td><td>××建设开发总公司黑龙江分公司</td><td>验收部位</td><td colspan="3">基础垫层
15、1～21交15、A～Y轴</td></tr>
<tr><td>依据及内容</td><td colspan="5">隐检依据：依据设计施工图及施工规范。
隐蔽内容：
主要材料名称规格/型号：混凝土采用哈尔滨市亿顺商砼有限公司供应的商品混凝土。水泥：P. C32.5；Ⅱ级粉煤灰；砂：中砂；碎石：5～31.5 mm；水：饮用水；泵送剂：QSN-02B。
1. 混凝土垫层厚度为100 mm，砼设计强度等级为C15。
2. 配合比为：水泥（Ⅱ级粉煤灰）：中砂：碎石＝1：2.78：3.45，水胶比为0.63，坍落度180 mm。
每立方米砼材料用量：水泥210 kg、Ⅱ级粉煤灰90 kg、中砂835 kg、碎石1 035 kg、水190 kg、泵送剂7.2 kg。
3. 商品混凝土由运输车运送到现场，混凝土浇筑时采用机械振捣，混凝土表面平整密实，无蜂窝、孔洞等缺陷，截面尺寸、方正度、平整度均符合设计及规范要求。
4. 混凝土养护符合要求。
5. 混凝土试块留置待压（标养试块一组）。</td></tr>
<tr><td>主要材料规格及试验编号</td><td colspan="5">
<table>
<tr><td colspan="2">预搅拌混凝土</td><td colspan="4">混凝土试块</td></tr>
<tr><td>强度等级</td><td>C15</td><td>混凝土强度等级</td><td>养护条件</td><td>检测编号</td><td>强度值</td></tr>
<tr><td>配合比编号</td><td>0019618</td><td>C15</td><td>标准养护（抗压）</td><td>2011-TK-2790</td><td>18.0 MPa</td></tr>
<tr><td>出厂合格证编号</td><td>1160098</td><td></td><td></td><td></td><td></td></tr>
</table>
</td></tr>
<tr><td>结论</td><td colspan="5">经检查符合要求，同意进行下道工序施工。</td></tr>
<tr><td colspan="6">监理工程师（建设单位代表）： 施工技术负责人： 施工质检员： 填写人：</td></tr>
</table>

桩与承台、筏板及承台梁连接 隐蔽工程检查验收记录

C6-01

<table>
<tr><td>工程名称</td><td>×××住宅楼</td><td>验收时间</td><td>年 月 日</td><td>编号</td><td></td></tr>
<tr><td>施工单位</td><td>×××建设集团有限公司</td><td>验收部位</td><td colspan="3">超流态混凝土灌注桩</td></tr>
<tr><td>依据及内容</td><td colspan="5">隐蔽依据：
超流态混凝土灌注桩与承台、筏板及承台梁连接处理依据设计施工图 G(施)-01 及现行施工规范规定中的相关要求进行施工。
隐蔽内容：
1. 所采用的钢筋为 HPB235(ϕ)、HRB335(B)，进场均经二次复试合格。
2. 桩顶与承台、筏板及承台梁连接，具体处理方法如下图：
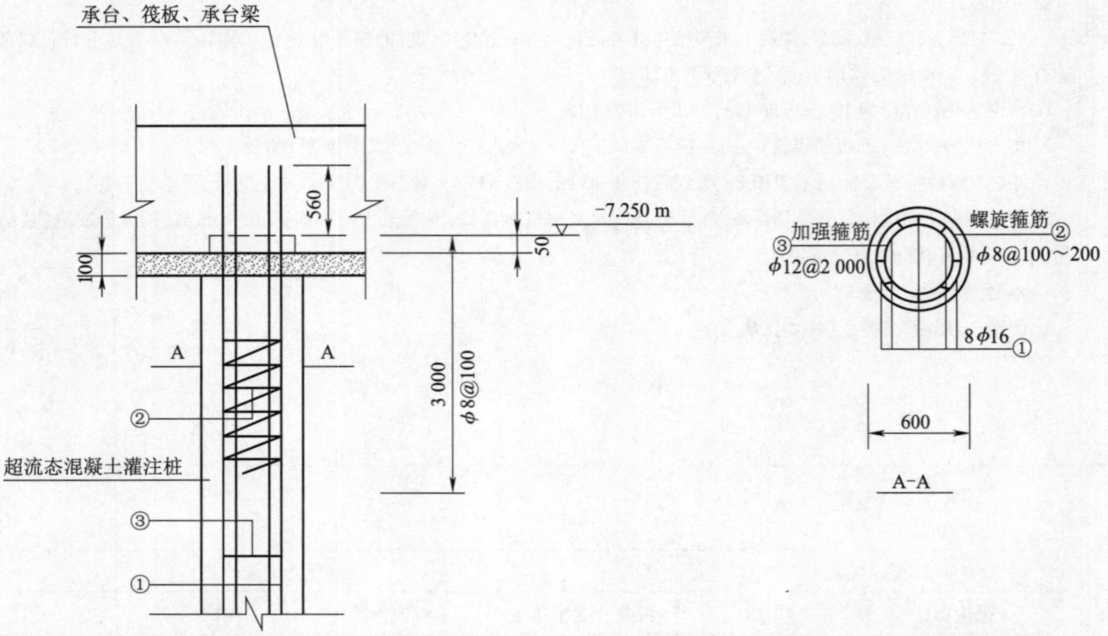

3. 钢筋规格、长度、安装位置等均符合设计及规范要求。</td></tr>
<tr><td>主要材料规格及试验编号</td><td colspan="5"><table><tr><td>钢筋规格</td><td>合格证</td><td>复试报告编号</td></tr><tr><td>ϕ8</td><td></td><td></td></tr><tr><td>B12</td><td></td><td></td></tr><tr><td>B16</td><td></td><td></td></tr></table></td></tr>
<tr><td>结论</td><td colspan="5"></td></tr>
<tr><td colspan="6">监理工程师
(建设单位代表)： 施工技术
负责人： 施 工
质检员： 填写人：</td></tr>
</table>

C6-01

钢筋 隐蔽工程检查验收记录

C6-01

工程名称	×××住宅楼	验收时间	年 月 日	编号	
施工单位	×××建设集团有限公司	验收部位	承台、承台梁、地梁筏板、防水底板及墙柱插筋		

依据及内容

隐蔽依据：

本工程地基基础设计等级为甲级；本工程为超流态混凝土灌注桩基础；该部位承台、承台梁、防水底板及筏板依据设计施工图G(施)-说明、G(施)-02、《11G101-3》图集及现行施工规范规定中的相关要求进行施工。

隐蔽内容：

1. 所采用的钢筋为HPB235(A)、HRB335(C)，进场均经二次复试合格。
2. 承台钢筋伸过桩边35 d+0.1 D(d为承台钢筋直径，D为桩径；详见《11G101—3 85》图集91页)；墙和柱竖纵筋锚入承台和承台梁须满足其最小锚固长度L_{aE}。
3. 基础插筋同墙、柱，墙、柱纵筋锚入基础内长度，承台、筏板构造见《11G101-3》图集。
4. 筏板封边作法见《11G101-3》图集84页"U形筋构造封边方式"；U形构造封边筋及侧面构造纵筋采用C12@200。
5. 本工程在-5.900 m处设防水底板，板厚250 mm。
6. 基础筏板厚度为1 400 mm，筏板顶标高：未特殊注明为-5.900 m，电梯基坑降板区域为-7.600 m，集水坑降板区域为-7.800 m。
7. 具体配筋：

承台、承台梁及地梁配筋表：

编 号	截面尺寸/mm	配 筋	备 注
CT-1	1 200×1 400	上铁7C16 下铁7C22 腰筋2×4C14 拉钩A8@300 箍筋为A10@100	
CTL-1	800×1 400	上铁10C22 下铁10C22 腰筋2×7C14 拉钩A8@400 箍筋为C12@150	
DL-1	600×800	上铁6C20 下铁6C20 腰筋2×3C14 拉钩A10@400 箍筋为A10@200	

防水底板配筋为C12@150×150(上层)，C12@150×150(下层)双层钢筋网，锚入地面梁或筏板内35 d。

主要材料规格及试验编号

钢筋规格	合格证	复试报告编号	钢筋规格	合格证	复试报告编号
A8	×××	×××	C16	×××	×××
A10	×××	×××	C20	×××	×××
C12	×××	×××	C22	×××	×××
C14	×××	×××			

结论

监理工程师（建设单位代表）：	施工技术负责人：	施工质检员：	填写人：

自学自测

一、单选题(只有1个正确答案,每题10分)

1. "交接检查记录"由(　　)填写。
   A. 设计单位　　B. 监理单位
   C. 建设单位　　D. 施工单位
2. 施工配合比指试验配合比,是根据骨料的实际含水率调整用量后的配合比,应填(　　)。
   A. 每立方混凝土用量　　B. 每立方水泥用量
   C. 每立方水的用量　　D. 每立方砂石用量
3. "混凝土拆模申请单"由(　　)填写,并保存。
   A. 监理单位　　B. 施工单位
   C. 建设单位　　D. 施工班组长
4. 混凝土浇筑初期每(　　)进行一次测温;8 h后,每(　　)测一次。
   A. 2 h;3 h　　B. 3 h;4 h　　C. 2 h;4 h　　D. 3 h;3 h

二、多选题(有至少2个正确答案,每题10分)

1. 填写说明包括(　　)内容。
   A. 交接内容　　B. 检查结果
   C. 检查记录　　D. 见证单位
   E. 见证单位意见
2. 对深基础,还应检查基坑对(　　)、(　　)、(　　)是否存在不利影响。
   A. 基坑底面　　B. 附近建筑物　　C. 道路　　D. 管线
   E. 地下埋设物
3. 验槽内容包括(　　)。
   A. 基坑(孔)位置　　B. 基坑土质
   C. 基底土质情况　　D. 持力层厚度
   E. 有无坑、穴
4. 工程中常用的地基处理方法有(　　)。
   A. 换填垫层法　　B. 强夯法
   C. 砂石桩法　　D. 水泥土搅拌法
   E. 夯实水泥土桩法

三、判断题(对的划"√",错的划"×",每题5分)

1. 地基验槽应验看原土面,清除回填虚土。(　　)
2. 地基需处理时,应由勘察、设计单位提出处理意见。(　　)
3. 参加检查验收的只需建设单位和施工单位代表签字盖章。(　　)
4. 每一商品混凝土运输车次应具备一份"预拌混凝土运输单",且一式两份。(　　)

任务实施

根据实际工程的施工记录资料管理的工作需求,施工单位对资料管理的工作程序包括如下步骤。

一、交接检查记录

通过交接检查，做好记录，了解安全生产的状态，为分析研究、加强安全管理提供信息依据。发现问题，暴露隐患，以便及时采取有效措施，保障安全生产。利用检查进一步宣传、贯彻、落实安全生产方针，安全技术十项措施政策和各项安全生产规章制度。增强安全意识，制止违章指挥，纠正违章作业，提高安全的自觉性和责任感。

二、地基验槽记录

地基验槽记录是核对其平面位置、平面尺寸、槽底标高是否满足设计要求。土质和地下水情况是否满足岩土工程勘察报告及设计要求。检查是否存在软弱下卧层及空洞的位置、深度、性状。

三、地基处理记录

地基处理是利用换填、夯实、挤密、排水、胶结、加筋和热学等方法对地基土进行加固，以改善地基条件(变形或渗透性质)，提高地基承载力。地基处理工程的设计和施工质量直接关系到建筑物的安全，如处理不当，往往容易发生工程事故，而且事后补救大多比较困难。因此，对地基处理要求实行严格的质量控制和验收制度，以确保工程质量。

四、混凝土施工记录

混凝土施工记录应由单位工程施工负责人或混凝土工长在混凝土工程施工期内逐日记载(每天填写1份)，要求记录的内容必须连续和完整。混凝土的浇捣数量和部位应按实际施工如实填写。施工中抽查混凝土坍落度的次数和具体情况等如实记录；应注明试块28天强度。混凝土试块编号应与混凝土试验报告送样单的编号一致。

五、隐蔽工程验收记录

施工单位对隐蔽工程自检合格后，凭自检单以书面形式通知监理公司，并注明验收时间和内容。必须由监理人员、施工单位施工员及施工班组等共同验收，有必要时要有下一程序施工班组参加。验收合格后，由监理人员签署隐蔽工程验收记录后，施工单位方可进行下一程序施工。验收不合格的整改，二次结构砌体拉结钢筋工程由监理人员或项目部专业工程师的日常检查进行抽查验收。

笔记栏

工 作 单

计 划 单

学习情境3	施工测量资料和施工记录资料编制	任务2	施工记录资料编制
工作方式	组内讨论、团结协作共同制定计划：小组成员进行工作讨论，确定工作步骤。	计划学时	0.5 学时
完成人	1. ________ 2. ________ 3. ________ 4. ________ 5. ________ 6. ________		
计划依据：1. 施工管理资料表格；2. 分配的施工段落。			

序号	计 划 步 骤	具体工作内容描述
1	准备工作 （准备工具、材料，谁去做？）	
2	组织分工 （成立组织，人员具体都完成什么？）	
3	施工记录资料编写方案 （各有何特点？）	
4	施工记录资料 （都记录什么内容？）	
5	整理资料 （谁负责？整理什么？）	
6	施工记录资料归档 （谁负责？要素是什么？）	
制定计划说明	（写出制定计划中人员为完成任务的主要建议或可以借鉴的建议、需要解释的某一方面）	

决 策 单

<table>
<tr><td>学习情境3</td><td colspan="2">施工测量资料和施工记录资料编制</td><td>任务2</td><td>施工记录资料编制</td></tr>
<tr><td colspan="3">决 策 学 时</td><td colspan="2">0. 5 学时</td></tr>
<tr><td colspan="5">决策目的：确定本小组认为最优的施工记录资料整理方案。</td></tr>
<tr><td rowspan="7">施工记录资料整理方案优劣比对</td><td colspan="2">施工记录资料整理方案特点</td><td rowspan="2">比 对 项 目</td><td rowspan="2">确定最优方案（划√）</td></tr>
<tr><td>方案名称1：</td><td>方案名称2：</td></tr>
<tr><td></td><td></td><td>施工记录资料整理是否完整</td><td rowspan="6">方案1优
□

方案2优
□</td></tr>
<tr><td></td><td></td><td>编写各种表格是否规范</td></tr>
<tr><td></td><td></td><td>施工记录资料整理熟练度</td></tr>
<tr><td></td><td></td><td>工程资料编写掌握程度</td></tr>
<tr><td></td><td></td><td>工作效率的高低</td></tr>
<tr><td colspan="2">方案1施工记录资料整理</td><td colspan="2">方案2施工记录资料整理</td></tr>
</table>

作 业 单

<table>
<tr><td>学习情境3</td><td colspan="2">施工测量资料和施工记录资料编制</td><td>任务2</td><td>施工记录资料编制</td></tr>
<tr><td rowspan="2">参加人员</td><td colspan="2">第　　组</td><td colspan="2">开始时间：</td></tr>
<tr><td colspan="2">签名：</td><td colspan="2">结束时间：</td></tr>
<tr><td>序号</td><td colspan="2">工作内容记录
（根据实施的具体工作记录，包括存在的问题及解决方法）</td><td colspan="2">分　工
（负责人）</td></tr>
<tr><td>1</td><td colspan="2"></td><td colspan="2"></td></tr>
<tr><td>2</td><td colspan="2"></td><td colspan="2"></td></tr>
<tr><td>3</td><td colspan="2"></td><td colspan="2"></td></tr>
<tr><td>4</td><td colspan="2"></td><td colspan="2"></td></tr>
<tr><td>5</td><td colspan="2"></td><td colspan="2"></td></tr>
<tr><td>6</td><td colspan="2"></td><td colspan="2"></td></tr>
<tr><td>7</td><td colspan="2"></td><td colspan="2"></td></tr>
<tr><td>8</td><td colspan="2"></td><td colspan="2"></td></tr>
<tr><td>9</td><td colspan="2"></td><td colspan="2"></td></tr>
<tr><td>10</td><td colspan="2"></td><td colspan="2"></td></tr>
<tr><td>11</td><td colspan="2"></td><td colspan="2"></td></tr>
<tr><td>12</td><td colspan="2"></td><td colspan="2"></td></tr>
<tr><td rowspan="2">小结</td><td colspan="2">主要描述完成的成果及是否达到目标</td><td colspan="2">存在的问题</td></tr>
<tr><td colspan="2"></td><td colspan="2"></td></tr>
</table>

整理记录单

<table>
<tr><td>学习情境3</td><td colspan="3">施工测量资料和施工记录资料编制</td><td>任务2</td><td colspan="2">施工记录资料编制</td></tr>
<tr><td>完成人姓名</td><td></td><td>组别</td><td></td><td>完成日期</td><td colspan="2"></td></tr>
<tr><td colspan="7">施工记录资料(手写):</td></tr>
<tr><td>地基验槽(孔)记录</td><td colspan="6"></td></tr>
<tr><td>混凝土工程施工记录</td><td colspan="6"></td></tr>
<tr><td>混凝土养护测温记录</td><td colspan="6"></td></tr>
<tr><td>钢筋混凝土桩施工记录</td><td colspan="6"></td></tr>
<tr><td>隐蔽工程检查验收记录</td><td colspan="6"></td></tr>
<tr><td>检查人(签字)</td><td></td><td>检查存在的问题</td><td></td><td>检查时间</td><td colspan="2"></td></tr>
</table>

表格记录单(如多页可复印)

<table>
<tr><td>学习情境3</td><td colspan="2">施工测量资料和施工记录资料编制</td><td>任务2</td><td colspan="2">施工记录资料编制</td></tr>
<tr><td>完成人姓名</td><td></td><td>组别</td><td></td><td>完成日期</td><td></td></tr>
<tr><td colspan="6">给定施工区段资料(手写):</td></tr>
<tr><td>施工区段工程记录资料说明或描述</td><td colspan="5"></td></tr>
<tr><td>表格</td><td colspan="5"></td></tr>
<tr><td>检查人(签字)</td><td></td><td>检查存在的问题</td><td></td><td>检查时间</td><td></td></tr>
</table>

检 查 单

<table>
<tr><td>学习情境3</td><td colspan="2">施工测量资料和施工记录资料编制</td><td>任务2</td><td colspan="5">施工记录资料编制</td></tr>
<tr><td>检查学时</td><td colspan="4">课内1学时</td><td colspan="4">第　　组</td></tr>
<tr><td>检查目的及方式</td><td colspan="8">教师过程监控小组的工作情况，如检查等级为不合格，小组需要整改，并拿出整改说明。</td></tr>
<tr><td rowspan="2">序号</td><td rowspan="2">检查项目</td><td rowspan="2" colspan="2">检 查 标 准</td><td colspan="5">检查结果分级
（在检查相应的分级框内划“√”）</td></tr>
<tr><td>优秀</td><td>良好</td><td>中等</td><td>合格</td><td>不合格</td></tr>
<tr><td>1</td><td>准备工作</td><td colspan="2">资源是否已查到、材料是否准备完整</td><td></td><td></td><td></td><td></td><td></td></tr>
<tr><td>2</td><td>分工情况</td><td colspan="2">安排是否合理、全面，分工是否明确</td><td></td><td></td><td></td><td></td><td></td></tr>
<tr><td>3</td><td>工作态度</td><td colspan="2">小组工作是否积极主动、全员参与</td><td></td><td></td><td></td><td></td><td></td></tr>
<tr><td>4</td><td>纪律出勤</td><td colspan="2">是否按时完成负责的工作内容、遵守工作纪律</td><td></td><td></td><td></td><td></td><td></td></tr>
<tr><td>5</td><td>团队合作</td><td colspan="2">是否相互协作、互相帮助、成员是否听从指挥</td><td></td><td></td><td></td><td></td><td></td></tr>
<tr><td>6</td><td>创新意识</td><td colspan="2">任务完成不照搬照抄，看问题具有独到见解、创新思维</td><td></td><td></td><td></td><td></td><td></td></tr>
<tr><td>7</td><td>完成效率</td><td colspan="2">工作单是否记录完整，是否按照计划完成任务</td><td></td><td></td><td></td><td></td><td></td></tr>
<tr><td>8</td><td>完成质量</td><td colspan="2">工作单填写是否准确，记录单检查及修改是否达标</td><td></td><td></td><td></td><td></td><td></td></tr>
<tr><td>检查评语</td><td colspan="6"></td><td colspan="2">教师签字：</td></tr>
</table>

评　价　单

1. 小组工作评价单

学习情境3	施工测量资料和施工记录资料编制		任务2	施工记录资料编制		
评价学时			课内1学时			
班级			第　　组			
考核情境	考核内容及要求	分值（100）	小组自评（10%）	小组互评（20%）	教师评价（70%）	实得分（∑）
汇报展示（20）	演讲资源利用	5				
	演讲表达和非语言技巧应用	5				
	团队成员补充配合程度	5				
	时间与完整性	5				
质量评价（40）	工作完整性	10				
	工作质量	5				
	报告完整性	25				
团队情感（25）	核心价值观	5				
	创新性	5				
	参与率	5				
	合作性	5				
	劳动态度	5				
安全文明（10）	工作过程中的安全保障情况	5				
	工具正确使用和保养、放置规范	5				
工作效率（5）	能够在要求的时间内完成，每超时5分钟扣1分	5				

2. 小组成员素质评价单

<table>
<tr><td>学习情境 3</td><td colspan="2">施工测量资料和施工记录资料编制</td><td>任务 2</td><td colspan="5">施工记录资料编制</td></tr>
<tr><td>班　　级</td><td></td><td colspan="2">第　　组</td><td>成员姓名</td><td colspan="4"></td></tr>
<tr><td>评分说明</td><td colspan="8">每个小组成员评价分为自评和小组其他成员评价两部分，取平均值计算，作为该小组成员的任务评价个人分数。评价项目共设计 5 个，依据评分标准给予合理量化打分。小组成员自评分后，要找小组其他成员不记名方式打分。</td></tr>
<tr><td>评分项目</td><td colspan="2">评 分 标 准</td><td>自评分</td><td>成员 1
评分</td><td>成员 2
评分</td><td>成员 3
评分</td><td>成员 4
评分</td><td>成员 5
评分</td></tr>
<tr><td>核心价值观
（20 分）</td><td colspan="2">思想及行动是否符合社会主义核心价值观</td><td></td><td></td><td></td><td></td><td></td><td></td></tr>
<tr><td>工作态度
（20 分）</td><td colspan="2">是否按时完成负责的工作内容、遵守纪律，是否积极主动参与小组工作，是否全过程参与，是否吃苦耐劳，是否具有工匠精神</td><td></td><td></td><td></td><td></td><td></td><td></td></tr>
<tr><td>交流沟通
（20 分）</td><td colspan="2">是否能良好地表达自己的观点，是否能倾听他人的观点</td><td></td><td></td><td></td><td></td><td></td><td></td></tr>
<tr><td>团队合作
（20 分）</td><td colspan="2">是否与小组成员合作完成任务，做到相互协作、互相帮助、听从指挥</td><td></td><td></td><td></td><td></td><td></td><td></td></tr>
<tr><td>创新意识
（20 分）</td><td colspan="2">看问题是否能独立思考，提出独到见解，是否能够创新思维，解决遇到的问题</td><td></td><td></td><td></td><td></td><td></td><td></td></tr>
<tr><td>最终小组
成员得分</td><td colspan="8"></td></tr>
</table>

课后反思

<table>
<tr><td>学习情境3</td><td colspan="2">施工测量资料和施工记录资料编制</td><td>任务2</td><td>施工记录资料编制</td></tr>
<tr><td>班　级</td><td></td><td>第　　组</td><td>成员姓名</td><td></td></tr>
<tr><td>情感反思</td><td colspan="4">通过对本任务的学习和实训，你认为自己在社会主义核心价值观、职业素养、学习和工作态度等方面有哪些需要提高的部分？</td></tr>
<tr><td>知识反思</td><td colspan="4">通过对本任务的学习，你掌握了哪些知识点？请画出思维导图。</td></tr>
<tr><td>技能反思</td><td colspan="4">在完成本任务的学习和实训过程中，你主要掌握了哪些技能？</td></tr>
<tr><td>方法反思</td><td colspan="4">在完成本任务的学习和实训过程中，你主要掌握了哪些分析和解决问题的方法？</td></tr>
</table>

学习情境4

施工质量验收资料和单位(子单位)工程竣工验收资料归档

学习指南

情境导入

某总部大楼总建面约14.38万m^2,其中包括1栋超高层35层、1栋4层商业裙楼,地下四层(2层车库、2层商业);主楼区域筏板厚度2.5 m,主楼外围筏板厚度为1.5 m,其余部位筏板厚度为0.8 m。基坑采用800 mm厚地连墙+300 mm厚内衬墙;外立面采用玻璃、铝合金幕墙。施工单位向建筑单位提供一个验收报告,申请竣工验收。相关单位收到报告,核对及整理与竣工验收要求相符的工程,包括设计施工监理等方案都需要进行一系列的整理,制定出一个验收的方案。相关单位会组织进行竣工验收,对于档案资料,这些部门进行核查。资料和档案无任何问题后进行现场质量检查。验收审核通过后,验收人员会进行签字,如果审核未通过有质量问题,需要在报告上面提出相应的整改建议,再次验收通过后在相应的报告上批准通过并且签字。

学习目标

1. 知识目标

(1)比较检验批施工质量验收资料的表式及总结编写方法;

(2)比较分项工程施工质量验收资料的表式及总结编写方法;

(3)比较分部(子分部)工程施工质量验收资料的表式及总结编写方法;

(4)比较单位(子单位)工程竣工验收资料的表式及总结编写方法。

2. 能力目标

(1)能够正确使用《黑龙江省建筑工程资料管理标准》(DB23/T 1019—2020);

(2)能够正确编写检验批、分项、分部(子分部)工程施工质量验收资料;

(3)能够对各分部工程的工程资料进行收集、整理、分类;

(4)能够正确选用单位工程竣工报验必需的表式并完成相关资料的编写。

3. 素质目标

(1)培养学生做事百折不挠、精益求精的精神;

(2)培养学生具有执着专注、一丝不苟的工匠精神;

(3)培养学生树立职业质量意识和施工安全意识;

(4)培养学生爱岗敬业、吃苦耐劳、能团结协作、互帮互助。

工作任务

任务1　施工质量验收资料归档　　参考学时:课内6学时(课外1.5学时)

任务2　单位(子单位)工程竣工验收资料归档　　参考学时:课内6学时(课外1.5学时)

任务1　施工质量验收资料归档

任 务 单

学习情境4	施工质量验收资料和单位(子单位)工程竣工验收资料归档		任务1	施工质量验收资料归档	
任 务 学 时			课内6学时(课外1.5学时)		
布 置 任 务					
任务目标	1. 能够掌握划分检验批的方法； 2. 能够区分检验批、分项、分部(子分部)工程施工质量验收资料表式； 3. 能够填写检验批、分项、分部(子分部)工程施工质量验收记录编号； 4. 能够编写检验批、分项、分部(子分部)工程施工质量验收资料； 5. 能够在完成任务过程中锻炼职业素养,做到对待工作严谨认真,能够吃苦耐劳、主动承担,并主动帮助小组落后的其他成员,有团队意识,诚实守信。				
任务描述	施工单位自行组织有关人员进行检查评定,并向建设单位提交工程验收报告;建设单位收到工程验收报告后,应由建设单位(项目)、设计、监理、等单位(项目)负责人组织施工(含分包单位)人进行单位工程验收;分包单位对所承包工程项目检查评定,总包派人参加,分包完成后,将资料交给总包;当参加验收各方对工程质量验收不一致时,可请当地建设行政主管部门或工程质量监督机构协调处理;单位工程质量验收合格后,建设单位应在规定时间内将工程竣工验收报告和有关文件,报建设行政管理部门备案。				
学时安排	资讯	计划	决策	实施	检查	评价
	2学时(课外1.5学时)	0.5学时	0.5学时	2学时	0.5学时	0.5学时
对学生学习及成果的要求	1. 每名同学均能按照资讯思维导图自主学习,并完成课前自学的问题训练和自学自测； 2. 严格遵守课堂纪律,学习态度认真、端正,能够正确评价自己和同学在本任务中的素质表现； 3. 每位同学必须积极动手并参与小组讨论,承担施工质量验收资料归档的工作,做到能够积极、主动、不推诿,能够与小组成员合作完成工作任务； 4. 每位同学均需独立或在小组同学的帮助下完成技能训练工作单,并提请检查、签认,对提出的建议或有错误务必及时修改； 5. 每组必须提交施工质量验收资料归档报告工单,并提请教师进行小组评价,小组成员分享小组评价分数或等级； 6. 每名同学均完成任务反思,以小组为单位提交。				

资讯思维导图

- 施工质量验收资料归档
  - 知识点
    - 建筑工程质量验收的划分
      - 问题1：单位工程(子单位工程)划分原则是什么？
      - 问题2：分部工程划分原则是什么？
      - 问题3：分项工程划分原则是什么？
      - 问题4：检验批如何划分？
    - 建筑工程施工质量验收要求
      - 问题：建筑工程施工质量验收要求是什么？
    - 检验批施工质量验收资料
      - 问题1：检验批如何编号？
      - 问题2：检验批验收记录表的填写内容包括什么？
    - 分项工程施工质量验收资料
      - 问题1：分项工程施工质量验收资料包括什么？
      - 问题2：分项工程施工质量验收资料需要注意什么？
    - 分部(子分部)工程施工质量验收资料
      - 问题1：分部(子分部)工程施工质量验收资料包括什么？
      - 问题2：施工单位自检评定时要注意几点？
  - 技能点
    - 能够掌握划分检验批的方法
    - 能够区分检验批、分项、分部(子分部)工程施工质量验收资料、表式
    - 能够填写检验批、分项、分部(子分部)工程施工质量验收记录编号
    - 能够编写检验批、分项、分部(子分部)工程施工质量验收资料
  - 职业素养
    - 培养学生做事百折不挠、精益求精的精神
    - 培养学生具有执着专注、一丝不苟的工匠精神
    - 培养学生树立职业质量意识和施工安全意识
    - 培养学生爱岗敬业、吃苦耐劳、团结协作、互帮互助的精神

课前自学

施工质量验收记录是参与工程建设的有关单位根据相关标准、规范对工程质量是否达到合格做出的确认文件的统称。

知识点1　建筑工程质量验收的划分

《建筑工程施工质量验收统一标准》中明确规定，建筑工程质量验收应划分为单位(子单位)工程、分部工程、子分部工程、分项工程和检验批；施工单位应按该标准规定，在施工组织设计中明确以上各部分的划分，经施工、监理(建设)单位相应人员签章、审批，并依此进行验收。

一、单位工程(子单位工程)

单位工程的划分应按下列原则确定：

(一)单位工程

具备独立施工条件并能够形成独立使用功能的建筑物及构筑物，称为一个单位工程。

(二)子单位工程

建筑规模较大的单位工程,可将其能形成独立使用功能的部分划分为一个单位工程,即子单位工程。

二、分部工程

分部工程的划分应按下列原则确定:

(一)分部工程的划分

分部工程的划分应按专业性质、建筑部位确定。共分为10个分部,即地基基础工程、主体结构工程、建筑装饰装修工程、建筑屋面工程、建筑给水排水及采暖工程、建筑电气工程、智能建筑工程、通风与空调工程、电梯工程、建筑燃气工程。

(二)子分部工程

当分部工程较大或较复杂时,可按材料种类、施工特点、施工程序、专业系统及类别等划分为若干个子分部。

三、分项工程

分项工程应按主要工种、材料、施工工艺、设备类别等进行划分;分项工程可由一个或若干检验批组成。

四、检验批

检验批可根据施工及质量控制和专业验收需要,按楼层、施工段、变形缝等进行划分。

忆一忆

建筑工程质量验收应划分为几部分?

知识点2 建筑工程施工质量验收要求

(1)建筑工程施工质量应符合《建筑工程施工质量验收标准》和相关专业验收标准的规定。
(2)建筑工程施工应符合工程勘察、设计文件的要求。
(3)参加工程施工质量验收的各方人员应具备规定的资格。
(4)工程质量的验收均应在施工单位自行检查评定的基础上进行。
(5)隐蔽工程在隐蔽前应由施工单位通知有关单位进行验收,并应形成验收文件。
(6)涉及结构安全的试块、试件以及有关材料,应按规定进行见证取样检测。
(7)检验批的质量应按主控项目和一般项目验收。
(8)对涉及结构安全和使用功能的重要分部工程应进行抽样检测。
(9)承担见证取样检测及有关结构安全检测的单位应具有相应资质。
(10)工程的观感质量应由验收人员通过现场检查,并应共同确认。

思一思

建筑工程施工质量验收的要求是什么?

知识点3 检验批施工质量验收资料

检验批是指按统一的生产条件或按规定的方式汇总起来供检验用的，由一定数量样本组成的检验体。它是工程验收的最小单位，也是分项工程乃至整个建筑工程质量验收的基础，检验批质量验收资料是在分项工程划分确定的原则下，根据施工及质量控制和专业验收需要，按楼层、施工段、变形缝等划分施工的子项，并以此进行工程施工质量验收的记录资料。

一、检验批的编号

检验批质量验收记录的编号按各专业工程施工质量验收规范的分部、子分部、分项工程的排序统一以8位数码编，写在检验批质量验收记录表头右上角，前6位数字分别代表分部、子分部及分项工程的代码，直接印在表上，后两个空格(□)作为检验批的顺序号填写。其编号规则为：

前面两个数字是分部工程的代码，01-09；地基与基础为01，主体结构为02，建筑装饰装修为03，建筑屋面为04，建筑给水排水及采暖为05，建筑电气为06，智能建筑为07，通风与空调为08，电梯为09。第3、4位数字是子分部工程的代码，第5、6位数字是分项工程的代码。第7、8位数字是各分项工程检验批验收的顺序号。由于在大量高层或超高层建筑中，同一个分项工程会有很多检验批的数量，故留了2位数的空位置。如地基与基础分部工程，无支护土方子分部工程，土方开挖分项工程，其检验批表的编号为010101□□，第一检验批编号为：01010101。

还需说明的是，有些子分部工程中有些项目可能在两个分部工程中出现，这就要在同一个表上编两个分部工程及相应子分部工程的编号：如砖砌体分项工程在地基与基础和主体结构中都有，砖砌体分项工程检验批的表编号为：010701□□、020301□□。

有些分项工程可能在几个子分部工程中出现，这就应在同一个检验批表上编几个子分部工程及子分部工程的编号。

另外，有些规范的分项工程，在验收时也将其划分为几个不同的检验批来验收。如混凝土结构子分部工程的混凝土分项工程，分为原材料、配合比设计、混凝土施工3个检验批来验收。又如建筑装饰装修分部工程、建筑地面子分部工程中的基层分项工程，其中有几种不同的检验批。故在其表名下加标罗马数字(Ⅰ)、(Ⅱ)、(Ⅲ)……。

二、检验批验收记录表的填写

(一)验收部位

该检验批所在分部及图纸位置填写，如主体二层1—8轴。

(二)施工执行标准名称及编号

为建立健全质量管理体系，搞好过程控制，体现全过程的管理，要求各企业依据操作工艺制定企业标准。若施工单位无企业标准，可执行国家、地方或行业标准。但是不论是执行哪种标准，在此栏要填写施工执行标准名称、编号、批准人、批准时间、执行时间(若执行国家、地方或行业标准，也要经过本企业总工批准)。

(三)施工质量验收规范的规定栏

质量验收规范的规定栏填写具体的质量要求，在制表时就已填写好验收规范中主控项目、一般项目的全部内容，但由于表格的地方小，不能将多数指标全部内容填写下，所以，只将质量指标归纳、简化描述或题目及条文号填写上，作为检查内容提示，以便查对验收规范的原文。

对计数检验的项目，将数据直接印出来。如果是将验收规范的主控、一般项目的内容全摘录在表的背面，这样方便查对验收条文的内容。但是，根据以往的经验，这样做就会引起只看表格、不看验收规范的后果，规范上还有基本规定、一般规定等内容，他们虽然不是主控项目和一般项目的条文，但这些内容也是验收主控项目和一般项目的依据。所以验收规范的质量指标不宜全抄过来,而且,验收资料的填写,应依据现场检查结果和实测数据,表格规定栏及背面不全文抄录也规避了“编造”资料的情况。

(四)主控项目、一般项目施工单位检查评定记录

填写方法分以下几种情况,判定是否验收均按施工质量验收规定进行判定。

(1)对定量项目直接填写检查的数据。

(2)对定性项目,当符合规范规定时,采用打“√”的方法标注;当不符合规范规定时,采用打“ ×”的方法标注。

(3)有混凝土、砂浆强度等级的检验批,按规定制取试件后,可填写试件编号,待试件试验报告出来后,对检验批进行判定,并在分项工程验收时进一步进行强度评定及验收。

(4)对既有定性又有定量的项目,各个子项目质量均符合规范规定时,采用打“√”来标注;否则采用打“ ×”来标注。无此项内容的打“/”来标注。

(5)对一般项目合格点有要求的项目,应是其中带有数据的定量项目;定性项目必须基本达到。定量项目其中每个项目都必须有80%以上的(混凝土保护层为90%)检测点的实测数值达到规范规定。其余20%按各专业施工质量验收规范规定,通常不得超过规定值的150%,钢结构不得超过规定值的为120%。

“施工单位检查评定记录”栏的填写,有数据的项目,将实际测量的数值填入格内,超企业标准的数字,而没有超过国家验收规范的用“○”将其圈住;对超过国家验收规范的用“△”圈住。

(五)监理(建设)单位验收记录

通常监理人员应进行平行、旁站或巡回的方法进行监理,在施工过程中,对施工质量进行察看和测量,并参加施工单位的重要项目的检测。对新开工程或首件产品进行全面检查,以了解质量水平和控制措施的有效性及执行情况,在整个过程中,随时可以测量等。在检验批验收时,对主控项目、一般项目应逐项进行验收。对符合验收规范规定的项目,填写“合格”或“符合要求”,对不符合验收规范规定的项目,暂不填写,待处理后再验收,但应做标记。

(六)施工单位检查评定结果

施工单位自行检查评定合格后,应注明“主控项目全部合格,一般项目满足规范规定要求”。

专业工长(施工员)和施工班组长栏目由本人签字,以示承担责任。专业质量检查员代表企业逐项检查评定合格,将表填写清楚并写明结果,签字后,交监理工程师或建设单位项目专业技术负责人验收。

(七)监理(建设)单位验收结论

主控项目、一般项目验收合格,混凝土、砂浆试件强度待试验报告出来后判定,其余项目已全部验收合格。注明“同意验收”。专业监理工程师及建设单位的专业技术负责人签字。

想一想

简述分项工程中检验批验收记录表的填写方式。

知识点4　分项工程施工质量验收资料

分项工程划分及编号详见附录C。

分项工程按主要工种、材料、施工工艺、设备类别等划分,分项工程可由一个或若干个检验批组成。

分项工程质量验收资料是指对该分项所包含的检验批(一个或若干个)的质量验收记录进行汇总检查的记录资料。

由监理工程师组织项目专业技术负责人在检验批验收合格的基础上进行。

一般，检验批和分项工程具有相同或相近性质，只是批量大小不同。故分项工程质量验收主要是起一个归纳整理的作用，是一个统计表，没有实质性的验收内容，只需先将相关的检验批汇集成一个分项工程，再行验收即可，需要注意以下三点：

第一点，检查检验批是否将整个工程覆盖了，有没有漏掉的部位；

第二点，检查有混凝土、砂浆强度要求的检验批，到龄期后能否达到规范规定；

第三点，将检验批的资料统一，依次进行登记整理，方便管理。

学一学

学习工程施工质量验收资料的整理和归档。

知识点5　分部（子分部）工程施工质量验收资料

视频

分部（子分部）工程质量验收记录的编制

由于单位工程体量的增大，复杂程度的增加，专业施工单位的增多，为了分清责任、及时整修等，分部（子分部）工程的验收就显得尤为重要，以往一些到单位工程阶段进行验收的内容，现在被移到分部（子分部）工程来了，除了分项工程的核查外，还有质量控制资料核查；安全、功能项目的检测；观感质量的验收等。

分部（子分部）工程应由施工单位将自行检查评定合格的表填写好后，交监理单位或建设单位验收。由总监组织施工单位项目经理及有关勘察（地基基础分部）、设计（地基基础及主体）等单位项目负责人进行验收，并按表的要求进行记录。

当分部工程较大或较复杂时，可按材料种类、施工特点、施工程序、专业系统及类别等划分为若干个子分部。

分部（子分部）工程质量验收记录是对该分部工程所有分项工程的质量验收记录进行汇总、核查，并查验质量控制资料、安全和功能控制检验（检测）报告、观感质量是否满足要求的记录资料。

分部（子分部）工程施工质量验收资料包括：分部（子分部）工程质量验收记录、分部（子分部）工程质量控制资料核查记录、分部（子分部）工程安全和功能检验资料核查及主要功能抽查记录、分部（子分部）工程施工观感质量检查评价记录。

由于各分项工程的性质不尽相同，因此作为分部工程质量验收，不是将所包含各分项工程简单地加以组合，而是进行综合验收。

当分部工程较大或较复杂时，可按材料种类、施工特点、施工程序、专业系统及类别等划分为若干个子分部。

由于单位工程体量的增大，复杂程度的增加，专业施工单位的增多，为了分清责任、及时整修等，分部（子分部）工程的验收就显得尤为重要，以往一些到单位工程阶段进行验收的内容，现在被移到分部（子分部）工程来了，除了分项工程的核查外，还有质量控制资料核查；安全、功能项目的检测；观感质量的验收等。

分部（子分部）工程应由施工单位将自行检查评定合格的表填写好后，交监理单位或建设单位验收。由总监组织施工单位项目经理及有关勘察（地基基础分部）、设计（地基基础及主体）等单位项目负责人进行验收，并按表的要求进行记录。

分项工程按分项工程第一个检验批施工先后的顺序，将分项工程名称填写上，在第二格栏内分别填写各分项工程实际检验批数量，及分项工程验收表上的检验批数量，并将各分项工程评定表按顺序附在表后。

施工单位评定栏，填写施工单位自行检查评定结果。同时核查一下各分项工程是否都通过验收。

质量控制资料逐项核查单位工程质量控制资料，能基本反映工程质量情况，达到保证结构安全和使用功能的要求，即可通过验收。

质量控制资料，根据工程不同可按子分部工程进行资料验收，也可按分部工程进行资料验收，不强求统一。

安全和功能检验(检测)报告包括屋面淋(防)水试验、给水管道通水试验、通电试验、排水立管通球、泼水试验、接地电阻测试等报告。这部分指竣工抽样检验的项目，但能在分部工程监测的，尽量放在分部工程中检测。涉及安全和使用功能的地基基础、主体结构、有关安全及重要使用功能的安装分部工程应进行有关见证取样、送样试验或抽样检测，测试内容按照验收规范确定。

施工单位自检评定时要注意：

第一，开工之前确定的项目是否都进行了检测；

第二，检查各检测报告、各检测项目的检测方法与程序是否符合标准规定；

第三，是否达到规范要求，检测报告的审批程序签字是否完整，是否在每个报告上标明审查同意。

观感质量验收难以定量，由各人主观印象判断，检查结果并不给出“合格”或“不合格”的结论，而是综合给出“好”“一般”或“差”的质量评价。对“差”的检查点一般应通过返修处理等措施补救。对不影响结构安全和使用功能的，亦可采用写上解决的方法进行验收，并在验收表上注明。

练一练

练习分部(子分部)工程施工质量验收资料的整理和归档。

自学自测

一、单选题(只有1个正确答案，每题10分)

1. 由(　　)组织项目专业技术负责人在检验批验收合格的基础上进行。

A. 项目负责人　　B. 项目经理

C. 建设单位负责人　　D. 监理工程师

2. 按楼层、施工段、变形缝等进行划分，属于(　　)。

A. 分部工程　　B. 检验批

C. 分项工程　　D. 单位工程

3. 观感质量验收难以定量，由各人主观印象判断，检查结果(　　)的结论。

A.“合格”或“不合格”　　B.“差”“不好”

C.“好”“一般”　　D.“优”“一般”

二、多选题(有至少2个正确答案，每题10分)

1.《建筑工程施工质量验收统一标准》中明确规定，建筑工程质量验收应划分为(　　)。

A. 单位工程　　B. 分部工程　　C. 分项工程　　D. 子工程

E. 检验批

2. 通常监理人员用(　　)的方法进行监理。

A. 监督　　B. 平行　　C. 旁站　　D. 反复巡视

E. 巡回

3. 下面属于分部工程的是(　　)。

A. 主体结构工程　　B. 钢筋工程　　C. 建筑屋面工程　　D. 基础工程

E. 混凝土工程

三、判断题(对的划"√",错的划"×",每题10分)

1. 具备独立施工条件并能够形成独立使用功能的建筑物及构筑物,称为一个分部工程。(　　)
2. 施工单位自行检查评定合格后,应注明"项目全部合格"。(　　)
3. 检验批是指按同一的生产条件或按规定的方式汇总起来供检验用的,由一定数量样本组成的检验体。它是工程验收的最大单位。(　　)
4. 质量控制资料,根据工程不同可按子分部工程进行资料验收,也可按分部工程进行资料验收,不强求统一。(　　)

任务实施

根据实际工程的施工质量验收资料管理的工作需求,施工单位对资料管理的工作程序包括如下步骤。

一、检验批验收

检验批验收是经施工单位自检合格后,由施工单位专职质检员填写检验批质量验收记录并汇总有关质量证明资料,向监理工程师报检。监理工程师组织施工单位专职质量检查员等进行验收。监理工程师应对全部主控项目进行检查,对一般项目的检查内容和数量可依据具体状况确定。

二、分项工程验收

分项工程由监理工程师组织施工单位分项工程技术负责人等进行验收,并填写分项工程质量验收记录。分项工程质量验收是对其所含检验批质量的统计汇总,主要是检查核对检验批是否覆盖了分项工程范围、检验批验收记录的内容及签字是否齐全正确。分项工程质量验收合格的规定:分项工程所含的检验批均应符合合格质量的规定,分项工程所含的检验批的质量验收记录应完好。假如检验批质量不合格,不能进行分项工程的质量验收。

三、分部工程验收

分部工程应由监理工程师组织施工单位项目负责人和技术、质量负责人等进行验收,桥梁的地基及基础、墩台和梁部等分部工程进行验收时,勘察设计项目负责人应参与,并填写分部工程质量验收记录。分部工程质量验收合格包括三个方面:分部工程所含分项工程的质量均应验收合格,质量掌握资料应完好,地基与基础、墩台、梁部等分部工程中有安全及功能的检验和抽样检测结果应符合有关规定。

四、施工质量材料归档

施工质量材料的归档体现城建的管理水平,为城市规划建设及科研等提供依据和参考,也是从工程质量方面来考虑的,收集工程施工质量方面,主要是要体现工程材料的质量是否合格,各项检验指标是否达到规范要求。用一系列的资料归档动作来体现工程的合法、合理,以保证工程质量安全有根源可追溯。

笔记栏

工　作　单

计　划　单

<table>
<tr><td>学习情境 4</td><td>施工质量验收资料和单位(子单位)工程竣工验收资料归档</td><td>任务 1</td><td colspan="2">施工质量验收资料归档</td></tr>
<tr><td>工作方式</td><td colspan="2">组内讨论、团结协作共同制定计划:小组成员进行工作讨论,确定工作步骤。</td><td>计划学时</td><td>0.5 学时</td></tr>
<tr><td>完成人</td><td colspan="4">1. ________ 2. ________ 3. ________ 4. ________ 5. ________ 6. ________</td></tr>
<tr><td colspan="5">计划依据:1. 某工程施工图纸;2. 施工质量验收资料表格;3. 分配的施工段落。</td></tr>
<tr><td>序号</td><td colspan="2">计 划 步 骤</td><td colspan="2">具体工作内容描述</td></tr>
<tr><td>1</td><td colspan="2">准备工作
(准备工具、材料,谁去做?)</td><td colspan="2"></td></tr>
<tr><td>2</td><td colspan="2">组织分工
(成立组织,人员具体都完成什么?)</td><td colspan="2"></td></tr>
<tr><td>3</td><td colspan="2">施工质量验收资料
编写方案
(各有何特点?)</td><td colspan="2"></td></tr>
<tr><td>4</td><td colspan="2">施工质量验收资料
(都记录什么内容?)</td><td colspan="2"></td></tr>
<tr><td>5</td><td colspan="2">整理资料
(谁负责?整理什么?)</td><td colspan="2"></td></tr>
<tr><td>6</td><td colspan="2">施工质量验收资料归档
(谁负责?要素是什么?)</td><td colspan="2"></td></tr>
<tr><td>制定计划说明</td><td colspan="4">(写出制定计划中人员为完成任务的主要建议或可以借鉴的建议、需要解释的某一方面)</td></tr>
</table>

决　策　单

<table>
<tr><td>学习情境4</td><td colspan="2">施工质量验收资料和单位(子单位)工程竣工验收资料归档</td><td>任务1</td><td>施工质量验收资料归档</td></tr>
<tr><td colspan="3">决 策 学 时</td><td colspan="2">0.5 学时</td></tr>
<tr><td colspan="5">决策目的:确定本小组认为最优的施工质量验收资料整理方案。</td></tr>
<tr><td rowspan="7">施工质量验收资料整理方案优劣比对</td><td colspan="2">施工质量验收资料整理方案特点</td><td rowspan="2">比 对 项 目</td><td rowspan="2">确定最优方案(划√)</td></tr>
<tr><td>方案名称1:</td><td>方案名称2:</td></tr>
<tr><td></td><td></td><td>施工质量验收资料整理是否完整</td><td rowspan="6">方案1优
□

方案2优
□</td></tr>
<tr><td></td><td></td><td>编写各种表格是否规范</td></tr>
<tr><td></td><td></td><td>施工质量验收资料整理熟练度</td></tr>
<tr><td></td><td></td><td>工程资料编写掌握程度</td></tr>
<tr><td></td><td></td><td>工作效率的高低</td></tr>
<tr><td colspan="2">方案1施工质量验收资料整理</td><td colspan="2">方案2施工质量验收资料整理</td></tr>
</table>

作　业　单

<table>
<tr><td>学习情境 4</td><td>施工质量验收资料和单位(子单位)工程竣工验收资料归档</td><td>任务 1</td><td colspan="2">施工质量验收资料归档</td></tr>
<tr><td rowspan="2">参加工程资料管理人员</td><td colspan="3">第　　组</td><td>开始时间：</td></tr>
<tr><td colspan="3">签名：</td><td>结束时间：</td></tr>
<tr><td>序号</td><td colspan="3">工作内容记录
(编写施工质量验收资料的实际工作)</td><td>分　工
(负责人)</td></tr>
<tr><td>1</td><td colspan="3"></td><td></td></tr>
<tr><td>2</td><td colspan="3"></td><td></td></tr>
<tr><td>3</td><td colspan="3"></td><td></td></tr>
<tr><td>4</td><td colspan="3"></td><td></td></tr>
<tr><td>5</td><td colspan="3"></td><td></td></tr>
<tr><td>6</td><td colspan="3"></td><td></td></tr>
<tr><td>7</td><td colspan="3"></td><td></td></tr>
<tr><td>8</td><td colspan="3"></td><td></td></tr>
<tr><td>9</td><td colspan="3"></td><td></td></tr>
<tr><td>10</td><td colspan="3"></td><td></td></tr>
<tr><td>11</td><td colspan="3"></td><td></td></tr>
<tr><td>12</td><td colspan="3"></td><td></td></tr>
<tr><td rowspan="2">小结</td><td colspan="3">主要描述完成的成果及是否达到目标</td><td>存在的问题</td></tr>
<tr><td colspan="3"></td><td></td></tr>
</table>

整理记录单

<table>
<tr><td>学习情境 4</td><td colspan="2">施工质量验收资料和单位(子单位)工程竣工验收资料归档</td><td>任务 1</td><td colspan="2">施工质量验收资料归档</td></tr>
<tr><td>完成人姓名</td><td></td><td>组别</td><td></td><td>完成日期</td><td></td></tr>
<tr><td colspan="6">施工质量验收资料(手写):</td></tr>
<tr><td>主控项目施工单位检查评定记录</td><td colspan="5"></td></tr>
<tr><td>一般项目施工单位检查评定记录</td><td colspan="5"></td></tr>
<tr><td>检验批验收记录</td><td colspan="5"></td></tr>
<tr><td>分项工程验收记录</td><td colspan="5"></td></tr>
<tr><td>分部工程验收记录</td><td colspan="5"></td></tr>
<tr><td>检查人(签字)</td><td></td><td>检查存在的问题</td><td></td><td>检查时间</td><td></td></tr>
</table>

表格记录单(如多页可复印)

<table>
<tr><td>学习情境 4</td><td colspan="2">施工质量验收资料和单位(子单位)工程竣工验收资料归档</td><td>任务 1</td><td colspan="2">施工质量验收资料归档</td></tr>
<tr><td>完成人姓名</td><td></td><td>组别</td><td></td><td>完成日期</td><td></td></tr>
<tr><td colspan="6">给定施工区段(手写):</td></tr>
<tr><td>施工区段质量验收资料说明或描述</td><td colspan="5"></td></tr>
<tr><td>表格</td><td colspan="5"></td></tr>
<tr><td>检查人(签字)</td><td></td><td>检查存在的问题</td><td></td><td>检查时间</td><td></td></tr>
</table>

检　查　单

学习情境4		施工质量验收资料和单位(子单位)工程竣工验收资料归档	任务1	施工质量验收资料归档				
检查学时		课内0.5学时		第　　组				
检查目的及方式		教师过程监控小组的工作情况,如检查等级为不合格,小组需要整改,并拿出整改说明。						
序号	检查项目	检 查 标 准	检查结果分级 (在检查相应的分级框内划"√")					
			优秀	良好	中等	合格	不合格	
1	准备工作	资源是否已查到、材料是否准备完整						
2	分工情况	安排是否合理、全面,分工是否明确						
3	工作态度	小组工作是否积极主动、全员参与						
4	纪律出勤	是否按时完成负责的工作内容、遵守工作纪律						
5	团队合作	是否相互协作、互相帮助,成员是否听从指挥						
6	创新意识	任务完成不照搬照抄,看问题具有独到见解、创新思维						
7	完成效率	工作单是否记录完整,是否按照计划完成任务						
8	完成质量	工作单填写是否准确,记录单检查及修改是否达标						
检查评语						教师签字:		

评　价　单

1. 小组工作评价单

学习情境 4	施工质量验收资料和单位(子单位)工程竣工验收资料归档		任务 1	施工质量验收资料归档		
评价学时	课内 0.5 学时					
班　级			第　　组			
考核情境	考核内容及要求	分值(100)	小组自评(10%)	小组互评(20%)	教师评价(70%)	实得分(∑)
汇报展示(20)	演讲资源利用	5				
	演讲表达和非语言技巧应用	5				
	团队成员补充配合程度	5				
	时间与完整性	5				
质量评价(40)	工作完整性	10				
	工作质量	5				
	报告完整性	25				
团队情感(25)	核心价值观	5				
	创新性	5				
	参与率	5				
	合作性	5				
	劳动态度	5				
安全文明(10)	工作过程中的安全保障情况	5				
	工具正确使用和保养、放置规范	5				
工作效率(5)	能够在要求的时间内完成,每超时 5 分钟扣 1 分	5				

2. 小组成员素质评价单

学习情境 4	施工质量验收资料和单位(子单位)工程竣工验收资料归档		任务 1	施工质量验收资料归档			
班级		第　组	成员姓名				
评分说明	每个小组成员评价分为自评和小组其他成员评价两部分,取平均值计算,作为该小组成员的任务评价个人分数。评价项目共设计 5 个,依据评分标准给予合理量化打分。小组成员自评分后,要找小组其他成员不记名方式打分。						
评分项目	评 分 标 准	自评分	成员 1 评分	成员 2 评分	成员 3 评分	成员 4 评分	成员 5 评分
核心价值观(20 分)	思想及行动是否符合社会主义核心价值观						
工作态度(20 分)	是否按时完成负责的工作内容、遵守纪律,是否积极主动参与小组工作,是否全过程参与,是否吃苦耐劳,是否具有工匠精神						
交流沟通(20 分)	是否能良好地表达自己的观点,是否能倾听他人的观点						
团队合作(20 分)	是否与小组成员合作完成任务,做到相互协作、互相帮助、听从指挥						
创新意识(20 分)	看问题是否能独立思考,提出独到见解,是否能够创新思维,解决遇到的问题						
最终小组成员得分							

课后反思

学习情境4	施工质量验收资料和单位(子单位)工程竣工验收资料归档		任务1	施工质量验收资料归档
班　级		第　　组	成员姓名	
情感反思	通过对本任务的学习和实训,你认为自己在社会主义核心价值观、职业素养、学习和工作态度等方面有哪些需要提高的部分?			
知识反思	通过对本任务的学习,你掌握了哪些知识点?请画出思维导图。			
技能反思	在完成本任务的学习和实训过程中,你主要掌握了哪些技能?			
方法反思	在完成本任务的学习和实训过程中,你主要掌握了哪些分析和解决问题的方法?			

任务2　单位（子单位）工程竣工验收资料归档

任务单

<table>
<tr><td>学习情境4</td><td colspan="3">施工质量验收资料和单位（子单位）工程竣工验收资料归档</td><td>任务2</td><td colspan="2">单位（子单位）工程竣工验收资料归档</td></tr>
<tr><td colspan="4">任务目标</td><td colspan="3">课内6学时（课外1.5学时）</td></tr>
<tr><td colspan="7">布置任务</td></tr>
<tr><td>任务目标</td><td colspan="6">1. 能够正确对已完成各分部工程的工程资料进行收集、整理、分类；
2. 能够正确选用单位工程竣工报验必需的表式；
3. 能够完成单位工程竣工报验相关资料的编写；
4. 能够在完成任务过程中锻炼职业素养，做到对待工作严谨认真，能够吃苦耐劳、主动承担，并主动帮助小组其他成员，有团队意识，诚实守信。</td></tr>
<tr><td>任务描述</td><td colspan="6">单位（子单位）工程竣工验收要经过施工单位自检评定、监理单位验收、设计单位验收、建设（监理）单位组织初验、施工单位提交工程技术资料、竣工验收、施工单位按验收意见进行整改等流程。在单位工程竣验收会议上，工程施工、监理、设计、勘察等各方的工程档案资料摆好备查，并设置验收人员登记表，做好登记手续，验收组审阅建设、勘察、设计、施工、监理单位的工程档案资料，经过实地查验工程质量，对质量和管理环节等方面作出全面评价，验收组形成工程竣工验收意见，填写“建设工程竣工验收报告”并签名（盖公章），然后归档。</td></tr>
<tr><td rowspan="2">学时安排</td><td>资讯</td><td>计划</td><td>决策</td><td>实施</td><td>检查</td><td>评价</td></tr>
<tr><td>2学时
（课外1.5学时）</td><td>0.5学时</td><td>0.5学时</td><td>2学时</td><td>0.5学时</td><td>0.5学时</td></tr>
<tr><td>对学生学习及成果的要求</td><td colspan="6">1. 每名同学均能按照资讯思维导图自主学习，并完成课前自学的问题训练和自学自测；
2. 严格遵守课堂纪律，学习态度认真、端正，能够正确评价自己和同学在本任务中的素质表现；
3. 每位同学必须积极参与小组讨论，承担单位（子单位）工程竣工验收资料归档的相应劳动工作，做到能够积极主动不推诿，能够与小组成员合作完成工作任务；
4. 每位同学均需独立或在小组同学的帮助下完成技能训练工作单，并提请检查、签认，对提出的建议或有错误务必及时修改；
5. 每组必须完成整理全部单位（子单位）工程竣工验收资料归档的报告工单，并提请教师进行小组评价，小组成员分享小组评价分数或等级；
6. 每名同学均完成任务反思，以小组为单位提交。</td></tr>
</table>

资讯思维导图

- 单位(子单位)工程竣工验收资料归档
  - 知识点
    - 单位工程竣工验收必备资料
      - 问题1：单位（子单位）工程竣工验收资料包括什么？
      - 问题2：工程质量事故调查与报告记录如何填写？
      - 问题3：单位（子单位）工程施工质量验收资料填写方法是什么？
    - 单位（子单位）工程施工质量竣工验收资料的编写方法
      - 问题1：单位工程质量控制资料核查记录内容包括什么？
      - 问题2：单位工程安全和功能检验资料核查及主要功能抽查记录内容包括什么？
      - 问题3：单位工程施工观感质量检查评价记录包括什么？
      - 问题4：工程勘察、设计文件及变更质量检查报告如何填写？
      - 问题5：单位工程竣工报告的填写内容包括什么？
      - 问题6：单位工程质量评估报告如何填写？
      - 问题7：单位（子单位）工程施工总结内容包括什么？
    - 竣工图
      - 问题1：竣工图编制要求是什么？
      - 问题2：竣工图类型及绘制是什么？
      - 问题3：竣工图章及竣工图图纸折叠方法是什么？
    - 工程资料编制、组卷与归档
      - 问题1：工程资料编制质量要求是什么？
      - 问题2：工程资料编制载体形式是什么？
      - 问题3：工程资料组卷要求是什么？
      - 问题4：工程资料归档封面与目录样式是什么？
  - 技能点
    - 能够正确对已完成各分部工程的工程资料进行收集、整理、分类
    - 能够正确选用单位工程竣工报验必需的表式
    - 能够完成单位工程竣工报验相关资料的编写
  - 职业素养
    - 培养学生做事百折不挠、精益求精的精神
    - 培养学生具有执着专注、一丝不苟的工匠精神
    - 培养学生树立职业质量意识和施工安全意识
    - 培养学生爱岗敬业、吃苦耐劳、团结协作、互帮互助的精神

课前自学

单位工程是指具备独立施工条件并能形成独立使用功能的建筑物及构筑物。子单位工程是指建筑规模较大的单位工程,可将其能形成独立使用功能的部分分为一个子单位工程。

知识点1　单位工程竣工验收必备资料

单位(子单位)工程竣工验收资料包括:工程概况、工程质量事故调查与报告、单位(子单位)工程施工质量验收资料及单位(子单位)工程施工总结等文件。

一、工程概况

主要包括单位工程的一般情况、建筑与结构构造特征,包括地基与基础,柱、内外墙,梁、板、楼盖,外墙装饰,内墙装饰,楼地面装饰,屋面构造等;系统工程包括给水、排水及采暖,通风空调,建筑电气,建筑智能等。

二、工程质量事故调查与报告

凡工程发生质量事故,应按"工程质量事故调(勘)查记录"与"工程质量事故报告"中的要求填写记录,并按国家建设行政主管部门的有关规定及时上报。

三、单位(子单位)工程施工质量验收资料等

单位(子单位)工程完工,按规范要求,施工单位自验收合格后,报监理单位进行工程预验收。监理单位预验收合格后,施工单位填写"单位(子单位)工程验收申请报告",报建设单位验收。

答一答

"单位(子单位)工程验收申请报告"报送程序是什么?

____

____

____

知识点2 单位(子单位)工程施工质量竣工验收资料的编写方法

一、单位工程质量控制资料核查记录

单位工程质量控制资料核查记录是一个统计表,是将各分部工程质量控制资料核查记录里的数据进行综合,要逐项检查和审查各部分工程质量控制,资料核查合格后才能进行填写。

表格里的项目要根据具体工程情况,没有的项目不填写。

份数——是各分部工程质量控制资料核查记录里的数据。

核查意见——符合要求。

抽查意见——符合要求。

监理意见——由总监理工程师签署"同意验收"。

二、单位工程安全和功能检验资料核查及主要功能抽查记录

单位工程进行的安全和功能抽测项目,要核查其项目是否与设计内容一致,抽测的程序、方法是否符合有关规定,抽测报告的结论是否达到设计要求及规范规定。

填写方法同单位工程质量控制资料核查记录。

三、单位工程施工观感质量检查评价记录

单位工程观感质量检查验收与分部工程不同的是项目比较多,是一个综合性验收。实际是复查一下各分部(子分部)工程验收后,到单位工程竣工的质量变化。

每一项要抽查10个点,质量评价有"好、一般、差"。

综合验收结论:施工单位自检评定"符合要求";监理单位或建设单位为"同意验收"。

四、工程勘察、设计文件及变更质量检查报告

按照表格里的项目填写。

五、单位工程竣工报告的填写

依据施工图、施工合同进行填写。主要填写工程名称、工程地址、结构类型、承包形式、开竣工时间等。

六、单位工程质量评估报告

工程竣工验收合格后,监理单位负责完成此表的填写。

七、单位(子单位)工程施工总结

单位(子单位)工程施工总结是建筑工程施工的综合性或专题总结资料,由施工单位项目负责人编制,应有以下内容:

(1)工程施工的过程及完成情况;

(2)采用的施工方法和主要技术、管理、组织措施;

(3)工程施工质量情况评价;

(4)施工资料的收集、整理和归档情况;

(5)主要建筑设备及系统的调试情况;

(6)安全和功能情况;

(7)新技术、新工艺、新材料、新产品的推广及应用情况;

(8)经济效益和社会效益;

(9)取得的经验教训。

思一思

单位工程竣工报告的填写内容包括什么?

____

____

____

知识点3　竣工图

竣工图用大写英文字母“D”表示,即D类。竣工图的分类、提供单位与归档保存详见附录A。

一、竣工图编制要求

(一)竣工图整理

竣工图应按单位工程,并根据专业、系统进行分类和整理。

(二)盖章签图

凡按施工图施工的工程,由竣工图编制单位在施工图(新蓝图)图签附近空白处加盖签署竣工图章。

(三)图纸变更

凡一般性图纸变更,编制单位可根据设计变更依据,在施工图上直接改绘,标明变更修改依据,并加盖及签署竣工图章。

(四)重新绘制

凡结构形式、工艺、平面布置、项目等重大改变或变更部分不能在原施工图上改绘的,应重新绘制竣工

图，加盖竣工图章。重新绘制的图纸必须有图名和图号，图号可按原图编号。

（五）改绘竣工图

用于改绘竣工图的图纸必须是新蓝图或绘图仪绘制的白图。不得使用旧图、复印的图纸。

（六）图纸目录

各专业竣工图必须编制图纸目录，作废的图纸在目录上划掉，补充的图纸在目录上列出图名、图号，加盖竣工图章。

（七）竣工图

竣工图必须符合建筑制图规范要求，绘制的竣工图必须准确、清楚、完整，真实反映工程实际情况。

（八）竣工图绘制具体规定

（1）在施工图上改绘，不得使用涂改液涂抹、刀刮、补贴等方法修改图纸。

（2）修改时，字、线、墨水使用的规定：

①字体及大小应与原图一致，严禁错、别、草字；

②一律使用绘图工具，不得徒手绘制；

③使用绘图笔或签字笔及不褪色的绘图墨水；

④凡是洽商图作为竣工图，必须符合建筑制图要求，并做附图附在图纸之后。

二、竣工图类型及绘制

（一）竣工图的类型

（1）利用施工蓝图改绘的竣工图；

（2）在硫酸纸图上修改晒制的竣工图；

（3）重新绘制的竣工图；

（4）用 CAD 绘制的竣工图。

（二）利用施工蓝图

利用施工蓝图改绘竣工图，在施工蓝图上一般采用杠（划）改、叉改法；局部修改可以圈出更改部位，在原图空白处绘出更改内容；所有变更处都必须引划索引线并注明更改依据。具体的改绘方法可视图面、改动范围和位置、繁简程度等实际情况而定。

（三）重新绘制竣工图

根据规定需重新绘制竣工图的，应按制图标准和竣工图的要求进行绘制及编制。

（1）重新绘制的竣工图要求与原图比例相同，符合制图规范，有标准的图框和内容齐全的图签，并加盖竣工图章。

（2）用 CAD 绘制的竣工图。在电子版施工图上依据设计变更、工程洽商的内容进行修改，修改后用云图圈出修改部位，并在图中空白处做一修改备考表。同时，图签上必须有原设计人员签字。

（四）在硫酸纸图上修改晒制的竣工图

在原硫酸纸图上依据设计变更、工程洽商等内容用刮改法进行绘制，即用刀片将需更改部位刮掉，再用绘图笔绘制修改内容，并在图中空白处做一修改备考表，注明变更、洽商编号（或时间）和修改内容，晒成蓝图。

（五）竣工图加写说明

（1）凡设计变更、洽商的内容在施工图上修改的，均应用绘图方法改绘在蓝图上，不再加写说明。如果修改后的图纸仍然有内容无法表示清楚，可用精练的语言适当加以说明。

（2）图上某一种设备、门窗等型号的改变，涉及多处修改时，要对所有涉及的地方全部加以改绘，其修改依据可标注在一个修改处，但需在此处做简单说明。

（3）钢筋的代换，混凝土强度等级改变，墙、板、内外装修材料的变更以及由建设单位自理的部分等在图上修改难以用作图方法表达清楚时,可加注或用索引的形式加以说明。

(4)凡涉及说明类型的洽商,应在相应的图纸说明中使用设计规范用语反映洽商内容。

三、竣工图章

(一)竣工图章表

"竣工图章"应具有明显的"竣工图"字样,并包括编制单位名称、编制人、审核人、技术负责人和编制日期以及监理单位等基本内容。各方负责人要对竣工图负责。

竣工图章内容、尺寸见图8.1。

(单位：mm)

竣　　工　　图				15
编制单位		编制日期	年　月　日	7
编制人		审核人		7
建设单位		技术负责人		7
监理单位		总监理工程		7
施工单位		技术负责人		7

总高 50

图8.1　竣工图章

(二)竣工图签名

所有竣工图应由编制单位逐张加盖、签署竣工图章。竣工图章中签名必须齐全,不得代签。

(三)设计图签名

凡由设计单位编制的竣工图,其设计图签中必须明确竣工阶段,并由绘制人和技术负责人在设计图签中签字。

(四)盖章位置

竣工图章应加盖在图签附近的空白处。

(五)印泥使用

竣工图章应使用不褪色红色印泥。

四、竣工图图纸折叠方法

(一)图纸折叠

折叠前应按裁图线裁剪整齐,其图纸幅面应符合表8.1规定。

表8.1　图纸幅面尺寸表

基本幅面代号	0	1	2	3	4
B(宽度)×L(长度)	841×1 189	594×841	420×594	297×420	297×210
C(图框距图纸边宽)	10			5	
a(装订边宽)	25				

(二)折叠方法

(三)工具使用

图纸折叠前,准备好一块略小于4#图纸尺寸(一般为292 mm×205 mm)的模板。折叠时,应先把图纸放在规定位置,然后按照折叠方法的编号顺序依次折叠。

想一想

竣工图编制要求有哪些?

知识点4 工程资料编制、组卷与归档

一、质量要求

(一)工程资料完整准确

工程资料应真实反映工程的实际状况,具有永久和长期保存价值的材料必须完整、准确和系统。

(二)工程资料原件使用

工程资料应使用原件,因特殊原因不能使用原件的,应在复印件上加盖原件存放单位公章、注明原件存放处,并有经办人签字及时间。

(三)工程资料签字要求

工程资料应保证字迹清晰,签字、盖章手续齐全,签字必须使用档案规定用笔。计算机形成的工程资料应采用内容打印,手工签名的方式。

(四)工程档案的填写和编制

应符合电子档案管理和计算机输入的要求。

(五)工程声像资料

应图像清晰,声音清楚,文字说明或内容准确。

二、载体形式

(一)工程资料的两种载体形式

纸质载体;光盘载体。

(二)载体形成

纸质载体和光盘载体的工程资料应在工程建设过程中形成、收集和整理。

(三)光盘载体的电子工程档案

(1)城建档案馆首先对纸质载体的工程档案进行验收合格后,进行电子工程档案的核查,核查无误后,进行电子工程档案的光盘刻制。

(2)电子工程档案的封套、格式必须按城建档案馆的要求进行。

学一学

工程资料的质量要求包括什么?

三、组卷要求

(一)组卷的质量要求

(1)组卷前应保证建设开发资料、监理资料和施工资料齐全、完整,并符合要求。

(2)编绘的竣工图应反差明显、图面整洁、线条清晰、字迹清楚,能满足计算机扫描的要求。

(二)组卷的基本原则

(1)建设项目应按单位工程组卷。

(2)工程资料应按照不同的收集、整理单位及资料类别,按建设开发资料、监理资料、施工资料和竣工图分别进行组卷。

(3)卷内资料排列顺序应依据卷内资料构成而定,一般顺序为封面、目录、资料部分、备考表和封底。

(4)卷内若存在多类工程资料时,同类资料按自然形成的顺序和时间排序,不同资料之间的排列顺序需符合本标准资料分类原则。

(5)案卷不宜过厚,一般不超过 40 mm。

(三)组卷的具体要求

(1)建设开发资料组卷。建设开发资料可根据类别和数量的多少组成一卷或多卷。建设开发资料组卷具体内容包括建设开发资料分类、编号、提供单位与归档保存表。

(2)监理资料组卷。监理资料可根据资料类别和数量多少组成一卷或多卷。

(3)施工资料组卷。施工资料组卷应按照单位(子单位)工程、分部工程、系统划分,每卷再按照资料类别从 C1 至 C9 顺序排列,并根据资料数量多少组成一卷或多卷。

对于专业化程度高,施工工艺复杂的工程,通常由专业分包施工单位对子分部(分项)工程资料分别组卷,如基坑工程、桩基、预应力、钢结构、木结构、网架(索膜)、幕墙、给排水与采暖、供热锅炉、电气工程变配电室和智能建筑工程的各系统,应单独组卷的子分部(分项)工程按照 C2 ~ C8 顺序排列,并根据资料数量的多少组成一卷或多卷。

(4)竣工图组卷。竣工图应按专业进行组卷。可分为工艺平面布置竣工图卷、建筑竣工图卷、结构竣工图卷、给排水及采暖竣工图卷、建筑电气竣工图卷、建筑智能竣工图卷、通风空调竣工图卷、电梯竣工图卷、室外工程竣工图卷等,每一专业可根据图纸数量多少组成一卷或多卷。

(5)各类资料组卷内容需按本标准规定的各类资料分类、编号、提供单位与归档保存表进行。

(6)文字资料和图纸资料原则上不能混装在一个装具内,如资料较少,需放在一个装具内时,文字资料和图纸资料必须混合装订,其中文字资料排前,图纸资料排后。

(7)单位工程档案需编制总目录。

(四)案卷页号的编写

(1)编写页号应以独立卷为单位。在案卷内资料排列顺序确定后,只对有书写内容的页面编写页号。

(2)每卷从阿拉伯数字 1 开始,用打号机打号,采用黑色、蓝色油墨或墨水。案卷封面、卷内目录和卷内备考表不编写页号。

(3)页号编写位置:单面书写的文字资料页号编写在右下角,双面书写的文字资料页号正面编写在右下角,背面编写在左下角。

(4)图纸折叠后,页号一律编写在右下角。

写一写

工程资料的组卷要求是什么?

____

____

____

四、封面与目录

(一)工程资料封面和目录

1. 工程资料案卷总目录

(1)工程资料案卷总目录,为工程资料各案卷的总目录,内容包括案卷序号、案卷题名、页数、编制单位、编制日期和备注。

(2)工程名称:填写工程建设项目竣工后使用名称(或曾用名)。

(3)案卷序号:各案卷编制的顺序号,即:第一卷、第二卷……。

(4)案卷题名:填写各卷卷名。

(5)页数:各卷总页数。

(6)编制单位:各卷档案的编制单位。

(7)编制日期:填写卷内资料形成的起(最早)、止(最晚)日期。

(8)备注:填写需要说明的问题。

2. 工程资料案卷封面

案卷封面包括名称、案卷题名、编制单位、技术主管、编制日期(以上由移交单位填写)、保管期限、密级、共几册第几册等(由档案接收部门填写)。

(1)名称:填写工程建设项目竣工后使用名称(或曾用名)。若本工程分为几个(子)单位工程,应在第二行填写(子)单位工程名称。

(2)案卷题名:填写本卷卷名。第一行写单位、子单位工程名称;第二行填写案卷内主要资料内容提示。

(3)编制单位:本卷档案的编制单位,并加盖公章。

(4)技术主管:编制单位项目技术负责人签名或盖章。

(5)编制日期:填写卷内资料形成的起(最早)、止(最晚)日期。

(6)保管期限:由档案保管单位按照本标准保管期限规定填写。

(7)密级:由档案保管单位按照密级划分规定填写。

3. 工程资料卷内目录

工程资料卷内目录为每卷总的编目,目录内容包括序号、资料名称、编制单位、编制日期、页次和备注。卷内目录内容应与案卷内容相符,排列在封面之后。原资料目录及设计图纸目录不能代替卷内目录。

(1)序号:按卷内资料排列先后用阿拉伯数字从1开始依次标注。

(2)资料名称:填写文字资料和图纸名称,无标题的资料应根据内容拟写标题。

(3)编制单位:资料的形成单位或主要责任单位名称。

(4)编制日期:资料的形成时间(文字资料为原资料形成日期,竣工图为编制日期)。

(5)页次:填写每份资料在本案卷的页次或起止的页次。

(6)备注:填写需要说明的问题。

4. 施工物资资料目录

施工物资资料目录应按物资类别分别编目,目录内容包括物资类别、资料名称、型号规格、单位、数量、使用部位、页数等,有进场见证试验的,应在备注栏中注明。

5. 混凝土(砂浆)抗压强度报告目录

混凝土(砂浆)抗压强度报告目录应分单位、分部、子分部、分项工程,按不同龄期汇总、编目。有见证试验应在备注栏中注明。

6. 钢筋连接试验报告目录

钢筋连接试验报告目录适用于各种焊(连)接形式。有见证试验应在备注栏中注明。

7. 工程资料卷内备考表

内容包括卷内文字资料张数、图样资料张数、照片张数等,立卷单位的立卷人、审核人及接收单位的审核人、接收人应签字。

(1)案卷审核备考表分为上下两栏,上一栏由立卷单位填写,下一栏由接收单位填写。

(2)上栏应标明本案卷已编号资料的总张数:指文字、图纸、照片等的张数。

审核说明填写立卷时资料的完整和质量情况,以及应归档而缺少的资料的名称和原因;立卷人由责任立卷人签名;审核人由案卷审查人签名;年月日按立卷、审核时间分别填写。

(3)下栏由接收单位根据案卷的完整及质量情况标明审核意见。

技术审核人由接收单位工程档案技术审核人签名;档案接收人由接收单位档案管理接收人签名;年月日按审核、接收时间分别填写。

(二)工程档案封面和目录

1. 工程档案案卷封面

使用城市建设档案封面,注明工程名称、案卷题名、编制单位、技术主管、保存期限、档案密级等。

2. 工程档案卷内目录

使用城建档案卷内目录,内容包括顺序号、文件编号、责任者、文件题名、编制日期、页次、备注。填写具体要求见规范的工程资料卷内目录。

3. 工程档案卷内备考

使用城建档案卷内备考表,内容包括卷内文字资料张数,图样资料张数,照片张数等和立卷单位的立卷人、审核人签字。填写要求见规范的工程资料备考表。

说明部分由城建档案馆根据案卷的完整及质量情况标明审核意见。

(三)案卷脊背填写

案卷脊背项目有档号、案卷题名,由档案保管单位填写。城建档案的案卷脊背由城建档案馆填写。

(四)外文编制的工程档案

外文编制的工程档案其封面、目录、备考表必须用中文书写。

写一写

工程资料的组卷要求是什么?

____

____

____

自学自测

一、单选题(只有1个正确答案,每题10分)

1. 按规范要求,施工单位自验收合格后,报(　　)进行工程预验收。
   A. 监理单位　　B. 施工单位　　C. 建设单位　　D. 设计单位
2. 单位工程施工观感质量检查评价,每一项要抽查(　　)个点。
   A. 9　　B. 7　　C. 10　　D. 12
3. 竣工图应按(　　),并根据专业、系统进行分类和整理。
   A. 单项工程　　B. 分项工程　　C. 分部工程　　D. 单位工程

二、多选题(有至少2个正确答案,每题10分)

1. 单位(子单位)工程竣工验收资料包括(　　)。
   A. 材料质量单　　B. 工程质量事故调查与报告
   C. 工程概况　　D. 单位(子单位)工程施工质量验收资料
   E. 单位(子单位)工程施工总结
2. 单位工程竣工报告中主要填写(　　)。
   A. 工程名称　　B. 工程地址　　C. 结构类型　　D. 承包形式
   E. 开竣工时间
3. 工程资料的载体形式(　　)。
   A. 图像照片　　B. 图纸　　C. 语音资料　　D. 纸质载体
   E. 光盘载体

三、判断题（对的划“√”，错的划“×”，每题10分）

1. 凡工程发生质量事故，应按“工程质量事故调（勘）查记录”与“工程质量事故报告”中的要求进行填写记录，并按国家建设行政主管部门的有关规定及时上报。（　）
2. 工程竣工验收合格后，施工单位负责完成此表的填写。（　）
3. 竣工图应由编制单位逐张加盖、签署竣工图章。签名必须齐全，不得代签。（　）
4. 组卷前应保证建设开发资料、监理资料和施工资料齐全、完整，并符合要求。（　）

任务实施

根据实际工程的单位（子单位）工程竣工验收资料管理工作需求，参建各方资料管理的工作程序包括如下步骤。

一、工程竣工验收资料准备工作

工程竣工后，监理工程师按照承包商自检验收合格后提交的“单位工程竣工预验收申请表”，审查资料并进行现场检查；项目监理部就存在的问题提出书面意见，并签发“监理工程师通知书”（注：需要时填写），要求承包商限期整改；承包商整改完毕后，按有关文件要求，编制“建设工程竣工验收报告”交监理工程师检查，由项目总监签署意见后，提交建设单位。

二、竣工验收资料准备和整理

各参建方的工程档案资料准备好备查，设置验收人员登记表，做好登记手续。由建设单位组织工程竣工验收并主持验收会议，工程勘察、设计、施工、监理单位分别汇报工程合同履约情况和在工程建设各环节执行法律、法规和工程建设强制性标准情况。

三、竣工验收资料审核工作

验收组审阅建设、勘察、设计、施工、监理单位的工程档案资料，验收组和专业组实地查验工程质量。专业组、验收组发表对工程验收的审核意见，分别对工程勘察、设计、施工、设备安装质量和各管理环节等方面作出全面评价。

四、形成工程竣工验收意见

专业组、验收组发表对工程质量评价，验收组最终形成工程竣工验收意见，填写《建设工程竣工验收报告》并签名。如果参与工程竣工验收的各方不能形成一致意见时，应当协商提出解决的方法，待意见一致后，重新组织工程竣工验收。

五、工程竣工验收资料立卷和归档工作

工程竣工资料整编科学、合理、规范，各项目监理部在整编工程竣工资料过程中，要严格按照公司“工程竣工资料整理归档管理办法”进行整编。在资料整编上要严肃、认真，确保质量，保证上交的工程竣工资料规范、合理，否则，竣工验收资料不合格将不予接收，工程竣工验收资料是落实工程质量终身责任制的重要凭证。

工　作　单

计　划　单

学习情境4	施工质量验收资料和单位（子单位）工程竣工验收资料归档	任务2	单位（子单位）工程竣工验收资料归档
工作方式	组内讨论、团结协作共同制定计划：小组成员进行工作讨论，确定工作步骤。	计划学时	0.5学时
完成人	1. ________ 2. ________ 3. ________ 4. ________ 5. ________ 6. ________		
计划依据：1. 单位工程竣工验收资料；2. 单位工程竣工验收表格。			

序号	计 划 步 骤	具体工作内容描述
1	准备工作 （准备工具、材料，谁去做？）	
2	组织分工 （成立组织，人员具体都完成什么？）	
3	单位工程竣工验收资料编写方案 （各有何特点？）	
4	单位工程竣工验收资料 （都记录什么内容？）	
5	整理资料 （谁负责？整理什么？）	
6	单位工程竣工验收资料归档（谁负责？要素是什么？）	
制定计划说明	（写出制定计划中人员为完成任务的主要建议或可以借鉴的建议、需要解释的某一方面）	

决　策　单

<table>
<tr><td>学习情境 4</td><td colspan="2">施工质量验收资料和单位(子单位)工程竣工验收资料归档</td><td>任务 2</td><td>单位(子单位)工程竣工验收资料归档</td></tr>
<tr><td colspan="3">决 策 学 时</td><td colspan="2">0.5 学时</td></tr>
<tr><td colspan="5">决策目的:确定本小组认为最优的单位工程竣工验收资料整理方案。</td></tr>
<tr><td rowspan="7">单位工程竣工验收资料整理方案优劣比对</td><td colspan="2">单位工程竣工验收资料整理方案特点</td><td rowspan="2">比 对 项 目</td><td rowspan="2">确定最优方案
(划√)</td></tr>
<tr><td>方案名称 1:</td><td>方案名称 2:</td></tr>
<tr><td></td><td></td><td>单位工程竣工验收资料整理是否完整</td><td rowspan="6">方案 1 优
□

方案 2 优
□</td></tr>
<tr><td></td><td></td><td>编写各种表格是否规范</td></tr>
<tr><td></td><td></td><td>单位工程竣工验收资料整理熟练度</td></tr>
<tr><td></td><td></td><td>工程资料编写掌握程度</td></tr>
<tr><td></td><td></td><td>工作效率的高低</td></tr>
<tr><td colspan="2">方案 1 施工技术资料整理</td><td colspan="2">方案 2 施工技术资料整理</td></tr>
</table>

作　业　单

<table>
<tr><td>学习情境4</td><td>施工质量验收资料和单位(子单位)工程竣工验收资料归档</td><td>任务2</td><td>单位(子单位)工程竣工验收资料归档</td></tr>
<tr><td rowspan="2">参加人员</td><td colspan="2">第　　组</td><td>开始时间:</td></tr>
<tr><td colspan="2">签名:</td><td>结束时间:</td></tr>
<tr><td>序号</td><td colspan="2">工作内容记录
(根据实施的具体工作记录,包括存在的问题及解决方法)</td><td>分　工
(负责人)</td></tr>
<tr><td>1</td><td colspan="2"></td><td></td></tr>
<tr><td>2</td><td colspan="2"></td><td></td></tr>
<tr><td>3</td><td colspan="2"></td><td></td></tr>
<tr><td>4</td><td colspan="2"></td><td></td></tr>
<tr><td>5</td><td colspan="2"></td><td></td></tr>
<tr><td>6</td><td colspan="2"></td><td></td></tr>
<tr><td>7</td><td colspan="2"></td><td></td></tr>
<tr><td>8</td><td colspan="2"></td><td></td></tr>
<tr><td>9</td><td colspan="2"></td><td></td></tr>
<tr><td>10</td><td colspan="2"></td><td></td></tr>
<tr><td>11</td><td colspan="2"></td><td></td></tr>
<tr><td>12</td><td colspan="2"></td><td></td></tr>
<tr><td rowspan="2">小结</td><td colspan="2">主要描述完成的成果及是否达到目标</td><td>存在的问题</td></tr>
<tr><td colspan="2"></td><td></td></tr>
</table>

整理记录单

<table>
<tr><td>学习情境 4</td><td colspan="2">施工质量验收资料和单位(子单位)工程竣工验收资料归档</td><td>任务 2</td><td colspan="2">单位(子单位)工程竣工验收资料归档</td></tr>
<tr><td>完成人姓名</td><td></td><td>组别</td><td></td><td>完成日期</td><td></td></tr>
<tr><td colspan="6">单位工程竣工验收资料(手写):</td></tr>
<tr><td>单位工程质量控制资料核查记录</td><td colspan="5"></td></tr>
<tr><td>单位工程安全和功能检验资料核查及主要功能抽查记录</td><td colspan="5"></td></tr>
<tr><td>工程勘察、设计文件及变更质量检查报告</td><td colspan="5"></td></tr>
<tr><td>单位工程竣工报告</td><td colspan="5"></td></tr>
<tr><td>单位(子单位)工程施工总结</td><td colspan="5"></td></tr>
<tr><td>检查人(签字)</td><td></td><td>检查存在的问题</td><td></td><td>检查时间</td><td></td></tr>
</table>

表格记录单(如多页可复印)

<table>
<tr><td>学习情境 4</td><td colspan="2">施工质量验收资料和单位(子单位)工程竣工验收资料归档</td><td>任务 2</td><td colspan="2">单位(子单位)工程竣工验收资料归档</td></tr>
<tr><td>完成人姓名</td><td></td><td>组别</td><td></td><td>完成日期</td><td></td></tr>
<tr><td colspan="6">给定工程验收资料(手写):</td></tr>
<tr><td>单位工程竣工验收资料说明或描述</td><td colspan="5"></td></tr>
<tr><td>表格</td><td colspan="5"></td></tr>
<tr><td>检查人(签字)</td><td></td><td>检查存在的问题</td><td></td><td>检查时间</td><td></td></tr>
</table>

检 查 单

学习情境4	施工质量验收资料和单位(子单位)工程竣工验收资料归档		任务2	单位(子单位)工程竣工验收资料归档			
检查学时	课内0.5学时			第　　组			
检查目的及方式	教师过程监控小组的工作情况,如检查等级为不合格小组需要整改,并拿出整改说明。						
序号	检查项目	检 查 标 准	检查结果分级(在检查相应的分级框内划"√")				
			优秀	良好	中等	合格	不合格
1	准备工作	资源是否已查到、材料是否准备完整					
2	分工情况	安排是否合理、全面,分工是否明确					
3	工作态度	小组工作是否积极主动、全员参与					
4	纪律出勤	是否按时完成负责的工作内容、遵守工作纪律					
5	团队合作	是否相互协作、互相帮助、成员是否听从指挥					
6	创新意识	任务完成不照搬照抄,看问题具有独到见解、创新思维					
7	完成效率	工作单是否记录完整,是否按照计划完成任务					
8	完成质量	工作单填写是否准确,记录单检查及修改是否达标					
检查评语					教师签字:		

评　价　单

1. 小组工作评价单

学习情境4	施工质量验收资料和单位(子单位)工程竣工验收资料归档		任务2	单位(子单位)工程竣工验收资料归档		
评价学时	课内0.5学时					
班　级			第　　组			
考核情境	考核内容及要求	分值(100)	小组自评(10%)	小组互评(20%)	教师评价(70%)	实得分(Σ)
汇报展示(20)	演讲资源利用	5				
	演讲表达和非语言技巧应用	5				
	团队成员补充配合程度	5				
	时间与完整性	5				
质量评价(40)	工作完整性	10				
	工作质量	5				
	报告完整性	25				
团队情感(25)	核心价值观	5				
	创新性	5				
	参与率	5				
	合作性	5				
	劳动态度	5				
安全文明(10)	工作过程中的安全保障情况	5				
	工具正确使用和保养、放置规范	5				
工作效率(5)	能够在要求的时间内完成,每超时5分钟扣1分	5				

2. 小组成员素质评价单

<table>
<tr><td>学习情境 4</td><td colspan="3">施工质量验收资料和单位(子单位)工程竣工验收资料归档</td><td>任务 2</td><td colspan="5">单位(子单位)工程竣工验收资料归档</td></tr>
<tr><td>班　级</td><td></td><td>第　组</td><td>成员姓名</td><td colspan="6"></td></tr>
<tr><td>评分说明</td><td colspan="9">每个小组成员评价分为自评和小组其他成员评价两部分,取平均值计算,作为该小组成员的任务评价个人分数。评价项目共设计 5 个,依据评分标准给予合理量化打分。小组成员自评分后,要找小组其他成员不记名方式打分。</td></tr>
<tr><td>评分项目</td><td colspan="3">评 分 标 准</td><td>自评分</td><td>成员 1 评分</td><td>成员 2 评分</td><td>成员 3 评分</td><td>成员 4 评分</td><td>成员 5 评分</td></tr>
<tr><td>核心价值观(20 分)</td><td colspan="3">思想及行动是否符合社会主义核心价值观</td><td></td><td></td><td></td><td></td><td></td><td></td></tr>
<tr><td>工作态度(20 分)</td><td colspan="3">是否按时完成负责的工作内容、遵守纪律,是否积极主动参与小组工作,是否全过程参与,是否吃苦耐劳,是否具有工匠精神</td><td></td><td></td><td></td><td></td><td></td><td></td></tr>
<tr><td>交流沟通(20 分)</td><td colspan="3">是否能良好地表达自己的观点,是否能倾听他人的观点</td><td></td><td></td><td></td><td></td><td></td><td></td></tr>
<tr><td>团队合作(20 分)</td><td colspan="3">是否与小组成员合作完成任务,做到相互协作、互相帮助、听从指挥</td><td></td><td></td><td></td><td></td><td></td><td></td></tr>
<tr><td>创新意识(20 分)</td><td colspan="3">看问题是否能独立思考,提出独到见解,是否能够创新思维,解决遇到的问题</td><td></td><td></td><td></td><td></td><td></td><td></td></tr>
<tr><td>最终小组成员得分</td><td colspan="9"></td></tr>
</table>

课后反思

学习情境4	施工质量验收资料和单位(子单位)工程竣工验收资料归档		任务2	单位(子单位)工程竣工验收资料归档
班　　级		第　　组	成员姓名	
情感反思	通过对本任务的学习和实训,你认为自己在社会主义核心价值观、职业素养、学习和工作态度等方面有哪些需要提高的部分?			
知识反思	通过对本任务的学习,你掌握了哪些知识点?请画出思维导图。			
技能反思	在完成本任务的学习和实训过程中,你主要掌握了哪些技能?			
方法反思	在完成本任务的学习和实训过程中,你主要掌握了哪些分析和解决问题的方法?			

附　　录

附录 A　工程资料名称、分类及归档保存表

类别及序号	工程资料名称	表格编号	归档保存单位			
			建设	施工	监理	城建档案馆
A 类	工程准备阶段资料					
A1	立项用地规划许可阶段文件					
1	项目建议书(财政投融资项目)		●			●
2	项目建议书的批复文件(财政投融资项目)		●			●
3	项目核准(备案)通知书及核准(备案)登记表(企业投资项目)		●			
4	建设项目用地预审		●			●
5	建设项目选址意见书(规划条件)		●			●
6	选址意见书的通知书及附图		●			
7	核定用地图		●			
8	土地勘测定界技术报告书		●			
9	环境影响评价报告		●			●
10	环境影响评价批复(备案)		●			●
11	合理用能评价报告		●			●
12	合理用能评价批复		●			●
13	地震安全性评价结果审定		●			●
14	地质灾害危险性评估备案登记		●			●
15	水土保持方案		●			
16	水土保持方案批复		●			
17	洪水影响评价报告		●			
18	洪水影响评价报告批复		●			
19	排污口设置或扩大报告		●			
20	排污口设置或扩大报告批复		●			
21	取水许可证		●			
22	建设用地批准书		●			●
23	建设用地规划许可证		●			●
24	建设用地规划许可证通知书及附图		●			●
25	土地征转批复		●			
26	不动产权证书		●			●

续表

类别及序号	工程资料名称	表格编号	归档保存单位			
			建设	施工	监理	城建档案馆
27	征地、拆迁、补偿、拆改等合同协议		●			
28	可行性研究报告(财政投融资项目)		●			●
29	可行性研究报告的批复文件(财政投融资项目)		●			●
30	工程立项用地规划许可形成的其他文件		●			
A2	工程建设许可阶段文件					
1	勘察、设计的招投标文件(含资格预审文件)		●			
2	勘察、设计中标通知书及承包合同		●			●
3	监理招投标文件(含资格预审文件)		●			
4	监理中标通知书及承包合同		●			●
5	工程地质勘察报告		●			●
6	建设工程勘察文件审查合格书		●			●
7	初步设计文件(财政投融资项目)		●			
8	初步设计批复文件(财政投融资项目)		●			
9	初步设计审查意见(专家审查或第三方)		●			
10	建设工程设计方案		●			
11	建设工程规划放线测量技术报告		●			●
12	建设工程设计方案审查		●			
13	建设工程规划许可证		●			●
14	建设工程规划许可证通知书及附图		●			●
15	用水计划指标		●			
16	超限高层建筑工程抗震设防许可		●			●
17	地形测量和拨地测量成果报告		●			
18	勘察、设计中形成的其他文件		●			
19	规划图					●
A3	施工许可阶段文件					
1	固定资金投资计划(财政投融资项目)		●			
2	施工图设计文件审查合格书		●			●
3	施工招投标文件(含资格预审文件)		●			
4	施工中标通知书及承包合同		●			●
5	设备材料采购招投标文件(含资格预审文件)		●			
6	设备材料采购中标通知书及承包合同		●			
7	工程招投标中形成的其他文件(评标报告及批复类文件)		●			
8	工程质量安全监督登记通知书		●			●
9	建筑工程施工许可证及附件		●			●

续表

类别及序号	工程资料名称	表格编号	归档保存单位			
			建设	施工	监理	城建档案馆
10	占、掘道路审批		●			
11	占用绿化用地或迁移砍伐城市树木审批		●			
12	在电力设施保护范围和保护区内施工作业许可		●			
13	临时用地许可		●			
14	防雷装置设计审核		●			●
15	法定代表人授权书	A3-1	●	●	●	●
16	建设单位项目负责人工程质量终身责任承诺书	A3-2-1	●	●	●	●
17	勘察单位项目负责人工程质量终身责任承诺书	A3-2-2	●	●	●	●
18	设计单位项目负责人工程质量终身责任承诺书	A3-2-3	●	●	●	●
19	施工单位项目负责人工程质量终身责任承诺书	A3-2-4	●	●	●	●
20	监理单位项目总监理工程师工程质量终身责任承诺书	A3-2-5	●	●	●	●
21	工程质量终身责任信息表	A3-3	●	●	●	●
22	工程质量终身责任信息变更表	A3-4	●	●	●	●
23	工程概况信息表	A3-5	●	●	●	●
24	工程开工审批中形成的其他文件		●			
B类	监理文件					
B1	编制类文件					
1	监理规划		●		●	●
2	监理实施细则		●	○	●	●
3	监理见证计划		●	○	●	●
4	监理旁站方案		●	○	●	●
5	监理月报		○		●	
6	工程质量评估报告		●		●	●
7	监理工作总结		●		●	●
B2	签发类文件					
1	关于组建________项目监理机构的函	B2-1	●	○	●	●
2	总监理工程师任命书	B2-2	●	○	●	●
3	变更总监理工程师申请	B2-3	●	○	●	●
4	总监理工程师代表授权书	B2-4	●		●	●
5	专业监理工程师变更通知书	B2-5	●	○	●	●
6	工程开工令	B2-6	●	●	●	●
7	工程暂停令	B2-7	●	●	●	●
8	工程复工令	B2-8	●	●	●	●
9	监理通知单	B2-9	●	○	○	○
10	监理报告	B2-10	●		●	●
11	工程款支付证书	B2-11	●	○	○	
12	工作联系单	B2-12	●	○	○	
13	竣工移交证书(工程竣工移交书)	B2-13	●	○	○	
B3	审验类文件					
1	施工组织设计报审文件	B3-1	○	○	○	

续表

类别及序号	工程资料名称	表格编号	归档保存单位			
			建设	施工	监理	城建档案馆
2	施工方案，专项施工方案报审文件	B3-1	○	○	○	
3	工程开工报审表	B3-2	●	●	●	●
4	工程复工报审表	B3-3	●	●	●	●
5	分包单位资格报审表	B3-4	●	●	●	
6	施工控制测量成果报验表	B3-5	○	○	○	
7	工程材料、构配件、设备报验表	B3-6	○	○	○	
8	隐蔽工程报验文件	B3-7	○	○	○	
9	检验批报验文件	B3-7	○	○	○	
10	分项工程报验文件	B3-7	○	○	○	
11	分部工程报验文件	B3-8	○	○	○	
12	单位工程竣工验收报审表	B3-9	●	●	●	●
13	工程款支付报验文件	B3-10	●	○	○	
14	施工进度计划报审表	B3-11	○	○	○	
15	费用索赔报审表	B3-12	●	○	○	●
16	工程临时/最终延期报审表	B3-13	●	○	○	●
B4	记录类文件					
1	监理例会纪要(专题会议纪要)	B4-1	●	○	●	
2	监理日志	B4-2	○	○	●	
3	监理日志(安全)	B4-3	○	○	●	
4	旁站记录	B4-4	○	○	●	
5	见证取样和见证送检人员备案书	B4-5	●	●	●	●
6	见证取样和见证送检记录	B4-6	●	●	●	●
B5	台账类文件					
1	材料、构配件、设备进场报验台账	B5-1	○	○	○	
2	见证取样送检台账	B5-2 B5-3	○	○	○	
3	监理抽检台账	B5-4 B5-5	○	○	○	
4	不合格项(质量/安全)处理台账	B5-6	○	○	○	
5	工程款计量支付台账	B5-7	○	○	○	
6	工程变更及洽商台账	B5-8	○	○	○	
7	分包单位资质报审台账	B5-9	○	○	○	
8	施工机械、设备、仪器管理台账	B5-10	○	○	○	
9	工程技术文件报审台账	B5-11				

续表

类别及序号	工程资料名称	表格编号	归档保存单位			
			建设	施工	监理	城建档案馆
C	施工文件					
C1	施工管理文件					
1	工程概况表	C1-1	●	●	●	○
2	施工现场质量管理检查记录	C1-2		○	○	
3	施工日志	C1-3		●		
4	企业资质证书及相关专业人员岗位证书		○	○	○	●
5	施工检测计划		○	○	○	
6	监理通知回复单		○	○	○	
7	外项工程和检验批的划分方案	C1-4	●	○	○	○
8	见证试验检测汇总表		●	●	●	●
9	建设工程质量、安全事故调(勘)查记录	C1-5	●	●	●	●
10	建设工程质量、安全事故报告书	C1-6	●	●	●	●
C2	施工技术文件					
1	施工组织设计及施工方案		○	○	○	○
2	危险性较大的外部外项工程施工方案		○	○	○	○
3	超过一定规模的危险性较大的分部分项工程专家论证报告		○	○	○	○
4	技术交底记录	C2-1	○	○		
5	图纸会审记录	C2-2	●	●	●	●
6	设计变更通知单	C2-3	●	●	●	●
7	工程洽商记录(技术核定单)	C2-4	●	●	●	●
C3	进度造价文件					
1	月人、机、料动态表	C3-1	○	○	○	
2	现场签证表	C3-2	●	●	●	●
C4	施工物资文件					
1	水泥出厂质量证明与进场检验汇总表	C4-1	○	●	○	
2	钢材出厂质量证明与进场检验汇总表	C4-2	○	●	○	
3	预拌混凝土(砂浆)出厂质量证明汇总表	C4-3	○	●	○	
4	钢结构原材料出厂质量证明与进场检验汇总表	C4-4	○	●	○	
5	钢结构构件合格证明及进场检验汇总表	C4-5	○	●	○	
6	防水材料出厂质量证明与进场检验汇总表	C4-6	○	●	○	
7	砖(砌块)出厂质量证明与进场检验汇总表	C4-7	○	●	○	
8	砂、石原材料进场检验汇总表	C4-8	○	●	○	
9	建筑部品、部件出厂质量证明与进场检验汇总表	C4-9	○	●	○	
10	安装工程材料、设备出厂质量证明与进场检验汇总表	C4-10	○	●	○	
11	材料、设备、构配件出厂质量证明与进场检验汇总表(通用)	C4-11	○	●	○	

续表

类别及序号	工程资料名称	表格编号	归档保存单位			
			建设	施工	监理	城建档案馆
	进场检验通用表格					
1	材料、构配件进场验收记录	C4-12	○	●	○	
2	设备开箱检验记录	C4-13	○	●	○	
3	设备及管道附件试验记录	C4-14	○	●	○	
	出厂质量证明文件及检测报告					
1	砂、石、砖、水泥、钢筋、隔热保温、防腐材料、轻骨料出厂证明文件		●	●	●	●
2	其他物资出厂合格证、质量保证书、检测报告和报关单或商检证等		○	●	○	○
3	材料、设备的相关检验报告、型式检测报告、CCC 强制认证合格证书或CCC 标志		○	●	○	○
4	主要设备、器具的安装使用说明书		○	●	○	○
5	进口的主要材料设备的商检证明文件		○	●		○
6	涉及消防、安全、卫生、环保、节能的材料，设备的检测报告或法定机构出具的有效证明文件		●	●	●	●
7	其他施工物资产品合格证，出厂检验报告		○	○	○	○
	进场复试报告					
1	钢材试验报告		●	●	●	●
2	水泥试验报告		●	●	●	●
3	砂试验报告		●	●	●	●
4	碎(卵)石试验报告		●	●	●	●
5	外加剂试验报告		○	●	●	●
6	防水涂料试验报告		●	●	○	
7	防水卷材试验报告		●	●	○	
8	砖(砌块)试验报告		●	●	●	●
9	预应力筋复试报告		●	●	●	●
10	预应力锚具、夹具和连接器复试报告		●	●	●	●
11	装饰装修用门窗复试报告		●	●	○	
12	装饰装修用人造木板复试报告		●	●	○	
13	装饰装修用花岗石复试报告		●	●	○	
14	装饰装修用安全玻璃复试报告		●	●	○	
15	装饰装修用外墙面砖复试报告		●	●	○	
16	钢结构用钢材复试报告		●	●	●	●
17	钢结构用防火涂料复试报告		●	●	●	●
18	钢结构用焊接材料复试报告		●	●	●	●
19	钢结构用高强度大六角头螺栓连接副复试报告		●	●	●	●
20	钢结构用扭剪型高强螺栓连接副复试报告		●	●	●	●
21	幕墙用铝塑板、石材、玻璃、密封胶、隔热型材、结构胶复试报告		●	●	●	●
22	散热器、供暖系统保温材料、通风与空调工程绝热材料、风机盘管机组、低压配电系统电缆的见证取样复试报告		●	●	●	●
23	节能工程材料复试报告		●	●	●	●
24	规范标准中对物资进场有复试要求的材料、构配件及设备的复试报告		●	●	○	●

续表

类别及序号	工程资料名称	表格编号	归档保存单位			
			建设	施工	监理	城建档案馆
C5	施工记录文件					
1	工程定位测量记录	C5-1	●	●	●	●
2	基槽平面及标高实测记录	C5-2		○	○	○
3	楼层平面放线及标高实测记录	C5-3		○	○	○
4	楼层平面标高抄测记录	C5-4		○	○	○
5	建筑物垂直度、标高观测记录	C5-5	●	●	○	○
6	沉降观测记录	C5-6	●	●	○	●
7	基坑支护水平位移监测记录			○	○	
8	桩基、支护测量放线记录	C5-7		○	○	
9	桩位偏差验收记录	C5-8	●	●	○	●
10	隐蔽工程验收记录	C5-9	●	●	●	●
11	施工检查记录	C5-10	○	○		
12	设备安装记录	C5-11	○	○		
13	交接检查记录	C5-12	○	○		
14	地基与基础工程验槽记录	C5-13	●	●	●	●
15	地基钎探记录	C5-14	●	○	○	●
16	地基处理记录	C5-15	●	●	●	●
17	工程试桩记录	C5-16	●	●	●	●
18	桩开孔通知书	C5-17	●	○	○	●
19	钻孔灌桩终孔验收记录	C5-18	●	○	○	●
20	钻孔灌注桩施工汇总表	C5-19	●	○	○	●
21	钻孔灌注桩施工记录	C5-20	●	○	○	●
22	钻孔灌注桩后注浆施工记录	C5-21	●	○	○	●
23	人工挖孔桩施工记录	C5-22	●	○	○	●
24	长螺旋成孔压灌桩施工记录	C5-23	●	○	○	●
25	静压混凝土预制桩、钢桩施工记录	C5-24	●	○	○	●
26	锤击混凝土预制桩、钢桩施工记录	C5-25	●	○	○	●
27	夯扩桩施工记录	C5-26	●	○	○	●
28	振动(锤击)沉管灌注桩施工记录	C5-27	●	○	○	●
29	深层搅拌桩施工记录	C5-28	●	○	○	●
30	混凝土浇灌申请	C5-29		○	○	
31	混凝土开盘鉴定	C5-30		○	○	
32	预拌混凝土运输单	C5-31		○	○	
33	预拌混凝土交货检验记录	C5-32		○		
34	混凝土浇筑记录	C5-33		○		
35	混凝土拆模申请单	C5-34		○	○	
36	大体积混凝土测温记录	C5-35		○		
37	冬期施工混凝土拌和物测温记录	C5-36		○		
38	冬期施工混凝土养护测温记录	C5-37		○		
39	同条件养护试块测温记录	C5-38		○		

续表

类别及序号	工程资料名称	表格编号	归档保存单位			
			建设	施工	监理	城建档案馆
40	构件吊装施工记录	C5-39	●	○	○	●
41	焊接材料烘焙记录	C5-40		○		
42	预制构件安装施工记录	C5-10	●	○	○	●
43	钢筋套筒灌浆、浆锚搭接连接施工记录	C5-10	●	○	○	●
44	钢筋焊接接头质量检查记录	C5-10		○		
45	钢筋机械连接接头质量检查记录	C5-10		○		
46	地下工程渗漏水检测记录	C5-41	●	○	○	○
47	防水工程试水检查记录	C5-42	●	○	○	
48	预应力筋张拉记录	C5-43	●	●	○	●
49	有粘结预应力结构灌浆记录	C5-44	●	●	○	●
50	建筑烟(风)道检查记录	C5-45	●	●	○	
51	钢结构施工记录	C5-10	●	●	○	
52	网架(索膜)施工记录	C5-10	●	●	○	
53	木结构施工记录	C5-10	●	●	○	
54	幕墙打胶检查记录	C5-46	●	●	○	
55	自动扶梯、自动人行道的相邻区域检查记录	C5-47	●	●	○	
56	自动扶梯、人行道整机安装检查记录	C5-48	●	●	○	
57	自动扶梯、自动人行道安装调试记录	C5-49	●	●	○	
58	其他施工记录文件	C5-10		○	○	
C6	施工试验记录及检测文件					
	通用表格					
1	试验记录	C6-1	●	●	○	○
2	设备单机试运转记录	C6-2	●	●	○	○
3	系统试运转调试记录	C6-3	●	●	○	○
4	接地电阻测试记录	C6-4	●	●	○	○
5	绝缘电阻测试记录	C6-5	●	●	○	○
	建筑与结构工程					
1	锚杆试验报告		●	●	○	○
2	地基承载力检验报告		●	●	○	●
3	桩基检测报告		●	●	○	●
4	土工击实试验报告		●	●	○	●
5	回填土试验报告		●	●	○	●
6	土壤氡浓度或氡析出率检测报告		●	●	○	●
7	钢筋机械连接试验报告		●	●	○	●
8	钢筋焊接连接试验报告		●	●	○	●
9	砂浆配合比申请书、通知单			○	○	●
10	砂浆抗压强度试验报告		●	●	○	●
11	砌筑砂浆试块强度统计、评定记录	C6-6	●	●		●
12	混凝土配合比申请书、通知单				○	●

续表

类别及序号	工程资料名称	表格编号	归档保存单位			
			建设	施工	监理	城建档案馆
13	混凝土抗压强度试验报告		●	●	○	●
14	混凝土试块强度统计、评定记录	C6-7	●	●		●
15	混凝土耐久性试验报告		●	●	○	●
16	砂、石、水泥放射性指标报告		○	○		○
17	混凝土碱总量计算书		○	○		
18	外墙饰面砖样板粘结强度试验报告		●	●	○	●
19	后置埋件抗拔试验报告		●	●	○	●
20	超声波探伤报告、探伤记录		●	●	○	●
21	钢构件射线探伤报告		●	●	○	●
22	磁粉探伤报告		●	●	○	●
23	高强度螺栓抗滑移系数检测报告		●	●	○	●
24	钢结构焊接工艺评定				○	●
25	网架节点承载力试验报告		●	●	○	●
26	钢结构防腐、防火涂料厚度检测报告		●	●	○	●
27	木结构胶缝试验报告		●	●	○	○
28	木结构构件力学性能试验报告		●	●	○	●
29	木结构防护剂试验报告		●	●	○	●
30	幕墙双组分硅酮结构胶混匀性及拉断试验报告		●	●	○	●
31	幕墙的抗风压性能、空气渗透性能、雨水渗透性能检测报告		●	●	○	●
32	外门窗的抗风压性能、空气渗透性能和雨水渗透性能检测报告		●	●	○	●
33	结构实体混凝土强度验收记录		●	●	○	●
34	结构实体钢筋保护层厚度验收记录		●	●	○	●
35	结构实体位置与尺寸偏差检验记录		●	●	○	●
36	围护结构现场实体检验报告		●	●	○	●
37	室内环境检测报告		●	●	○	●
38	节能性能检测报告		●	●	○	●
39	其他建筑与结构施工试验记录与检测文件		●	●	○	○
	给水排水及供暖工程					
1	灌(满)水试验记录	C6-8	●			
2	强度严密性试验记录	C6-9	●	●	○	○
3	通水试验记录	C6-10	●	○	○	
4	冲(吹)洗试验记录	C6-11	●	●	○	
5	通球试验记录	C6-12	●	○	○	

续表

类别及序号	工程资料名称	表格编号	归档保存单位			
			建设	施工	监理	城建档案馆
6	补偿器预拉伸记录	C6-13		○	○	
7	消火栓试射记录	C6-14	●	●	○	
8	安全附件安装检查记录	C6-15		●	○	
9	锅炉烘炉试验记录	C6-1		●	○	
10	锅炉煮炉试验记录	C6-1		●	○	
11	锅炉试运行记录	C6-2		●	○	
12	安全阀定压合格证书	C6-1		●	○	
13	自动喷水灭火系统联动试验记录	C6-16	●	●	○	○
14	自动喷水灭火系统质量验收缺陷项目判定记录	C6-3	●	●	○	○
15	其他给水排水及供暖施工试验记录与检测文件	C6-1		●	○	
	通风与空调工程					
1	风管强度检测记录				○	
2	风管漏风检测记录	C6-17	●	●	○	
3	现场组装除尘器、空调机漏风检测记录	C6-18		○	○	
4	各房间室内风量、温度测量记录	C6-19	●	○	○	
5	管网风量平衡记录	C6-20	●	○	○	
6	空调风系统试运转调试记录	C6-21	●	●	○	○
7	空调水系统试运转调试记录	C6-22	●	●	○	○
8	制冷系统气密性试验记录	C6-23	●	●	○	○
9	净化空调系统检测记录	C6-24	●	●	○	○
10	室内空调空气参数测试记录		●	●	○	○
11	防排烟系统联合试运行记录	C6-25	●	●	○	○
12	系统非设计满负荷联合试运转与调试记录	C6-3	●	●	○	○
13	其他通风与空调施工试验记录与检测文件	C6-1		●	○	
	建筑电气工程					
1	电气接地装置平面示意图	C6-26	●	●	○	○
2	电气器具通电安全检查记录	C6-27	●	○	○	
3	电气设备空载和负荷试运行记录	C6-28	●	●	○	○
4	建筑物照明通电试运行记录	C6-29	●	●	○	○
5	灯具固定装置及悬吊装置的荷载强度试验记录	C6-30	●	●	○	
6	漏电开关模拟试验记录	C6-31	●	●	○	
7	大容量电气线路结点测温记录	C6-32	●	●	○	
8	低压配电电源质量测试记录	C6-33	●	●	○	
9	建筑物照明系统照度测试记录	C6-34	●	○	○	
10	低压设备交接试验检验记录	C6-35	●	●	○	
11	电动机检查(抽芯)记录	C6-36	●	●	○	
12	接地故障回路阻抗测试记录	C6-37	●	●	○	
13	EPS 应急持续供电时间记录	C6-38	●	●	○	
14	UPS 应急持续供电时间记录	C6-39	●	●	○	

续表

类别及序号	工程资料名称	表格编号	归档保存单位			
			建设	施工	监理	城建档案馆
15	双电源自动切换试验记录	C6-40	●	●	○	
16	接闪线和接闪带固定支架的垂直拉力测试记录	C6-41	●	●	○	
17	接地(等电位)联结导通性能测试记录	C6-42	●	●	○	
18	剩余电流动作保护器测试记录	C6-1		●	○	
19	其他建筑电气施工试验记录与检测文件	C6-1		●	○	
	智能建筑工程					
1	系统调试报告	C6-43	●	●	○	○
2	网络系统调试记录	C6-44	●	●	○	○
3	光节点(正向)调试记录	C6-45	●	●	○	○
4	光节点(反向)调试记录	C6-46	●	●	○	○
5	放大器(正向)调试记录	C6-47	●	●	○	○
6	放大器(反向)调试记录	C6-48	●	●	○	○
7	前端设备调试记录	C6-49	●	●	○	○
8	用户终端测试数据记录	C6-50	●	●	○	○
9	广播系统工程电声性能测量记录	C6-51	●	●	○	○
10	信息化应用系统功能表	C6-52	●	●	○	○
11	信息化应用系统配置参数记录	C6-53	●	●	○	○
12	控制器线缆测试记录	C6-54	●	●	○	○
13	单点调试记录	C6-55	●	●	○	○
14	智能化集成系统联动功能需求表	C6-56	●	●	○	○
15	被集成子系统设备参数表	C6-57	●	●	○	○
16	被集成子系统通信接口表	C6-58	●	●	○	○
17	智能化集成系统网络规划和配置表	C6-59	●	●	○	○
18	其他智能建筑施工试验记录与检测文件	C6-1		●	○	
	建筑节能工程					
1	外窗气密性现场实体检测报告		●	●	○	●
2	锚固件拉拔试验报告		●	●	○	●
3	墙体节能工程保温板材与基层粘结强度现场拉拔试验		●	●	○	●
4	外墙节能构造钻芯法检验报告		●	●	○	●
5	外墙保温浆料同条件养护试件试验报告		●	●	○	●
6	围护结构传热系数检测报告		●	●	○	●
7	系统节能性能检测报告		●	●	○	●
8	其他建筑节能工程施工试验记录与检测文件	C6-1		●	○	
	电梯工程					
1	轿厢平层准确度测量记录	C6-60	●	○	○	
2	电梯层门安全装置检测记录	C6-61	●	●	○	
3	电梯电气安全装置检测记录	C6-62	●	●	○	
4	电梯整机功能检测记录	C6-63	●	●	○	
5	电梯主要功能检测记录	C6-64	●	●	○	

续表

类别及序号	工程资料名称	表格编号	归档保存单位			
			建设	施工	监理	城建档案馆
6	电梯负荷运行试验记录	C6-65	●	●	○	○
7	电梯负荷运行试验曲线图表	C6-66	●	●	○	
8	电梯噪声测试记录	C6-67	○	○	○	
9	自动扶梯、自动人行道安全装置检测记录	C6-68	●	●	○	
10	自动扶梯、自动人行道整机性能及运行试验记录	C6-69	●	●	○	○
11	其他电梯施工试验记录与检测文件	C6-1		●	○	
	施工质量验收文件					
1	现场验收检查原始记录	C7-1		○		
2	检验批质量验收记录	C7-2	●	○	○	
3	分项工程质量验收记录	C7-3	●	●	●	
4	分部工程质量验收记录	C7-4	●	●	●	●
5	其他施工质量验收文件		○	○		
	分户验收文件	参照黔建施通〔2007〕580号				
1	住宅工程质量分户验收记录(户内部分)	C8-1	●	○	○	●
2	住宅工程质量分户验收记录(公共部位)	C8-2	●	○	○	●
3	室内空间尺寸分户验收记录表	C8-3	●	○	○	
4	楼板厚度检查记录表	C8-4	●	○	○	
5	住宅工程分户验收汇总记录表	C8-5	●			●
	单位工程竣工验收文件					
1	单位工程竣工验收报验表	C9-1	●	●		●
2	单位工程质量竣工验收记录	C9-2	●	●	○	●
3	单位工程质量控制资料核查记录	C9-3	●	●	○	●
4	单位工程安全和功能检验资料核查及主要功能抽查记录	C9-4	●	●	○	●
5	单位工程观感质量检查记录	C9-5	●	●	○	●
6	单位工程竣工验收会议纪要	C9-6	●	●	○	●
7	施工资料移交书		●	●		
8	其他单位工程竣工验收文件		○	○		
	规划红线内室外管网工程					
1	室外管网达到使用条件证明		●	●	○	●
2	管网功能检测记录		●	●	○	
3	竣工验收报验表		●	●	○	○
4	竣工验收记录		●	●	○	○
5	竣工测量报告		●	●	○	●
6	竣工测量成果数据库		●	●	○	●
D类	竣工图					
1	建筑竣工图		●	●		●
2	结构竣工图		●	●		●
3	钢结构竣工图		●	●		●
4	幕墙竣工图		●	●		●

续表

类别及序号	工程资料名称	表格编号	归档保存单位			
			建设	施工	监理	城建档案馆
5	室内装修竣工图		●	●		●
6	建筑给水排水及供暖竣工图		●	●		●
7	通风与空调竣工图		●	●		●
8	建筑电气竣工图		●	●		●
9	智能建筑竣工图		●	●		●
10	燃气工程竣工图		●	●		●
11	室外工程竣工图		●	●		●
12	规划红线内的室外给水、排水、供热、供电、照明管线等竣工图		●	●		●
13	规划红线内的道路、园林绿化、喷灌设施等竣工图		●	●		●
E类	工程竣工验收文件					
E1	竣工验收与备案文件					
1	施工单位工程竣工报告	E1-1	●	●	○	●
2	监理单位工程竣工质量评估报告	E1-2	●	○	●	●
3	勘察单位工程质量检查报告	E1-3	●	○	○	●
4	设计单位工程质量检查报告	E1-4	●	○	○	●
5	建设工程竣工验收报告	E1-5	●	●	●	●
6	建设工程质量竣工验收意见书		●	●	●	●
7	工程竣工验收会议纪要		●	●	●	●
8	专家组验收意见		●	●	●	●
9	工程竣工验收证书		●	●	●	●
10	规划、消防、环保、民防、防雷等部门出具的认可文件或准许使用文件		●	●	●	●
11	房屋建筑工程质量保修书	E1-6	●	●		●
12	住宅质量保证书、住宅使用说明书		●	●		●
13	建设工程竣工验收备案表	E1-7	●	●		●
14	城市建设档案移交书		●			●
E2	竣工决算文件					
1	施工决算文件		●	●		○
2	监理决算文件		●		●	○
E3	工程声像文件					
	工程建设前期准备阶段		●	○	○	●
1	工程项目的立项、可行性研究、方案设计、审查批准等重要活动内容		●	○	○	●
2	工程项目选址、规划方案论证及评审活动		●	○	○	●
3	工程项目中重要招商引资、签约仪式		●	○	○	●
4	工程项目重要合同的签字仪式		●	○	○	●
5	工程项目的开工、奠基仪式		●	○	○	●
6	工程项目建设前区域全景原貌、拆迁情况及重要历史文物、古建等		●	○	○	●
7	工程前期超高清航拍视频、延时摄影等影像技术资料		●	○	○	●

续表

类别及序号	工程资料名称	表格编号	归档保存单位			
			建设	施工	监理	城建档案馆
	工程建设施工阶段					
1	工程形象进度记录		●	●	○	●
2	涉及工程结构安全的重要部位隐蔽前的影像资料		●	●	○	●
3	工程建设施工过程中采用或引进的新技术、新工艺、新材料、新设备的应用情况		●	●	○	●
4	工程项目中主要的质量检查、验收活动内容		●	●	○	●
5	工程质量事故及分析处理情况(事故第一现场、事故指挥和处理措施及结果等重要活动)		●	●	○	●
6	施工阶段超高清航拍视频、延时摄影等影像技术资料		●	●	○	●
	工程建设竣工阶段					
1	工程项目的竣工、验收仪式		●	●	○	●
2	竣工后新貌,包括工程项目不同角度的重要布局、交通设施、夜景照明		●	●	○	●
3	配套工程设施		●	●	○	●
4	绿化、雕塑等环境工程		●	●	○	●
5	竣工后超高清航拍视频、延时摄影等影像技术资料		●	●	○	●
E4	其他文件					

注:表中符号“●”表示必须归档保存;“○”表示选择性归档保存。

附录 B　自学自测参考答案

文件

自测自学
参考答案

参考文献

[1]黑龙江省住房和城乡建设厅．黑龙江省建筑工程资料管理标准:DB23/T 1019—2020[S]．北京:中国建筑工业出版社,2020.

[2]中华人民共和国住房和城乡建设部．黑龙江省建筑工程施工质量验收标准 统一标准:DB23/724—2017[S]．北京:中国建筑工业出版社,2017.

[3]中华人民共和国住房和城乡建设部．建筑节能工程施工质量验收标准:GB 50411—2019[S]．北京:中国建筑工业出版社,2019.

[4]本书编委会．建筑工程资料员一本通[M]．哈尔滨:哈尔滨工程大学出版社,2010.

[5]张双军,高英,王学强．建筑工程资料管理与表格填写范例[M]．北京:中国建筑工业出版社,2023.

[6]筑龙网．施工资料 C 类表格填写范例[M]．北京:中国电力出版社,2006.

[7]中华人民共和国住房和城乡建设部．建筑工程文件归档规范:GB/T 50328—2014．北京:中国建筑工业出版社,2014.

[8]梁新,刘任峰．建筑工程资料管理[M]．北京:中国铁道出版社,2015.